W0011124

GABRIELE MÖRTH
SCHREI NACH INNEN

GABRIELE MÖRTH

Schrei nach innen

VERGEWALTIGUNG UND DAS LEBEN DANACH

Mit Vorworten von
Gertraud Diem-Wille und
Rotraud A. Perner

PICUS VERLAG WIEN

Gedruckt mit Unterstützung des
Bundesministeriums für Wissenschaft und Forschung in Wien

Die Deutsche Bibliothek – CIP-Einheitsaufnahme

Mörth, Gabriele;
Schrei nach innen: Vergewaltigung und das Leben danach /
Gabriele Mörth. Mit Vorw. von Gertraud Diem-Wille und
Rotraud A. Perner. – Wien: Picus Verl., 1994
ISBN 3-85452-255-X

Copyright © 1994 Picus Verlag Ges.m.b.H., Wien
Alle Rechte vorbehalten
Graphische Gestaltung: Dorothea Löcker, Wien
Umschlaggestaltung unter Verwendung eines Motivs von
Mary Duras, Mädchen am Fenster, 1929
Druck und Verarbeitung: Remaprint, Wien
Printed in Austria
ISBN 3-85452-255-X

INHALT

Gertraud Diem-Wille
Vorwort 9

Rotraud A. Perner
Zum Schreien. Ein Vor-Wort................................... 12

EINLEITUNG 21

WAS IST VERGEWALTIGUNG ? 25

VERGEWALTIGUNG ALS SOZIALES PROBLEM .. 28

Die lange Geschichte der Vergewaltigungen:
Historisch-kultureller Überblick 28
Exkurs: Vergewaltigung im Krieg 32

Gesellschaftliche Voraussetzungen und Formen der
Gewalt gegen Frauen 39
Exkurs: Einige andere Formen der Gewalt
gegen Frauen 40

Theoretische Erklärungen zur Vergewaltigung 43

Von der geschlechtsspezifischen Erziehung zur
Geschlechtsidentität 50

AUSMASSE UND FORMEN VON
VERGEWALTIGUNGEN 58

Statistiken und Dunkelziffern 58

Eine Vergewaltigung ist nicht gleich einer Vergewaltigung
ist nicht gleich einer… 62
Unterscheidung nach dem Interaktionsgrad 62
Unterscheidung nach dem Tatort 66
Unterscheidung nach dem Alter 67
Weitere Unterscheidungen 68

DER FORSCHUNGSPROZESS 71

DIE BEDEUTUNG EINER VERGEWALTIGUNG
FÜR FRAUEN 76
Die Vergewaltigungssituation 76

Der Tathergang 77
Verhalten und Reaktionen der Frauen in der Situation 82
Einflußfaktoren auf die Situation der Vergewaltigung 93

Die Folgen einer Vergewaltigung 105
Kurzzeitfolgen 106
Physische und psychosomatische Folgen 114
Längerfristige Folgen 117
Einflußfaktoren auf die Folgen 140

Die Verarbeitung des Traumas 163
*Bewußte Auseinandersetzung und die Wiederkehr
des Verdrängten* 165
Die Berechtigung zur Trauer 169
Was als Folge bleibt: Nicht alles kann verarbeitet werden . 176

SCHLUSSFOLGERUNGEN UND AUSBLICK 181

Hilfen für Überlebende einer Vergewaltigung:
Einige Anregungen 182

Prävention 185
Im Vorfeld der Gewalt: eine Erziehungssache 185
*Das Umfeld der Gewalt: Über das Selbstverständnis
der Geschlechterrollen* 198

ANHANG 195
Gesetze zu Vergewaltigung und anliegende Paragraphen 195
Einige bedeutende psychische Abwehrmechanismen 200
Anmerkungen 203
Literatur 211
Danksagung 219

VORWORT

Die Autorin hat sich mit der vorliegenden engagierten Untersuchung der äußerst schwierigen Aufgabe gestellt, sich mit dem Thema Vergewaltigung nicht nur theoretisch zu beschäftigen, sondern in Form einer qualitativen Forschung, das heißt mit biographischen Interviews mit Frauen, die sie erlitten haben. Im folgenden ist es mir ein Anliegen, auf einige der speziellen Probleme einzugehen, welche sich gerade bei der Beschäftigung mit so einem schwierigen Thema und der anspruchsvollen Methode von biographischen Interviews ergeben. Um ein Interview mit einer Frau zu führen, die selbst Opfer einer Vergewaltigung war, bedarf es neben der Fähigkeit zur Gesprächsführung auch des Verstehens der eigenen emotionalen Reaktionen. Die »normale« psychische Reaktion auf schockierende Nachrichten, von Vergewaltigung und Körperverletzung, Tod oder Verlust einer geliebten Person, besteht zunächst darin, es nicht glauben zu können. »Das gibt es doch nicht«, »das kann doch nicht wahr sein«, »die oder den habe ich doch gerade noch gesehen«, sind Reaktionsweisen, die die schockierende, empörende oder irritierende Realität verleugnen helfen sollen. Erst danach können wir uns mit der übermittelten Nachricht beschäftigen. Die Fähigkeit ein Interview zu führen erfordert die Bereitschaft, diesen Impuls zu überwinden und mitfühlend die gesamte grauenvolle Realität zu verstehen und zuzuhören. Dies erfordert Mut und ein hohes Maß an Einfühlsamkeit, soll das Gespräch nicht zu erneuten Verletzungen führen. Würden zum Beispiel Wertungen, Verdächtigungen oder Zweifel geäußert, könnte das Interview rasch zu einem »Verhör« werden, welches Wunden aufreißt oder sogar noch vertieft.

Auf der Seite der interviewten Person bewirkt die Bereitschaft der Interviewerin offen zuzuhören, mit ihr gemeinsam die gesamte Geschichte aufzurollen und so ein Stück des Grauens mitzutragen, eine erste befreiende und heilende Wirkung.

Ich denke, daß es hier eine ähnliche Wende gibt, wie bei physisch oder sexuell mißhandelten Kindern, denen erstmals jemand Glauben schenkt und zuhören kann. Das Nicht-Glauben eines Elternteils, oft über viele Jahre hinweg, vermittelte diesen Kindern das Gefühl nicht ernst genommen zu werden, stellte damit gleichsam eine zweite Mißhandlung dar. Statt beschützt zu werden, wurde es noch tiefer in seine Verzweiflung und Einsamkeit gedrängt. Die Mauer des Schweigens läßt diese Kinder manchmal an der Echtheit ihrer Erlebnisse und ihrer Gefühle zweifeln. Erst wenn ihnen geglaubt wird, können sie diese hilflose Opferhaltung aufgeben und ihre Wut und Verzweiflung spüren. Die Realität kann erst verarbeitet werden, wenn sie ein anderer Mensch mit uns teilt.

Ähnlich geht es auch diesen Frauen, die sich nicht über die Vergewaltigung zu reden trauten, aus Angst, ihnen würde nicht geglaubt. Die Aussagen der interviewten Frauen, daß sie erstmals zusammenhängend darüber sprechen konnten, zeigt, wie wichtig es ist, diese Frauen nicht alleine zu lassen. Die Interviewten konnten darüber sprechen und so das Tabu brechen, ihre Isolation überwinden. Der Schritt, vom Erlebten zu einer »Geschichte über das Erlebte« zu gelangen, stellt einen ersten Verarbeitungsprozeß dar. In der sprachlichen Darstellung des Traumas wird zeitlich Fixiertes, das schockierende Erlebnis, neu geordnet und mit gefühlsmäßigen Bedeutungen vermischt. Der Schritt vom blanken Wiedererleben des Grauens, wie es in Alpträumen mit der Wiederholung der Vergewaltigung auftritt, zu einer symbolischen Verarbeitung im Traum stellt eine erste Distanzierung dar. Das Darüber-Sprechen schafft Abstand. Im Gespräch mit einer mitfühlenden Frau, Gabriele Mörth, war es möglich, sich eine Geschichte zu schaffen und Vergangenes zu symbolisieren, was vielleicht ein neues Verständnis der Ereignisse zuläßt.

In der Supervision mit Frau Mörth über ihre anfangs sehr starken gefühlsmäßigen Reaktionen beim Interviewen wurden die aufwühlenden Eindrücke besprochen, die beim Zuhören entstanden waren. Beim ersten Interview fiel es ihr schwer, sich wirklich die gesamte Geschichte anzuhören, unbewußt versuchte sie die Erzählung abzukürzen. Immer stärker konnte sie dann durch ihre Offenheit den Interviewten Anteilnahme und Verständnis vermitteln.

Die Reaktionen der Umwelt auf das Thema »Vergewaltigung«, mit denen Frau Mörth konfrontiert wurde, sind interessant, da sie die Umgangsweise der Umwelt mit den Opfern widerspiegeln. Die Autorin war irritiert, daß sie entweder gefragt wurde, ob sie selbst zu den Opfern gehöre, oder aggressive Rechtfertigungen ihrer männlichen Gesprächspartner erfolgten, so als ob sie sich durch die Thematik angegriffen fühlten. Es scheint schwierig zu sein, sich mit der Thematik der Vergewaltigung auseinanderzusetzen, Distanz zu haben und nachzudenken statt sich gefühlsmäßig überwältigt zu fühlen. Die Umwelt reagiert mit Schuldgefühlen oder Unterstellungen und trägt so zum Mantel des Schweigens bei, der sich über dieses Thema breitet. Was nicht erwähnt wird, ist ein unbewußtes voyeuristisches Interesse und die Erregung, die bei uns allen mehr oder weniger das ist, wenn Sexualität und Gewalt vermischt auftritt – eine Kombination, die ja in der Phantasie erotisierend sein kann. Es scheint mir deshalb wichtig zu sein, darauf hinzuweisen, wie entscheidend der Unterschied zwischen Phantasie und Tat ist, daß eine phantasierte Vergewaltigung nicht mit dem Wunsch zu vergewaltigen oder vergewaltigt zu werden gleichgesetzt werden kann. Das wäre ja so, als ob neidische Gedanken und Wünsche mit geplantem oder ausgeführtem Raub gleichgesetzt würden. Psychodynamisch sind die Täter schwer gestört und ihnen steht kein befriedigender Weg einer erfüllten Beziehung offen, weil sie vermutlich in ihrer Kindheit schwere Deprivationen erlitten haben. Die Anregung, daß Frauen lernen sollten, öffentliche Verantwortung und Macht auszuüben, mehr Selbstsicherheit zu gewinnen und sich zu trauen, sich zu verteidigen, wird wohl auf allgemeine Zustimmung stoßen.

Gertraud Diem-Wille
Wien, im Februar 1994

ZUM SCHREIEN.
EIN VOR-WORT

*»Nur langsam begreift die männliche Denkweise,
daß es nicht nur der gewaltsame Sexualakt als solcher ist, der die Frauen über Jahre zeichnet, sondern die Demütigung, die Beschmutzung, das Brechen des Willens, die Degradierung ihrer Person
zum Objekt fremder Bedürfnisse.«*

RAINER GÖDTEL, Sexualität und Gewalt

Das Titelbild dieses Buches zeigt eine versteinerte, gespaltene,
»ver-rückte« Frau. Nachdenklichkeit und Trauer sind ihren Zü-
gen abzulesen.

Der Titel dieses Buches lautet »Schrei nach innen. Vergewaltigung und das Leben danach«. Möglicherweise lösen sowohl
das Bild als auch diese Sätze genau die Reaktionen bei Betrach-
tenden und Lesenden aus, die im Zusammenhang mit dem Phänomen Vergewaltigung stereotyp auftreten: die Erstarrung wird
als Einverständnis gedeutet, die Zerrissenheit als Unglaubwür-
digkeit benannt, die Trauer als Schuldbewußtsein interpretiert
und die Stummheit als mangelnder Widerstand angeklagt.

Ich bin vom Erstberuf promovierte Juristin. Als ich 1962–
1966 Rechtswissenschaften studierte, waren die Ausführungen
der Professoren zum Thema »Notzucht« von mehr oder weniger amüsierten Hinweisen wie dem auf das Nadelöhr, in das
man(n) nicht einfädeln könne, wenn es hin- und herbewegt
würde, begleitet. Die Zuhörerschaft schwieg und akzeptierte
diese suggestiven Vor-worte im Sinne des altrömischen
Rechtsgrundsatzes »Wer schweigt, stimmt zu«. Autoritäts-
hörigkeit war noch Grundprinzip. Emanzipatorische Strömun-
gen, etwa die Frauenbewegung, und deren Ziele wie Partizipa-
tion und antiautoritäre Erziehung drangen erst nach 1968 teilweise ins Bewußtsein. Von einem Vordringen in Wissenschaft
und Forschung kann auch heute noch nur zum geringsten Teil
etwas bemerkt werden.

»Feministische Sichtweise – und damit auch feministische Wis-
senschaft – bedeutet, kritisch zu überprüfen, wie weit die Posi-
tion des Beobachters und Berichterstatters eine männerbegün-
stigende bzw. frauendiskriminierende ist.« (Rotraud A. Perner,
Zuliebe zu Leibe.)

Als ich dann 1975 begann, meinen Zweit- und Hauptberuf,
Psychotherapeutin, zu erlernen, war genauso wenig von den
Selbstzeugnissen Betroffener in die psychoanalytische Lehre
vorgedrungen. Männer erzählten auf die Frage, weshalb so viele Frauen durch Konversionshysterien und Kontaktphobien
weibliche analog der männlichen Lust abwehrten, Geschichten
von leibfeindlicher Erziehung, frühkindlichen Inzestphantasien
und verdrängten Triebwünschen. Realität? Eine »Rand«er-
scheinung.

»– das subjektive Erleben des Gewaltaktes und dessen Folgen
stimmen nie mit dem überein, was sich Außenstehende darun-
ter vorstellen (können).« (Gabriele Mörth/Barbara Vanis-Ossege, Ver-GEWALT-igung. Die Wunde der Frau)

Außenstehende »Laien« wie auch »Experten« beziehen ihr
Wissen über Vergewaltigung aus Medien; aus der Gerichtsaal-
berichterstattung – und damit aus der Entschuldigungsargu-
mentation der Strafverteidiger! –, aus Fernsehreports, aus
Kunstwerken, aus der Kriminalstatistik und daraus folgenden
empirischen Untersuchungen etc. Sollte eine/r praktische Erfahrungen haben, so schweigen sie. Sie liefen sonst Gefahr, als
»persönlich betroffen« und daher nicht »wissenschaftlich« genug diskreditiert zu werden. Dabei sollten vor allem die Fach-
leute »im Lichte der Einsteinschen Anschauung, daß wir Ereignisse nur ›am‹ Beobachter beobachten können« des Ethnopsy-
choanalytikers Devereux gedenken, »sich die Illusion aus dem
Kopf zu schlagen, sie könnten jegliche Subjektivität ausschal-
ten und die Angst gänzlich neutralisieren« (George Devereux,
Angst und Methode in den Verhaltenswissenschaften).

Angst kommt von Enge (lateinisch: angustiae) – der Enge
des Brustkorbs, wenn der Atem stockt und die Luft angehalten
wird. Was als Schrei – Hilferuf, Angstschrei, Wutschrei,
Kampfschrei – angelegt war, verkümmert bestenfalls zu Flehen

und Wimmern, meist zu einem Würgen, Abwürgen. Immer wieder erlebe ich in der psychotherapeutischen Arbeit des »Erinnerns, Wiederholens, Durcharbeitens«, wie Frauen Atemschwierigkeiten bekommen, wenn sie sich ihrem Vergewaltigungstrauma nähern. Sie wollten schreien – aber die Luft konnte nicht hochsteigen und den Weg ins Freie finden.

Diese Angst führt zu einer symbolischen, aber auch »verkörperten« Spaltung: so wie der Brustkorb die ausgleichende Gegenbewegung nicht vollführen kann und in der einseitigen Polarität der Ohnmacht (gegenüber dem Gegenpol der allmächtigen Gewalt) erstarrt, erstarrt auch das Bewußtsein in der Opferrolle, wenn nicht Wut ausgleicht.

Aber dürfen Frauen wütend sein? Im stereotypen Geschlechtsrollenbild der »zarten, schwachen Frau« ist nicht nur jeglicher Kraftausdruck unerwünscht, sondern alleiniges Privileg des »kräftigen, starken Mannes«. Die geschlechtsspezifische Erziehung findet noch immer statt: wenn auch nicht mehr hundertprozentig in der Schule, so in den audiovisuellen Medien – und in der individuellen Zurichtung zur Anpassung durch Vater, Partner und andere Männer.

Der Brustkorb symbolisiert das Selbstwertgefühl. Wir sprechen ja auch von der »stolzgeschwellten Brust«. Im Tierreich können wir vom Ochsenfrosch bis zum Gorilla beobachten, welches Imponiergehabe über forcierte Atmung und Laute »verkörpert« wird. Menschenfrauen sollen nach den Wünschen extrem konservativer Vaterfiguren und dem Modediktat der (männlichen) Couturiers nur ihren Busen betonen, ihr Atemvolumen hingegen klein halten, indem sie den Bauch einziehen und womöglich noch mit engen Gürteln oder Korsagen einschnüren.

Mir ist in der therapeutischen Arbeit wiederholt aufgefallen, daß Frauen, die schwer sexuell traumatisiert wurden, bei Atemübungen spontan im »falschen« Rhythmus atmen. Sie verschließen sich, wo sie sich öffnen sollten. Sie machen sich klein. Sie stellen sich tot.

»Sogar die Selbstzerstörung kann zu einer Art kalter Heimat werden. Da viele sich nicht anders als mit diesem Stück trüge-

rischer Heimat kennen, zögern sie, vom Bekannten Abschied zu
nehmen und es gegen das Unbekannte einzutauschen. Ihr heim-
liches Argument lautet: »Ich habe damit bis heute gelebt. Folg-
lich kann man damit leben. Wer weiß, ob man auch anders le-
ben kann. Und ich will nicht sterben.« Mit diesem Widerstand
können sie das Leben ein Leben lang vermeiden.« (Peter Schel-
lenbaum, Abschied von der Selbstzerstörung)

Angst beherrscht nicht nur die Situation, in der die konkrete
Frau sexuelle Gewalt erlebt.

Angst beherrscht weiterhin ihre Zukunft; einerseits, was die
befürchteten konkreten möglichen Folgen betrifft (Schwangerschaft, Krankheiten, Unverständnis und Ächtung seitens der
sozialen Umwelt, Erpressungsmöglichkeiten etc.), andererseits
hinsichtlich der Gefahr erneuten Gewalterlebens; entweder ver-
liert sie ihr Vertrauen in andere Menschen und meidet Sozial-
kontakte, oder sie wehrt ihre Angst ab – baut ein Pseudover-
trauen auf, was die Gefahr neuerlichen Machtmißbrauchs
wahrscheinlich macht – oder ihr ist alles egal: sie verdrängt die
Frage der Sicherung ihres persönlichen Schutzes. Würde sie
sich nämlich damit beschäftigen, käme all das Leid der zerstör-
ten leibseelischen Integrität wieder hoch.

Angst und Angstabwehr beherrschen aber auch den Täter:
Angst vor einer symmetrischen Beziehung zu einer Frau, Angst
vor eigener Schwäche, vor Versagen. Selten Angst vor den
Folgen seines Tuns. Statt seine Angst als körpersprachliches
Warnsignal wahr- und anzunehmen, wählt er rollenkonform die
Polarität Allmachtsphantasie und Gewalt.

Angst und Angstabwehr beherrschen aber auch das »soziale
Umfeld«, die Gesellschaft: Frauen wehren den Gedanken an die
Gefahr ab, selbst zum Opfer sexualisierter Gewalt zu werden,
und Männer den an die Möglichkeit, selbst zum Täter zu werden.
Daher werden Opfer wie Täter als Einzelschicksale individualisiert, die gesellschaftlichen Gewaltstrukturen hingegen verschleiert: selbst wenn ein Exekutivbeamter, ein Richter, ein Rechtsan-
walt oder ein Gerichtsaalreporter – gegen »die Zeugin« (das Opfer) – verbal auffällig werden, können sie sich des Schutzes der
Macht ihrer Institution und der Macht der Vorurteile gewiß sein.

Solche Vorurteile – Mythen – sind etwa folgende: alle Frauen wollten mit Gewalt genommen werden, »triebstarke« (oder richtiger: unbeherrschte – nicht vom Intellekt kontrollierte – daher unreife) Männer könnten sich nicht zurückhalten, die Frauen würden die Männer mit Miniröcken etc. »reizen«, »leichtsinnige« Mädchen würden im Nachhinein ihre Liederlichkeit bereuen, daher läge »Willensumkehr« vor ...

Andere Vorurteile entstammen der nationalsozialistischen Ideologie: »Der durch solch Delikt entstehende Schaden ist oft gering. Vielfach wird aus der befürchteten Sozialschädlichkeit deren Gegenteil: Die geschlechtliche Vereinigung junger kraftstrotzender Menschen im heißen Verlangen des Augenblickes nach unmittelbar vorausgegangenem Kampf erzeugt erfahrungsgemäß vielfach gesunde, kräftige Kinder, durch die unser Volkstum wertvoll bereichert wird.« (W. Sauer, Kriminalsoziologie, 1933; zitiert nach Kurt Weis, Vergewaltigung: Auswirkungen und soziale Bedeutung« in: Gindorf/Haeberle, Sexualität als sozialer Tatbestand)

»Das Mißtrauen gegenüber dem Opfer hat psychologische Wurzeln. Es ist die Angst des Mannes, eine Frau könne ihn zu Unrecht der Vergewaltigung bezichtigen.« (Reiner Gödtel, Sexualität und Gewalt)

Dies ist der klassische Satz eines Mannes. Die beste Vorsorge gegen eine unrechte Anklage ist noch immer eine gewaltfreie Beziehung mit offener, aufrichtiger Kommunikation. Aber offenbar braucht es zur Offenheit und Aufrichtigkeit noch viele Lernschritte: vor allem den, Frauen – ihre Selbstbestimmung und damit ihr Nein – zu akzeptieren, und den, auf das zwanghafte Siegenmüssen zu verzichten.

Trotz anderslautender Gesetze und jahrhundertealter Menschenrechtsdeklaration werden Frauen noch immer als Sachen – als »Objekte der Begierde«, als »Eigentum« des Vaters, Freundes, Ehemannes – angesehen. Aus diesem Blickwinkel ist nur der Täter Person.

Aus diesem Blickwinkel wird aber auch die Rechtssprache bedeutsam: so rangierte Vergewaltigung im österreichischen Strafrecht noch bis 1989 als »Notzucht« unter »Strafbare Handlungen gegen die Sittlichkeit«. Es bleibt weiterhin zu fordern, daß statt dessen »Strafbare Handlungen gegen die sexuelle Selbstbestimmung« formuliert wird.

»Menschliches Verhalten ist immer Ergebnis der Wechselwirkung zwischen individueller Handlungsfreiheit und gesellschaftlichen Strukturen.« (Josephine Rijnaarts, Lots Töchter)

Sittlich ist, daß nur der ehelich angetraute Mann zur »Zucht« (und zur »Züchtigung«) zugelassen ist.

Was nicht der »Zucht« dient, ist »Unzucht«, und entspricht damit dem traditionellen (der christlich-jüdischen Kultur entstammenden) Verbot der Katholischen Kirche von empfängnisverhütenden Mitteln, damit jeder Beischlaf zur Fortpflanzung führen könne.

»Notzucht« ist in diesem Wortsinn demnach das gewaltsame Schwängern der nicht ehelich verbundenen Frau, wobei sich die Gewalt im Falle einer unverheirateten Frau gegen deren Vater, im Falle einer verheirateten gegen deren Ehemann richtet. Und einen anderen Mann zu schädigen, ist unsittlich. Und die Frauen haben gefälligst darauf zu achten, daß sie ihrem Besitzer keine derartige Schande zufügen (lassen). Wird die Frau aber als Eigentum, als Besitz, als Sache verstanden, wird auch verständlich, wieso von ihr stummes Dulden erwartet wird.

Ein Blick in die Geschichte zeigt, daß Frauen entweder ob ihres Versagens gesteinigt oder anderweitig schwer bestraft wurden, oder der jeweils besitzende Mann klagte (und kämpfte) für sie, oder sie war als Leibeigene oder Angehörige der sozialen Unterschicht zur Sprachlosigkeit verdammt. In diesem Sinne erklärt sich das Sensationelle an der Anklage des Marquis de Sade wegen seiner nach damaligem Kulturverständnis zwar abartigen, dennoch nicht so seltenen Sexualpraktiken aus der Tatsache, daß seine Anklägerin eine einfache Frau aus dem Volke war, die angab, geglaubt zu haben, sie würde als Putzfrau engagiert, und dann erkennen mußte, daß sie als Objekt devianter Sexualspiele verwendet werden sollte. Für die damalige Zeit war selbstverständlich, daß man Angehörige der Unterschicht auch zum Zwecke ihrer körperlichen Mißhandlung kaufen (oder einfangen) konnte.

17

Zweihundert Jahre und mehr nach der »Bill of Rights« von Virginia und der Französischen »Erklärung der Rechte des Menschen und Bürgers«, knapp hundertfünfzig Jahre nach den Beschlüssen der Paulskirche und knapp fünfzig Jahre nach der »Allgemeinen Erklärung der Menschenrechte der Vereinten Nationen« sollte die sexuelle Selbstbestimmung der Frau wohl Selbstverständlichkeit besitzen.

Zur Selbstbestimmung gehört Sprache.

»Denn im Denken und Sprechen wird eigener Wille gelebt und wirkt dem Gefühl vollkommenen Ausgeliefertseins entgegen.« (Mörth/Vanis-Ossege, Ver-GEWALT-igung. Die Wunde der Frau)

Wenn durch den – wie wir aus den Untersuchungen von Menachim Amir wissen – in der überwiegenden Zahl der Fälle (71 Prozent!) vorsätzlich geplanten Gewaltakt nicht nur die leibseelische Integrität der vergewaltigten Frau, sondern auch ihr Vertrauen in sich selbst als eine, die sich schützen kann, in die Gesellschaft als Schutz gebende Gemeinschaft – und insbesondere den angeblich ritterlich schützenden Mann – zerstört wird, entsteht innerseelisch ein Spannungszustand zwischen Ohnmachts-, Schuld- und Rachegefühlen, der nicht nach außen transportiert werden kann. Statt der Anklage all derer, die nicht informiert, nicht beigestanden, nicht geholfen haben, wählen fast alle Frauen die stumme Selbstanklage und Selbstisolation.

Der rettende, der heilende Schrei findet so nicht statt.

Gabriele Mörth hat in ihrem Buch gemeinsam mit betroffenen Frauen einen besonderen Weg begangen: sie hat Betroffene nicht zum Forschungs-Objekt gemacht und damit wieder verdinglicht, sondern ist in einer psychotherapienahen Form der Exploration und Katamnese selbst als empathische Ansprechpartnerin in Beziehung getreten.

Sie hat den Frauen das entgegengebracht, was zur Bewältigung des Vergewaltigungstraumas unabdingbar ist: Information über die sozialen Voraussetzungen der sexualisierten Gewalt gegen Frauen, Information über und für eine Solidargemeinschaft gewaltbelasteter Frauen und Information über ihr eigenes Tun als Forscherin und Transparenz über die erarbeiteten Forschungsergebnisse.

Und sie bringt der betroffenen Leserschaft das entgegen, was zur Verabschiedung destruktiver Vorurteile notwendig ist: Information über die sozialen Voraussetzungen der sexualisierten Gewalt gegen Frauen, Information über die Bedeutungsdimension des Erlebten und zwar aus der Sicht der betroffenen Frauen, und ermöglicht damit Verstehen: so kann die Kluft gegenüber Außenstehenden abgebaut und eine Solidargemeinschaft mit gewaltbelasteten Frauen aufgebaut werden.

Wenn Frauen wagen, nicht nur untereinander die Schweigegebote zu brechen, die Solidarität verhindern (sollen), sondern auch einander immer und überall solidarisch ansprechen, informieren, fördern wie auch warnen, sollte es der weiblichen Mehrheit der Welt wohl gelingen, Gewalt hintanzuhalten.

Rotraud A. Perner
Wien, im Februar 1994

EINLEITUNG

Die Auseinandersetzung mit dem Thema Vergewaltigung war stets ideologisch geprägt – selbst innerhalb der Wissenschaft. Mythen und Stereotype, Thesen und Theorien perpetuierten eine Anschauung, die fernab von dem stand, was eine Vergewaltigung für die Betroffenen tatsächlich bedeutet.

Die ersten Wissenschaftler, die sich mit dem Sexualleben beschäftigten, schwiegen sich großteils über Vergewaltigung aus. Sigmund Freud, dessen Sexualtheorien (1904–1931) unter anderem Grundlage zur Erklärung von Vergewaltigung wurden, hatte zum Thema selbst nicht viel zu sagen. Ausgehend von der These, die dem Mann vor allem Aktivität und Aggressivität, der Frau hingegen Passivität und Masochismus zuschreiben, leiteten etwa Helene Deutsch (1948), Paul Dost (1963) und Dieter Duhm (1972) das Phänomen Vergewaltigung ab.

Vertreter des Trieb- und Instinktmodells, die von der biologischen Determiniertheit sexuellen Verhaltens ausgehen, sehen Vergewaltigung als Folge des männlichen Beherrschungstriebes, dem ein weiblicher Unterstellungstrieb gegenüberstehe.

Einige soziologische Theorien erklären Vergewaltigung mit der Opferthese des Täters: Er, aus irgendwelchen Gründen unterdrückt, gibt diese Unterdrückung an eine Frau weiter – er vergewaltigt sie.

Die Viktimologie, die sich in den vierziger Jahren unseres Jahrhunderts aus der Kriminologie entwickelt hat, beforschte Vergewaltigung anfangs hinsichtlich der Tätermerkmale und Tatausprägungen der Verbrechen. Neuerdings liegt die Beschäftigung schwerpunktmäßig bei den Motiven der Täter sowie den Auswirkungen für die Überlebenden einer Vergewaltigung.

Mit Beginn der siebziger Jahre dieses Jahrhunderts, dem Aufkommen der neuen Frauenbewegung in den USA, begann sich ein neues Problembewußtsein auszuprägen. Krisenzentren für vergewaltigte Frauen wurden gegründet. Vergewaltigung wurde nunmehr als soziales und politisches Problem aufgegriffen. Analog dazu setzte die wissenschaftliche Beschäftigung (vor allem in der Frauenforschung) über die Auswirkungen einer Vergewaltigung für die Geschädigten ein. Als Machtproblem erkannt, das im Bereich des Sexuellen ausgetragen wird, wurde von der Individualisierung einzelner Schicksale Abstand genommen. Gepaart mit vielerlei Formen der Gewalt gegen Frauen stellte sich die Frage, worin innerhalb der Gesellschaftsformation die Ursachen liegen, die diese Gewaltauswüchse ermöglichen.

Vergewaltigung ist ein historisch gewachsenes, sozio-kulturelles Problem, das innerhalb der gesellschaftlichen Struktur in der Polarisierung des Geschlechterverhältnisses sowie des Machtmißbrauches wurzelt und auf personeller Ebene erfahrbar und sichtbar wird: als Menschenrechtsverletzung, als Schandfleck der Zivilisation.

Die historisch kulturelle Verwachsenheit bedingt das Denken einzelner und stellt zwischen Betroffenen und ihrem sozialen Umfeld, zwischen Vorstellung und Wirklichkeit, stets eine Kluft dar. Vergewaltigung und andere Gewaltformen gegen Frauen stellen ein enormes soziales Problem dar, ohne daß sie entsprechend gesehen und gehört werden. Versteckt und verschwiegen wird abgehandelt, was nicht ausgesprochen werden darf. Der Weg zum Verstehen der Thematik führt deshalb über Umwege: Der Ansatz der Frauenforschung und die Komplexität der Problematik erfordern einen interdisziplinären Zugang.

Im ersten Teil des vorliegenden Buches wird auf historisch-kulturelle Fakten eingegangen: auf die lange Geschichte von Vergewaltigung und auf Vergewaltigungen im Krieg. Auf der gesellschaftlich-strukturellen Ebene wird (unter Einbeziehung anderer Gewaltformen gegen Frauen) auf Bedingungen und Theorien verwiesen. Auf personeller Ebene wird die geschlechtsspezifische Erziehung und Geschlechtsidentität beleuchtet. Denn auf der Sozialisationsebene werden Charaktere und Denkmuster produziert und reproduziert, die die Schiene zur Gewalt legen.

Im empirischen Teil wird der Bedeutung einer erlebten Vergewaltigung für Frauen nachgegangen. Dazu muß in erster Linie die Sichtweise der Betroffenen wiedergegeben werden. Interviews mit sechs Frauen wurden nach Kategorien ausgewertet, wobei auch die Einflußfaktoren auf die Situation, die Folgen und die Verarbeitung des traumatischen Erlebnisses einbezogen wurden.

Sechs Interviews sind keinesfalls repräsentativ. Darum geht es in dem vorliegenden Buch auch nicht, sondern darum, die schwer nachvollziehbare Bedeutungsdimension einer Vergewaltigung begreiflich zu machen.

Um ein Problem zu erkennen und zu verstehen ist es wichtig, den Blick auf das, was hinter statistischen Zahlen steht, zu richten. Denn Häufigkeitszahlen können zwar Fakten belegen, nicht aber die Irrationalität von Vorurteilen und Denkmustern auflösen. Wie bei allen tabuisierten Phänomenen, so können auch bei Vergewaltigung Glaubwürdigkeit bzw. Nachvollziehbarkeit und Verständnis nicht durch das bloße Wissen um Prozentsätze entstehen. Es genügt auch nicht, etwa zu wissen, daß ein Großteil der Frauen in der Situation Todesangst verspürten und der Gewaltakt eklatante Folgen in ihrem Leben hatte. Wesentlich ist vielmehr, zu verstehen, was die plötzliche massive Bedrohung in Gang setzte; wie sich Angst, Demütigung und Scham in der Situation und Selbstwertlosigkeit in der Folge anfühlen. Dann wird auch klarer, warum diese Gewalterfahrung so nachhaltig ist.

Die differenzierte Wiedergabe und Analyse der Falldarstellungen soll psychische Phänomene verdeutlichen, die bei einer Frau durch die Vergewaltigung ausgelöst werden, soll die komplizierten Verstrickungen und nachhaltigen Auswirkungen verständlich machen. In diesem Sinne werden subjektiv wahrhafte Erzählungen aus der Perspektive der Erzählenden wiedergegeben, die frei von normativen Urteilen, von allgemeinen Wahrheiten sind.

Repräsentative Untersuchungsergebnisse zu Situation, Folgen und Verarbeitungsmöglichkeiten wurden für das vorliegende Buch zum Vergleich von Ähnlichkeiten wie Verschiedenheiten und zur Untermauerung der Häufigkeit herangezogen, um so der häufigen, letztlich tabuisierenden Gefahr der Individualisierung des Problems vorzubeugen. Das Besondere des methodischen Ansatzes liegt in der direkten Einbeziehung der Gesprächspartnerinnen in den Forschungsprozeß. Die Korrektur bzw. das Einverständnis durch die Interviewten selbst ermöglicht die Kontrolle darüber, ob ein tabuisiertes Problem wie das der Vergewaltigung verstanden und richtig wiedergegeben wurde. Gleichfalls ermöglichte das Lesen der jeweils anderen fünf Falldarstellungen den Frauen neue Reflexionsangebote. Die Forschung war ein »Erkenntnisprozeß auf beiden Seiten« – der Autorin wie der Interviewpartnerinnen. Im übertragenen Sinn soll dieser Forschungsansatz dazu anregen, wie Berührungsängste und Vorurteile des sozialen Umfeldes abgebaut werden können, was schließlich Betroffene zum Brechen ihres Schweigens ermutigen könnte.

Auf der Basis verschiedener Forschungsergebnisse sowie einiger Anregungen der Gesprächspartnerinnen habe ich schließlich Vorschläge für Hilfsmaßnahmen für vergewaltigte Frauen erstellt. Außerdem gehe ich der Frage der Prävention nach. Denn ein soziales Problem bedarf nicht nur der Intervention, sondern auch der Konzepte für seine Verringerung oder Beseitigung.

WAS IST VERGEWALTIGUNG?

Der Begriff der Vergewaltigung beinhaltet den Terminus »Gewalt«. Es gibt viele Formen der Gewalt; sie können als Sonderformen der Macht (meines Erachtens des Machtmißbrauchs) gewertet werden, die sich zusätzlicher (physischer oder psychischer) Mittel zu deren Durchsetzung und Sichtbarmachung bedienen. Alberto Godenzi (1989) bezeichnet Vergewaltigung als eine Form der Gewalt, die den Bereich der Sexualität wählt, um den Gewalteffekt zu erhöhen. Bei Vergewaltigung geht es also weniger um gewalttätige Sexualität, sondern vielmehr um sexuelle Gewalttätigkeit – eine Annäherung an das Thema setzt demnach ein Umdenken voraus.

Auf der *personellen Ebene* ist eine Vergewaltigung für eine Frau »ein sexuelles, gewaltsames Eindringen in den Körper, ein Einbruch in den privaten, persönlichen Innenraum, ohne daß die Frau ihr Einverständnis dazu gegeben hätte – kurz, ein gegen das Innere gerichteter schwerer körperlicher Angriff auf einem von mehreren Zugangswegen und mittels einer von mehreren Methoden« (Brownmiller 1990, 285).

Eine Vergewaltigung ist eine gewaltsame Grenzverletzung der Persönlichkeit, die über den Körper erfahren wird und bis ins tiefste Innere trifft. Sie ist ein Akt der Unterwerfung, Demütigung und Zerstörung.

Vergewaltigung stellt einen »spezifischen Angriff auf die Sexualität der Frau dar, auf einen wichtigen Bereich, in dem sie Liebe, Wärme und Zärtlichkeit erlebt und zeigt« (Wyre 1991, 22).

Eine *soziale Definition* von Vergewaltigung ist auch immer eine Frage des Standpunktes. Sie spiegelt die Geschichte und den Zivilisationsstand einer konkreten Gesellschaft wider und findet in der gesetzlichen Verankerung ihren Niederschlag. Somit ist die gesellschaftliche Definition von Vergewaltigung in einen historischen Kontext eingebettet, der über die individuelle Erlebnisebene hinausgeht. Das macht sowohl die Thematik als auch die Definition so komplex. Sie inkludieren bestimmte Einstellungen vom Rollenverhalten des Mannes und der Frau.

Die *strafrechtliche Definition* spiegelt die historisch soziokulturellen Werthaltungen und den Stellenwert eines sozialen Problems innerhalb einer konkreten Gesellschaft wider. Strafrechtsänderungen hinsichtlich sexueller Gewalt gegen Frauen beschreiben sowohl diesen Wertewandel als auch den derzeitigen Stellenwert des Problems.

Am 1. Juli 1989 trat in Österreich das neue Bundesgesetz in Kraft, das »strafbare Handlungen gegen die Sittlichkeit«, worunter auch Vergewaltigungsdelikte fallen, neu definiert.[1] (Im Vergleich dazu werden in Deutschland Vergewaltigungen angemessener, unter »Straftaten gegen die sexuelle Selbstbestimmung«, in der Schweiz unter »strafbare Handlungen gegen die sexuelle Integrität« subsumiert.) Erstmals wurde Vergewaltigung in der Ehe oder in eheähnlichen Lebensgemeinschaften als strafbares Delikt anerkannt. (In Deutschland wird Vergewaltigung in der Ehe derzeit noch nicht als Verbrechensdelikt verurteilt, sondern als Vergehen nach § 240.)

Bis zu dieser Änderung enthielt das Gesetz beträchtliche Nachteile für die geschädigte Frau. Das Tatbestandsmerkmal und die Beweisbarkeit der Widerstandsunfähigkeit des Opfers sowie die Vorsätzlichkeit des Täters waren ausschlaggebend für die Anerkennung einer Vergewaltigung. Dabei fanden außerrechtliche Vorstellungen über das Sexualverhalten von Männern und Frauen Eingang. Hatte sich die Frau nicht so gewehrt, daß Spuren ihres Widerwillens auf ihrem Körper z.B. in Form von Schürfwunden und Würgemalen gezeichnet waren, dann wurde die Vergewaltigung als solche nicht anerkannt. Die in gesetzlichen Freiräumen eingeschriebene geschlechtsrollenstereotype Auffassung von der weiblichen Willensumkehr fand ihre Umsetzung im Rechtsstaat. Im »Wiener Kommentar zum Strafgesetzbuch« (1980), herausgegeben von Egmont Foregger und Friedrich Nowakowski, heißt es etwa dazu: »Häufig gelingt es dem Täter durch gewaltsame Unzuchtshandlungen die Frau geschlechtlich zu erregen und dadurch von einer Fortsetzung eines Widerstandes abzuhalten. Es ist dies eine – wenn auch gewaltsam bewirkte – Willensumkehr der Frau, und (…) daher lediglich nach § 202 zu beurteilen (…)« (zitiert nach: Wagner 1991, 24).

Die Strafrechtsänderung von 1989 stellt nun die angewandte Gewalt oder Drohung des Täters in den Mittelpunkt. Doch auch nach dieser Änderung scheint das Problem darin zu liegen, was zum einen als Gewalt definiert wird und zum anderen als Widerstand gegen diese Gewalt. Denn sowohl das Verhalten des Täters – seine Gewaltanwendung – als auch der Widerstand der angegriffenen Person werden an ihrer Sichtbarkeit gemessen. Zumeist ist aber Widerstand einer Person, die unter Todesangst steht (was bei Vergewaltigungen oft der Fall ist), nicht sichtbar, sondern spürbar. Widerstand zeigt sich auch im (oft flehentlichen) Reden. Viele Frauen versuchen in einer Vergewaltigungssituation den Täter von seiner Tat abzuhalten, indem sie mit ihm sprechen. Dieses eindeutige »Nein« wird nicht akzeptiert. Ähnlich verhält es sich beim Tatbestandsmerkmal der angewandten Gewalt oder Drohung desjenigen, der vergewaltigt: Wenn die Bedrohung eines Gewalttäters massive Angst bei der anderen Person auslöst, muß der Gewalttäter nicht unbedingt zu zusätzlichen Gewaltmitteln greifen, um den Willen zu brechen. Damit wird eines der Hauptprobleme des niedrigen Anzeigeverhaltens von Vergewaltigungsdelikten klar: Die Psychodynamik von Angst bei der geschädigten Person wird in der Justiz nicht wahrgenommen bzw. erkannt.

VERGEWALTIGUNG
ALS SOZIALES PROBLEM

Als soziales Problem ist eine »von den Betroffenen und von meinungsbildenden Teilen einer Gesellschaft als Konfliktlage definierte Situation, deren Beseitigung durch kollektive oder sonstige öffentliche Aktionen gefordert wird« zu verstehen (Weis 1982, 1). Vergewaltigung als Phänomen ist kein individuelles oder Frauenproblem, sondern ein gesellschaftliches: Denn seine Häufigkeit verdeutlicht einen menschenunwürdigen Zustand innerhalb des sozialen Systems.

Die Komplexität von Vergewaltigung als soziales Problem liegt in ihrer Verwobenheit und Einbettung in einen historisch-kulturellen Kontext, der auf gesellschaftlicher Basis seinen Niederschlag findet und auf personeller Ebene ausgetragen und ersichtlich wird.

Ein kulturelles Wiederholungsgebot wird sichtbar. Strukturelle und personelle Gegebenheiten stehen dabei in Wechselwirkung; sie bedingen einander. Die Freilegung dieser Voraussetzungen schafft die Durchdringung des Problems.

DIE LANGE GESCHICHTE DER VERGEWALTIGUNGEN: HISTORISCH-KULTURELLER ÜBERBLICK

Die Geschichte der Vergewaltigungen steht immer im Zusammenhang mit der Wertigkeit und Stellung der Frau innerhalb des historischen Geschlechterverhältnisses einer konkreten Gesellschaftsordnung. Vergewaltigung ist ein kulturgeschichtliches Phänomen. Denn es gibt Kulturen, in denen Vergewaltigung als ein von Männern praktiziertes Verhalten nicht vorkommt. Margaret Mead etwa fand in ihren anthropologischen Untersuchungen den in Neuguinea lebenden Stamm der Arapesh, die Vergewaltigung nicht kennen (zit. nach: Brownmiller 1990, 199). Bei den Trobriandern wiederum, einem Inselvolk der Südsee, gab es Frauen, die in Gruppen einen männlichen Fremdling vergewaltigten. Diese Entdeckung des Ethnologen Malinowski (1930) wurde von Wilhelm Reich (1975) für den Zusammenhang von ökonomischen Bedingungen und sozialen Gesellschaftsformationen (und der Stellung der Frau) aufgegriffen. Der Durchbruch des Privateigentums wird für ihn zum Schlüssel für Unterdrückung.

Geht man in unserer abendländischen Kultur zurück auf die Bibel und auf die griechische Mythologie, so liegt schon in der Genesis (der Entstehungsgeschichte) in Metaphern verpackt die ganze Unterwerfung der Frau. Sie ist Beiwerk, Gehilfin zur Norm: zum Mann. Im 1. Buch Mose heißt es dazu: »Als aber die Menschen sich zu mehren begannen auf Erden und ihnen Töchter geboren wurden, da sahen die Gottessöhne, wie schön die Töchter der Menschen waren, und nahmen sich zu Frauen, welche sie wollten« (1. Mos., 6, 1–2)).

Auch in der Griechischen Mythologie wird Vergewaltigung praktiziert: »Ob im Olymp oder auf Erden, auf hoher See oder in der Unterwelt, die männlichen Gottheiten Zeus, Poseidon, Apoll, Hades und Pan vergewaltigten genüßlich, trickreich und häufig« (Brownmiller 1990, 198).

Bereits die ältesten geschriebenen Gesetze, die uns überliefert sind, konfrontieren mit Sklaverei, Privateigentum und der Unterwerfung von Frauen. So verlangte zum Beispiel das babylonische Recht in der Gesetzessammlung Hammurabis (Sechster König der 1. Dynastie von Babylon, 1728-1681 v. Chr.) im Falle einer Vergewaltigung einer verheirateten Frau, dieselbe zusammengebunden mit dem Täter in einen Fluß zu werfen. (Im Gegensatz dazu wurde nur der Vergewaltiger hingerichtet, wenn es sich bei der Vergewaltigten um eine verlobte Jungfrau handelte.) Die alten Hebräer steinigten den Täter und die vergewaltigte Frau, sofern diese eine Ehefrau war. Wie auch immer sich das Ereignis abgespielt hatte, es wurde auf jeden Fall als Ehebruch eingestuft und mit dem Tod bestraft: Die Frau hatte Schuld auf sich geladen, weil sie die Ehe gebrochen hatte, indem sie vergewaltigt wurde. Im alten Israel wurde von einer Steinigung einer vergewaltigten jungfräulichen Tochter abgesehen, wenn der Täter sie ehelichte und dazu den Brautpreis bezahlte (Brownmiller 1990, 25f).

Im deutschsprachigen Kulturraum ging die Entwicklung der Vergewaltigungsrechtssprechung folgenden Weg: Bis ins 13. Jahrhundert wurde Vergewaltigung nur in Verbindung mit dem Delikt des Frauenraubes definiert. Frauenraub selbst war ein Nebenprodukt der Kriege. Diese Vorgehensweise wurde nachträglich legalisiert, indem die Tochter dem Brautvater mit fünfzig Silberlingen abgekauft wurde. Denn der Raub der Jungfräulichkeit seiner Tochter hätte ihren Marktwert unterschlagen. Ein Kompromiß, der eine legale Möglichkeit darstellte.

Zu Beginn des 13. Jahrhunderts wurde Vergewaltigung erstmals als Freiheitsberaubung der Frau angesehen. Das Entschädigungsgeld dafür ging nunmehr an die Frau selbst. Im 16. Jahrhundert wurde für Vergewaltigungen an unverleumdeten Frauen, Witwen oder Jungfrauen die Todesstrafe angedroht.

Doch in der Zeit der Aufklärung machte sich die Auffassung von der Mitschuld der Frau breit: die Einstellung, daß eine sich ernsthaft wehrende Frau nicht vergewaltigt werden könne, kennen wir bis heute. Folglich wurde »schwacher Widerstand« durch die Frau zum Strafmilderungsgrund für den Täter (Wagner 1991, 13-17).

Erst in der zweiten Hälfte des 20. Jahrhunderts, im Gefolge der neuen Frauenbewegung, begann ein Kampf um das Recht auf gesetzliche Verankerung der sexuellen Selbstbestimmung. (Im österreichischen Strafgesetzbuch wird der Vergewaltigungsparagraph allerdings noch immer unter »strafbare Handlungen gegen die Sittlichkeit« subsumiert. Vor 1989 wurde der Paragraph selbst sogar mit »Notzucht« betitelt. Man beachte die Semiotik des Begriffes Not-zucht.)

Um die gegenwärtige Einstellung und Gesetzgebung zu Vergewaltigung (sowie zur Stellung der Frau im allgemeinen) erfassen und reflektieren zu können, müssen die Zusammenhänge vor dem Hintergrund einer historischen Entwicklung dargelegt werden. Denn auch die Denkweise ist historisch geprägt.

Vergewaltigungen an Frauen stehen geschichtlich immer im

Zusammenhang mit Kriegsbeute, Frauenraub und Brautraub. Deren Zweck entspringt dem historisch verankerten Verlangen des Mannes nach dem allein ihm vorbehaltenen Zugang zur Vagina der Frau – wie dies in den frühesten Ehegesetzen niedergelegt war –, wodurch er über Zeugung und Erbgesetze herrschen konnte (Brownmiller 1990, 285)[1]. Die Frau galt als Besitz des Mannes. Die Gesetze zu Vergewaltigung, wie wir sie heute kennen, kamen mehr oder weniger über Hinterwege – über die Ehegesetze – in unsere Rechtssprechung. Diese weltanschauliche Verknüpfung von Ehegesetzen und Vergewaltigung ist auch die Ursache dafür, daß in Österreich bis 1989 der Tatbestand der Vergewaltigung in der Ehe gesetzlich nicht vorgegeben war. Das Recht auf körperliche Selbstbestimmung der (Ehe-)frau hebt erst seither an.

Die gesellschaftliche Geschichte der Vergewaltigung aber ist eine Geschichte des Verbrechens eines Mannes gegenüber einem anderen Mann, insofern, als sich dieser einen rechtswidrigen Übergriff gegenüber dem Eigentum eines anderen Mannes erlaubte (vgl. Millet 1985, 65; Hedlund 1986, 16; Fiegl 1990, 133).

Eine vergewaltigte Frau wurde zur *geschändeten Frau*, die durch die vaginale Gewalt ihren Heiratsmarktwert verlor. Denn die schlimmste Folge einer Vergewaltigung war eine Schwangerschaft – und somit der Verlust männlicher Kontrolle über die Nachkommenschaft. In dieser Tradition ist die Wichtigkeit der Erhaltung weiblicher Keuschheit (bei nichtverheirateten Frauen gekennzeichnet durch ihre Jungfräulichkeit) zu sehen. Auch die in Österreich bis 1989 gesetzlich verankerten Tatbestandsmerkmale zur Anerkennung einer Vergewaltigung: vaginale Penetration und Vollendung des Geschlechtsverkehrs – gekennzeichnet durch den Samenerguß des Mannes –, entstammen derselben historischen Denkweise.

Aus einer Tradition, in der Frauen als Besitz behandelt und über sie geherrscht wurde, entstammt auch das amibivalente männliche Sexualverhalten: Die Vermischung von Liebe und Gewalt. Kate Millet (1985) sieht darin ein wesentliches Charakteristikum patriarchaler Gesellschaften. Zwei Bedürfnisse, die an sich nicht vereinbar sind, treffen in einem Akt aufeinander, deren Folgen Ambivalenzen sein müssen. Die Schandtat an Dina im 1. Buch Mose veranschaulicht dieses Problem schon sehr früh: Als Dina, die Tochter Leas und Jakobs ausgeht, die Töchter des Landes zu sehen, wird sie von Sichem, dem Sohn des Hewiters Hemor geschändet. »Als Sichem sie sah, (…) nahm er sie, legte sich zu ihr und tat ihr Gewalt an. Und sein Herz hing an ihr, und er hatte das Mädchen lieb und redete freundlich mit ihr« (1. Mos. 34, 2-3). Die Vermischung von Liebe und Gewalt im männlichen (Sexual-)verhalten gegenüber Frauen ist auch gegenwärtig manchmal bei Vergewaltigern zu beobachten.[2]

EXKURS: VERGEWALTIGUNG IM KRIEG

»Seit eh und je sind Eroberungen, Heldentaten und Liebesbeteuerungen mit Gewalt an Frauen, ob in Gedanken oder Taten, einhergegangen« (Brownmiller 1990, 204). Hierin wird der Mythos vom heroischen Vergewaltiger gepflegt: Denn wenn der Mann die Welt erobert, dann erobert er auch die Frau.

Vergewaltigt wurde in allen Kriegen und kriegsähnlichen Zuständen, in Pogromen, Aufständen, Revolutionen und zum Zweck der politischen Folter in Diktaturen. Dabei wurde vor keiner Hautfarbe oder Rasse halt gemacht. Die Männer im Krieg vergewaltigten Indianerinnen gleichwohl wie schwarze Frauen und Jüdinnen. Vergewaltigt wurde im Amerikanischen Unabhängigkeitskrieg und bei den Mormonenverfolgungen (1833), in Memphis vergewaltigte der Ku-Klux-Klan (1866) schwarze Frauen. Vergewaltigung wurde zur Kriegstaktik im Ersten und Zweiten Weltkrieg, in Bangladesch und im Vietnamkrieg.[3] Vergewaltigt wurde im Krieg am Golf und im derzeitigen Krieg im ehemaligen Jugoslawien. Die Liste ließe sich fortsetzen …

Vergewaltigungen im Krieg haben militärischen Sinn: sie werden zur Waffe, zur Ökonomie des Krieges – sparen Bomben und Benzin. Männliche Überlegenheit wird auf und über den Körper der Frau als Siegesbeweis gegenüber dem Feind exerziert. Die Gegner werden eingeschüchtert: Die Vergewaltigung *ihrer* Frauen ist die Niederlage der Männer, denn Element männlichen Stolzes ist unter anderem die Verteidigung *ihrer* Frauen.

Nachfolgend seien einige Daten der Vergewaltigungen aus historisch jüngeren Kriegen angeführt. Die Aufzählungen geben bei weitem keinen Gesamtüberblick.[4] Sie sollen nur ein dahinterliegendes System und eine Struktur zu erkennen geben.

Als einfache Faustregel gilt: *Die siegreiche Seite in Kriegen ist diejenige, die vergewaltigt.*

Als Propaganda oder als Mittel und Begleiterscheinung der Eroberung (Kriegsbeute) oder Vergeltung erwiesen sich Vergewaltigungen stets als ein bewährtes Mittel und dieses galt es aufrechtzuerhalten, obwohl Vergewaltigung im Krieg nach der Haager Konvention (1907) ein unentschuldbares Verbrechen ist. Zur Kriegstaktiv des Ersten Weltkriegs etwa gehörte das Einsetzen von Vergewaltigungen als Propaganda, ebenso wie diese – bei beginnendem Rückzug der jeweiligen Truppe – zu verleugnen.

Harald Lasswell (1927) bemerkt dazu: »Eine einfache Methode, um Haß zu erzeugen, wo Kampfgeist fehlt, besteht darin, Greueltaten zu erzählen. (…) Solche Geschichten lösen eine ungeheure Entrüstung gegenüber den gegnerischen Eindringlingen aus … und befriedigen bestimmte mächtige, verborgene Impulse. Eine vom Feind vergewaltigte Frau verschafft einer Menge potentieller Frauenschänder im anderen Lager geheime Befriedigung« (zit. nach: Brownmiller 1990, 50f). Im Vorfeld des Zweiten Weltkriegs, im Dezember 1937, beim Phänomen der »Vergewaltigung von Nanking«, wurde genau dieses Mittel zur Propaganda. Die japanischen Streitkräfte hatten die chinesische Hauptstadt eingenommen. Stolzerfüllt erstatteten japanische Soldaten ihren Behörden Bericht über täglich bis zu zehn verübte Gruppenvergewaltigungen an chinesischen Frauen. Kriegsstimmung wurde auch erzeugt, als die Amerikaner in den Vietnamkrieg zogen. Hierbei wurde mittels unkonventioneller Kriegsführung, dem »Psy-Krieg«, psychologisch Aggressionsstimmung innerhalb der Vietnamesen mobil gemacht, indem das Gerücht verbreitet wurde, rotchinesische Soldaten vergewaltigten nordvietnamesische Frauen.[5]

Die zweite Kriegstaktik, Vergewaltigungen als Mittel der Eroberung oder Vergeltung einzusetzen, wurde stets von denjenigen Truppen hervorgekehrt, die im siegesmäßigen Vormarsch waren. So waren es in der ersten Zeit des Zweiten (wie auch des Ersten) Weltkriegs deutsche Soldaten, die auf ihrem Vormarsch nach Osten (nicht nur) jüdische, polnische und russische Frauen vergewaltigten, ebenso wie es nach ihrem Rückzug Soldaten der sich nunmehr im Vormarsch befindlichen Roten Armee der Sowjetunion waren, die die Frauen der späteren Verlierermächte vergewaltigten.

Sexismus und Rassismus bedingen einander:
Rassismus legitimiert den gewaltvollen Sexismus im Krieg. Aus den amerikanischen Kriegen sind Vergewaltigungen an schwarzen Frauen wie an Indianerinnen bekannt. Von massenhaften Vergewaltigungen jüdischer Frauen hörte man erstmals in der »Kristallnacht« des November 1938. Zur Praxis im Warschauer Ghetto gehörte die sexuelle Demütigung der Juden und Jüdinnen, wie etwa Massenvergewaltigungen durch deutsche Soldaten. Den Opfern dieser Verbrechen wurden regelmäßig Tetanusspritzen verabreicht. Wie paßte dies mit der deutschen Herrenrassen-Ideologie der Nürnberger Rassengesetze von 1935 zum Schutze »arischen Blutes« durch Verbot von »Rassenschande« zusammen?

Vergewaltigung und Prostitution sind zwei elementare Bestandteile im Krieg:
Soldaten brauchen Sexualität – brauchen Frauen. Ausgehend von diesem Gedanken wird im Krieg Prostitution vorangetrieben. Daraus entstand die Mär, daß Bordelle vor Vergewaltigungen schützten. Recherchen widerlegen diesen Mythos. Prostitution kann den Zweck, den Vergewaltigung erfüllt, nicht wettmachen.

Obwohl etwa im Zweiten Weltkrieg jüdische Frauen die ersten waren, die in Bordelle verschleppt wurden (die es in sämtlichen Arbeitslagern gab), waren es ebenfalls sie, die vergewaltigt wurden (Fiegl 1990, 106).

Ein anschauliches Beispiel für Vergewaltigungen trotz Institutionalisierung von Prostitution bietet das Verhalten amerikanischer Soldaten im Vietnamkrieg. Das Geschäft mit der Prostitution eskalierte in diesem Krieg. Militärbordelle hatten den Segen des Generalstabschefs, denn der sexuelle Gebrauch von Frauen sollte »die Jungs« bei Laune halten. Doch gepaart mit der Sinnlosigkeit dieses Krieges kam es zu seltsamen sadistischen Blüten bei (vor allem Gruppen-)Vergewaltigungen und Erschießungen. Die Berichte von Kriegsveteranen zeugen davon: »Einmal sah ich, wie ein Scharfschütze, einer von uns, eine Frau anschoß. Als wir zu ihr hinkamen, bat sie um Wasser. Der Leutnant befahl, sie zu töten. Er riß ihr die Kleider vom Leib, sie stachen ihr in beide Brüste, dann rissen sie ihr die Schenkel auseinander und schoben ihr ein Schanzwerkzeug in die Vagina, und sie bat weiter um Wasser. Dann nahmen sie das Ding heraus und stießen ihr statt dessen einen Ast hinein. Danach wurde sie erschossen« (zit. nach: Brownmiller 1990, 110). Beispiele darüber, daß nicht nur mit dem Penis, sondern mit allen möglichen Gegenständen vergewaltigt werden kann, bestätigen unter anderem eine These von Ray Wyre (1991), daß Vergewaltigung kein sexuelles, sondern ein Machtproblem sei – weshalb nicht einmal Kastration die Lösung des Problems sein könne.

Sehr deutlich zeigt auch der folgende Bericht eines Veterans, worum es geht: »Ich hatte ein Gefühl für Macht. Ein Gefühl für Zerstörung. Sehen Sie, jetzt, in den Vereinigten Staaten, wird man bevormundet. Es wird einem gesagt, was man zu tun hat. Du kannst kein Gewehr tragen, es sei denn, du willst dafür ins Gefängnis gehen. Wenn du jemanden erschießt, ist es falsch. Du wirst permanent bevormundet, bis ins Grab ... Aber in Vietnam hast du gemerkt, daß du die Macht hattest, ein Leben auszulöschen. Du hattest die Macht, eine Frau zu vergewaltigen, und niemand konnte irgendetwas sagen« (zit. nach: Fiegl 1990, 134).

Die Bewohner ganzer Vietcong-Dörfer wurden als sogenannte Verdächtige zusammengetrieben, die Frauen und Mädchen meist vergewaltigt – und danach wurden alle erschossen. Die Soldaten selbst schnappten manchmal über, bei so viel Greuel und Macht, bei gleichzeitiger Sinnlosigkeit des Krieges: »Die GIs gaben euch Birnen? Ja? Dafür werden wir eure Tochter ficken. Sie weinte. Ich glaube, sie war Jungfrau. Wir zogen ihre Hosen herunter und hielten ein Gewehr an ihren Kopf. Die

Jungs wechselten sich ab, sie zu ficken. Es war wie ein Rudel Tiere. ›Hey, er braucht zu lange, um sie zu ficken.‹ Niemand drehte sich um oder so. Wir standen bloß Schlange und wir fickten sie. Ich nahm ihren Körper mit Gewalt. Da standen Typen über ihr mit Gewehren, als ich sie fickte. Sie sagt, ›Warum tust du mir das an? Warum?‹ Einige der Gooks konnten sehr gut reden. ›Hey, du bist schwarz, warum tust du mir das an?‹ (...) Das war der Haß, die Frustration. Nachdem wir sie vergewaltigt hatten, nachdem wir sie in den Kopf schossen, verstehst du, was ich meine, fingen wir buchstäblich an, ihren Körper zu zerstampfen. Und alle lachten darüber. Es ist wie das Bild von den Löwen um ein gerade getötetes Zebra. Was man so sieht auf diesen Tierbildern, Wildes Königreich oder so. Der ganze Stolz kommt heraus und sie weiden sich an dem Körper. Wir traten das Gesicht ein, traten in die Rippen und all das. Dann begannen wir die Ohren abzuschneiden. Wir schnitten ihre Nase ab. Der Captain sagt: ›Wer kriegt die Ohren? Wer kriegt die Nase? Soundso wird die Ohren kriegen.‹ Ein guter Freund von mir, ein Weißer aus Kalifornien, ist in Nam ausgeflippt. Der Sommerfrischler fiel auf den Boden und heulte, fiel hin und bettelte darum, die Ohren zu bekommen. Der Captain sagte: ›Gut, laß diesmal Soundso die Ohren kriegen. Du hattest den letzten Kill. Laß sie diesmal ihm.‹ Also ließen wir ihm die Ohren. Wir schnitten eine ihrer Brüste ab und ein Typ bekam die Brust. Aber die Trophäe waren die Ohren« (zit. nach: Fiegl, 1990, 138f).

Systematische Vergewaltigung im Krieg:

Auf systematische Vergewaltigungen als Kriegstaktik wurde die Weltöffentlichkeit erstmals durch den Krieg im ehemaligen Jugoslawien aufmerksam. Nachrichten erreichen uns: Dreißigbis sechzigtausend muslimische Frauen und Mädchen wurden bislang vergewaltigt. (Die Zahlen sollen die vergewaltigten Frauen anderer Religionen und Ethnien in diesem Krieg aber nicht vergessen machen.) Vergewaltigungslager wurden eingerichtet, in denen Frauen geschwängert und bis zum sechsten Schwangerschaftsmonat festgehalten werden. »Du wirst ein Kind gebären mit der serbischen Kokarde und nicht mit dem muslimischen Halbmond« (Standard, 10. 12. 1992), so ein Tschetnik gegenüber einer vergewaltigten Frau.

Es gibt einige Frauen in diesem Krieg, die den Mut aufbringen, darüber zu reden. Aber es gibt auch die anderen, deren Sozialisation innerhalb einer bestimmten Ethnie das Schweigen über das Erlebte gebietet. Eine kulturelle Scham breitet sich über sie. Darüberhinaus heißt es, vergewaltigte islamische Ehefrauen würden von ihren Ehemännern ermordet oder in den Selbstmord getrieben oder die Frauen würden die Kinder, die durch die Vergewaltigung entstanden sind, umbringen (Wiener Zeitung, 22. 12 1992).[6]

Vergewaltigung als Verhörmethode:

Auf eine ähnliche Form der Vergewaltigungen als Strategie macht Amnesty International in einem Bericht von 1992 aufmerksam: Vergewaltigung von Frauen wird international als Verhörmethode angewendet; um sie zu Geständnissen oder Informationen zu zwingen, als Folter- und Geiselmethode sowie als Strafe (an Frauen, deren Männer an oppositionellen politischen Bewegungen beteiligt sind). Innerhalb der letzten Jahre sind der Organisation Vergewaltigungen und Vergewaltigungsdrohungen aus Peru, Indonesien, Palästina, Sri Lanka, Philippinen, Uganda, Guatemala, Pakistan, Bangladesh, Senegal, Griechenland, Nordirland und der Türkei bekanntgeworden. Die Betroffenen sind vor allem Frauen, die sich politisch oder gewerkschaftlich betätigen oder Frauen, die mit politisch aktiven Männern in Verbindung stehen. Es kommt kaum zu Gerichtsverhandlungen bzw. Verhaftungen der Staatsbeamten.

Amnesty International rief dazu am 5. Februar 1992 mit einer internationalen Presseaussendung die Regierungen in aller Welt auf, einer der erniedrigendsten Menschenrechtsverletzungen an Frauen Einhalt zu gebieten: Vergewaltigungen durch Soldaten, Polizisten oder Gefängniswärter. »Wird eine Frau im Gewahrsam von Polizei oder Militär vergewaltigt, dann ist dieser Gewaltakt nicht mehr ›nur‹ als kriminelle Handlung eines einzelnen zu sehen, sondern als Akt der Folter, für den der Staat die Verantwortung trägt« (Amnesty International, unveröff.. Februar 1992).

Der Militarismus selbst beinhaltet den Sexismus:

Gewalt gegen Frauen bildet nach unserem Kulturverständnis bestenfalls eine soziale, nicht aber eine politische Kategorie.

Unzählige Vergewaltigungen aus sämtlichen Kriegen demonstrieren dahinter jedoch auch einen einheitlichen Krieg: einen Krieg gegen Frauen. Ein Krieg, der auch völlig unabhängig von territorialen Kriegszuständen besteht. Die kriegerische Aggression wird in Friedenszeiten geübt: Im Militär, der »Schule der Nation«, erfahren Männer ihre endgültige Zurichtung. »Es gibt keine patriarchalische Institution, die so exklusiv und so einzig für die männliche Identität zuständig ist, wie das Militär (und so viele Männer erfaßt)« (Fiegl 1990, 140). Das militärische Wertesystem basiert auf Sexismus, Rassismus und auf Hierarchien – erst auf diesen kann das für Kriege notwendige Aggressionspotential gedeihen. Theweleit beschreibt in seiner Analyse von Freikorpsschriften, wie in deren Augen bereits der Feind eine »Hure« darstellt und alle Feindfrauen »Huren« sind.[7] Militärisches Training verbindet Sexualität mit Dominanz, Aggression, Macht und Gewalt. Dabei wird der Zusammenhang von Männlichkeit und Gewalt heroisiert. Küpper (1978) fand dazu augenfällige militärische Synonyme von Bundeswehrsoldaten für geschlechtliche Handlungen mit Frauen: »Abknallen«, »abstauben«, »Stellungskrieg«, »Stoß« … (zit. nach: Fiegl 1990, 137).

Der Bericht von Nadezda Cetkovic über ihre politischen Aktivitäten gegen den derzeitigen Krieg in Ex-Jugoslawien verdeutlicht die Aktualität dieser Verbindung: »Ich hatte die Parole ›make love not war‹. Nur auf diese eine Parole hat ein Delegierter reagiert. Seine Reaktion ist charakteristisch für das Niveau dieses Parlaments und er sagte: ›Diese Frauen vor dem Parlament wollen Liebe machen, sie wollen nicht in den Krieg. Warum gehen sie nicht nach Kroatien, damit die Männer sie dort vergewaltigen?‹ Niemand hat eigentlich dagegen protestiert. Ich habe ihm dann in einer Radiosendung die Frage gestellt, wieso er Vergewaltigung mit Liebe vergleichen kann« (Der Krieg der Männer – gegen Frauen. Ursula Kubes-Hoffmann. In: Stimme der Frau 1992/2, 18f).

Die Frauenfeindlichkeit (von der Aggression bis zur Gewalt gegen sie) zeigt sich nicht nur in Kasernen und wird nicht nur in diesen ein- und ausgeübt. Der Vergewaltigungskrieg gegen Frauen ist ein ständiger. »Im Krieg nimmt die selbsterklärte

Macht und das selbsterklärte Recht, Frauen zu vergewaltigen und zu ermorden, lediglich drastisch zu« (Universal Soldier. Der Krieg der Männer gegen die Frauen. Lepa Mladjenovic. In: Frauenpolitik. Informationsblatt der Frauenministerin, Heft 1/1993, 10-12).

GESELLSCHAFTLICHE VORAUSSETZUNGEN UND FORMEN DER GEWALT GEGEN FRAUEN

Der gesellschaftliche Rahmen bildet die Grundlage für gewaltvolle Aspirationen von Männern. Vergewaltigung ist deren extreme Ausformung. Die Basis aber liegt im normalen alltäglichen, strukturellen wie personellen Geschlechterverhältnis, das vielerlei Formen der Gewalt gegen Frauen ermöglicht.

»Die körperliche Gewalt gegen Frauen ist nur die Spitze des Eisberges. Die strukturelle Gewalt gegen Frauen ist die Grundlage, die Mißhandlung möglich macht. Sie drückt sich aus in den um ein Drittel geringeren Löhnen der Frauen, in der Mehrfachbelastung durch Beruf, Haushalt und Kindererziehung, in der ökonomischen Abhängigkeit der Frauen in der Ehe, die der Kinder wegen Ausbildung oder Beruf aufgaben, im geringeren Frauenanteil auf höheren Ebenen in Wirtschaft und Politik ...« (Verein »Aktionsgemeinschaft der autonomen Frauenhäuser« o.J., 2).

Es geht um soziale Positionen. Darum, wie soziale Macht und Wertschätzung verteilt ist. Ist sie nach geschlechtsspezifischen Kriterien asymmetrisch, so wird auch die soziale Beziehung von Männern zu Frauen asymmetrisch sein. Der Mann sieht sich auf allen (gesellschaftlich wesentlichen) Ebenen als der dominierende – und stellt dies auch immer wieder unter Beweis.

In seiner situationsübergreifenden Dimension führt dies dazu, daß die eine Seite die Chance hat, durch soziales Verhalten das Verhalten des/der anderen immer wieder nach eigenem Willen so zu bestimmen, daß sie sich anders verhalten, als sie sich sonst verhalten würden. Verfestigt sich nun ein solches

Machtverhältnis, so wird daraus Herrschaft, wobei allein schon die Drohung mit Gewalt genügt, um den Gehorsam der Beherrschten aufrechtzuerhalten. Das Machtproblem erlangt politische Dimension. Die beste Form der Herrschaftsausübung in einem modernen Staat ist dadurch gegeben, daß die Normen und Werte durch die Beherrschten verinnerlicht sind (vgl. Bahrdt 1987, 166-177).

Diese soziologische Machttheorie ist auch auf das Phänomen der Vergewaltigung übertragbar. Auch der Aspekt von (moderner) Herrschaft steckt in der Vergewaltigungsproblematik, insofern, als es einen »Vergewaltigungseffekt« bei Frauen gibt: aus Angst vor einer Vergewaltigung wird persönliche Freiheit eingeschränkt, die gesellschaftliche Einstellung *ihrer* Mitschuld im Falle einer Vergewaltigung ist bei vielen Frauen verinnerlicht. Die soziale Position scheint akzeptiert.

Bei der Erforschung von Gewalt gegen Frauen einschließlich Vergewaltigung muß nach den Elementen in unserem Kulturbereich gesucht werden, die die Phänomene aggressiv männlicher Herrschaft über die Frau hervorzubringen vermögen.

EXKURS: EINIGE ANDERE FORMEN DER GEWALT GEGEN FRAUEN

Die verschiedenen Formen der Gewalt gegen Frauen können nicht losgelöst von Vergewaltigung gesehen werden.

Die Schiene zu den extremen Ausformungen beginnt in den Grauzonen, dort, wo Diffamierung fast noch als »normal« erscheint, kaum wahrgenommen wird. »Wir sind es nicht gewöhnt, das Patriarchat mit Gewalt in Verbindung zu bringen. So perfekt ist der Sozialisierungsprozeß, so uneingeschränkt die allgemeine Zustimmung zu seinen Werten (...)« (Millett 1985, 63).

Frauen werden nicht nur vergewaltigt, sondern auf vielfältige andere Weise belästigt und mißbraucht. All diese Formen beinhalten die Reduktion von Frauen vor allem auf ihre sexuelle Dimension und veranschaulichen die Erotisierung von Macht:

Die Witwenverbrennungen in Indien, die verkrüppelnden Verformungen der Füße durch Umwickeln in China, die lebenslange Sichtverengung des Schleiers im Islam oder die weitverbreitete Mißhandlung durch strenge Absonderung, Keuschheitsgürtel und Verhüllung, Phänomene wie Klitorisbeschneidung, unfreiwillige und Kinderehen, die Mißhandlungen der Frauen in der Ehe ... sind nur einige Formen der Grausamkeiten in der Geschichte des Patriarchats (Millett 1985, 67). Die Verletzung der Intimsphäre beginnt bei anzüglichen Bemerkungen einiger Männer auf der Straße, beim Betatschen und Begrapschen im Vorbeigehen, bei obszönen Anrufen. Der Körper der Frau wird zum öffentlichen Raum.

Frauen werden von ihren Ehemännern verprügelt oder ermordet. Alltäglicher Stoff, von dem die Tagespresse lebt. Die Beweggründe für derlei Gewaltausbrüche sind banal. Sie reichen von der Anschuldigung, daß das Essen nicht zur rechten Zeit am Tisch gestanden sei, über die Alkoholisierung des Mannes bis hin zu handfesten Eifersuchtsdramen. Die Einsicht der Männer ist gering. Davon zeugen Interviewaussagen zahlreicher inhaftierter Gewalttäter (vgl. Benard/Schlaffer 1987).

Die Problematik der *sexuellen Belästigung von Frauen am Arbeitsplatz* wurde erst in letzter Zeit ein Thema. Doch ist es bislang weder ausreichend erforscht, noch findet es in der Öffentlichkeit eine Basis des Gehörs. Eine österreichische Studie aus dem Jahr 1986 zu diesem Problem besagt, daß sich 73,4 Prozent der 1.411 befragten Frauen[8] zumindest einmal am Arbeitsplatz sexuell belästigt fühlten (Bundesministerium für Arbeit und Soziales 1988, 47).

In der *Pornographie*, der *Prostitution* und im *Frauenhandel* finden wir eine Darstellung der sexuellen Versklavung von Frauen. Brownmiller (1990, 208) bezeichnet die Pornographie als extremste Manifestation des Destruktionsprinzips innerhalb der heterosexuellen Welt. Denn in der Pornographie sollen Entwürdigung und Erniedrigung eines Objektes sexuell erregende Gefühle beim Betrachter auslösen.

»Als Symptom, als Spiegelbild der Gesellschaft, in der sie blüht und gedeiht, stellt Pornographie ein Extrem der Erotisierung der Herrschaft zur Schau. (...) Pornographie verschärft das Problem, indem sie den Anschein erweckt, als wäre Gewalt etwas intrinsisch Erotisches, statt etwas, das erotisiert wird. Und sie ist (…) verleumderisch, da sie Frauen als im Grunde masochistisch darstellt, als Personen, die gerne vergewaltigt werden und die nur dann sexuelle Erfüllung finden können, wenn sie ausreichend erniedrigt und dominiert werden« (Feder Kittay 1989, 237f).

In letzter Zeit werden pornographische Darstellungen immer extremer. Verstümmelungen, Zerstückelungen und Ermordungen von (immer jüngeren) Personen werden erotisch dargestellt. Die steigende Angebots- und Nachfragepalette nach *Kinderpornographie* läßt aufhorchen. Der jährliche Gesamtumsatz dieses Geschäftes wird allein in Österreich auf rund öS 500 Mill. geschätzt (»Mitten unter uns« Robert Buchacher. In: Profil 1992/26, 69-71).

In diesem Zusammenhang ist auch auf das Phänomen des *sexuellen Kindesmißbrauchs* hinzuweisen. In Österreich schätzt man die Zahl der von sexuellen Mißhandlungen betroffenen Kinder auf jährlich ca. 10.000 bis 25.000 (Bundesministerium für Umwelt, Jugend und Familie, o.J., 22).

Die Recherchen von Sabine Kessler (1992) belegen, daß in Österreich auch das Geschäft mit dem *Frauenhandel* blüht. Vorwiegend wird dabei (noch) mit Frauen aus den Ländern des Trikont (den sogenannten Drittweltländern) gehandelt. Die Öffnung des ehemaligen Ostens aber schafft in jüngster Zeit örtlich nähere Zugänge zur Vermarktung von Frauen. Auch die heimische Prostituiertenszene wird mit Frauen aus »fernen Ländern« beliefert. Auf internationaler Ebene werden Frauen am sexuellen Arbeitsmarkt gehandelt, deren Abnehmer vornehmlich westliche Männer sind, die meist über Heirats- oder sonstige Vermittlungsagenturen eine Frau für die Ehe/Partnerschaft gegen Geld (manchmal sogar mit Rückgaberecht!) einlösen. Dieser Markt hat internationalen Umlauf und wird demgemäß international organisiert. Dazu werden sogar Kataloge über Frauen angefertigt, die gehandelt werden – wie im Versandverkauf.

THEORETISCHE ERKLÄRUNGEN
ZUR VERGEWALTIGUNG

Zur Erklärung von Vergewaltigung gibt es verschiedene theoretische Ansätze: Individualpsychologische, soziobiologische, soziologische und politische ...

Die in der neueren Literatur zumeist als »Blindheit, Vorurteil und Stereotyp in der Wissenschaft« kritisierten Theorien[9] betreffen vor allem die des biologistischen Ansatzes (Trieb- und Instinktmodelle) und die Theorien über den weiblichen Masochismus (frühe psychoanalytische Theorien). Auch die Theorie vom Täter als Opfer der Gesellschaft wird als fragwürdig behandelt, insofern, als sie die Gefahr der Täter-Opfer-Umkehr in sich birgt und auf die grundsätzliche Frage, aus welcher Enttäuschtheit auch immer ein Mann mit Gewaltbereitschaft antwortet, nicht aufklärt.

Trieb- und Instinktmodelle gehen von der These aus, daß menschliches Sexualverhalten (weitgehend) biologisch festgelegt ist. Vergewaltigung sei demnach nur das Resultat männlicher Triebe und (Ur-)Instinkte. Diese sind – je nach Autor – der männliche Beherrschungs- und der weibliche Unterstellungstrieb (Modell von Karl Leonhard, 1964; Neurologe und Psychiater), der Gattungsinstinkt (Modell des Juristen Günter Schulz, 1958) oder der Aggressionstrieb des Mannes im Zusammenwirken mit seinem erlernten Verhalten (Modell von Lutz Keupp, 1971). Den Männern wird dabei ein stärkerer Sexual- und Aggressionstrieb zugesprochen, der sich entladen müsse, wenn er aufgestaut ist, oder wenn »natürliche Schlüsselreize« der Frau (Willhart Siegmar Schlegel, 1962), wie etwa »pralle Brüste«, den Mann reizen.[10] Trieb- und Instinktmodelle basieren auf einem einfachen Reiz-Reaktions-Schema, das Gefühle und Intellekt nicht berücksichtigt.

Die *Theorie vom weiblichen Masochismus* hingegen versucht, einen opferorientierten Ansatz zur Erklärung von Vergewaltigung mittels früher psychoanalytischer Theorien nach Sigmund

Freud bzw. Helene Deutsch zu erfassen. Die Annahmen gehen von einer Psychologie der Frau aus, deren Sexualität gepaart mit Lust-Schmerz/Leiden sei. In Verbindung mit ihrer größeren Passivität wolle die Frau demzufolge »erobert« werden. Unter Einbeziehung weiblicher Vergewaltigungsphantasien gipfelt die Theorie in der Annahme, daß Frauen mitunter vergewaltigt werden wollten.[11] Dieter Duhm (1975) spricht in diesem Zusammenhang sogar von der »großen Lust der Frauen bis zum Orgasmus« bei einer Vergewaltigung.[12]

Einige soziologische und tiefenpsychologische Modelle erklären Vergewaltigung von der Perspektive des *Täters als Opfer der Gesellschaft*. Die Unterdrückung in Erziehung und Gesellschaft durch Mütter, Eltern, LehrerInnen, ArbeitgeberInnen... wird gerächt: Vergewaltigung (von zumeist Außenstehenden des Unterdrückungssystems) ist ihre Anwort. Vertreter dieser Theorie sind unter anderem Schneider & Schneider (1981) und Ernest Bornemann.[13]

Komplexere theoretische Modelle versuchen Vergewaltigung auf der Basis des Geschlechterverhältnisses innerhalb eines kulturellen Kontextes zu erklären.

Die amerikanische Journalistin Susan Brownmiller bietet eine *sozial-biologische Theorie* zur Erklärung von Vergewaltigung an. In ihrer historischen Aufarbeitung des Themas vertritt sie die These, daß sexuelle Gewalt gegen Frauen schlichtweg in der anatomischen Möglichkeit des Mannes begründet liege. Die anatomische Natur des Mannes wird so zur Struktur sozialen Verhaltens. Demnach sei denkbar, daß allein dieser Umstand ausgereicht hätte, um eine männliche Ideologie der Vergewaltigung entstehen zu lassen. »Als die Männer entdeckten, daß sie vergewaltigen konnten, machten sie von dieser Entdeckung auch Gebrauch. Später, viel später erst sahen sie unter bestimmten Verhältnissen Vergewaltigung als Verbrechen an. (...) Die Entdeckung des Mannes, daß seine Genitalien als Waffe zu gebrauchen sind, um damit Furcht und Schrecken zu verbreiten, muß neben dem Feuer und der ersten groben Steinaxt als eine der wichtigsten Entdeckungen der prähistorischen Zeit angesehen werden. (…) Die vage Erkenntnis, die im Bewußtsein der prähistorischen Frau aufgetaucht war, muß eine entsprechende, doch entgegengesetzte Reaktion im Kopf ihres männlichen Angreifers hervorgerufen haben. Denn wenn die erste Vergewaltigung ein unerwarteter Kampf gewesen war, der auf der ersten Verweigerung einer Frau beruhte, so war die zweite Vergewaltigung zweifellos geplant« (Brownmiller 1990, 22). Frauen begannen folglich, sich durch den Schutz eines Mannes vor der Verfolgung anderer Männer abzusichern. Dies sollte der Beginn weiblicher Abhängigkeit und männlichen Eigentums sein. Hierin liegt für die Autorin möglicherweise der erste Ehevertrag begründet, in dem die Frau sich verpflichtete, monogam zu leben. Der Mann schützte sie vor der sexuellen Gewalt anderer Männer, indem er gleichzeitig über ihre Sexualität zu verfügen begann.

Die Frage, warum nun gerade der Penis zum Machtinstrument und zur Waffe gegen die Frau wurde, erklärt sich aus der historischen Aufarbeitung der Autorin, in der sie das männliche Bestreben nach der allein ihm vorbehaltenen Herrschaft über die Nachkommenschaft und die Erbgesetze aufzeigte. Was anderes sollte sich demnach als Machtinstrument etablieren als der anatomische Körperteil, durch den Nachkommenschaft gezeugt werden kann? In gleicher Weise muß beherrscht werden, was zur anatomischen Gebärfähigkeit gehört: die Vagina.

Rolf Butzmühlen geht in seiner soziologischen Abhandlung von einem *historisch-materialistischen Ansatz* aus. Seine These ist, daß die sozialen Verhältnisse unserer Gesellschaft die Struktur beinhalten, die die Unterdrückung der Frau zum Sexualobjekt des Mannes hervorbringen. Der Autor erklärt die Ehe innerhalb der kapitalistischen Verhältnisse – als Institutionalisierung der ökonomischen und sozialen Abhängigkeit der Frau vom Mann – als Basis für männliche Gewalt gegen sie. Die Trennung von Produktion (die den Tauschwert des Lohnes hat) und Reproduktion entspreche der gesellschaftlichen Arbeitsteilung zwischen den Geschlechtern.

Die Ehe bekomme dabei einen inoffiziellen Tauschcharakter: Der Mann tauscht einen Teil seines Einkommens und verleiht der Ehefrau soziale Anerkennung gegen Bereiche der physischen und psychischen Reproduktionsleistungen durch sie. Die sexuelle Befriedigung des Ehemannes wird zu einer Reproduktionsfunktion für die Ehefrau. Die Sexualität der Frau würde so zur Dienstleistung. Butzmühlen formuliert daraus die These: »Die ökonomische Abhängigkeit macht die Frau zum Sexualobjekt ihres Mannes. Seine sexuelle Befriedigung ist vorrangig, ihre Sexualität wird reduziert auf die Fähigkeit, ihm sexuelle Befriedigung zu ermöglichen. Sexualität der Frau heißt Sexualität für den Mann. Die sexuelle Befriedigung des Mannes ist zu allererst gebunden an die Bereitstellung des Körpers der Frau. Dieser erhält dadurch eine zentrale Bedeutung. Die Reduktion der Frau auf ihren Körper – z.B. die Benutzung ihres Körpers zur Absatzsteigerung der Waren, die Trennung von Körper und Persönlichkeit der Frau bis in die sexuellen Gefühle des Mannes, Schönheit als das entscheidende Beurteilungskriterium für Frauen usw. sind Ausdruck des Machtverhältnisses, dessen materielle Basis in der ökonomischen Abhängigkeit der Frau in der Ehe besteht« (Butzmühlen 1978, 58f). Ehefrau und Prostituierte erfüllten unter diesen Voraussetzungen die gleiche Funktion: beide verkaufen ihren Körper an einen Mann.

Vergewaltigung ist unter dieser Prämisse nur die Steigerung der Macht, wobei Gewalt als Mittel im Falle des Widerstandes der Frau eingesetzt werden kann. »Der Grad und die Form ihres Widerstandes entscheiden darüber, ob es zur Vergewaltigung kommt oder nicht« (Butzmühlen 1978, 62).

Da sich der gesellschaftliche Wert der Menschen in einer kapitalistischen Gesellschaft nach dem Tauschwert ihrer Arbeitskraft bestimmt, hat dies entscheidende Konsequenzen für die Frau. Denn wenn sich der Wert der Arbeit der Frau im Lohn des Mannes vergegenständlicht, die Reproduktionsarbeit aber nicht entlohnt wird, erscheint ihre Arbeit als gesellschaftlich wertlos, was bedeutet, daß sie wertlos ist. Hier liegt für Butzmühlen die Ursache ihrer gesellschaftlichen Geringschätzung. »Die materielle Grundlage für den niedrigen Status der Frauen findet sich genau in dieser Definition der Frau. (...) Die Akzeptierung der Macht des Ehemannes, d.h. die Akzeptierung der Möglichkeit, daß er seine Bedürfnisse auch gegen die der Frau durchsetzt, beruht darauf, daß unter den bestehenden gesellschaftlichen Verhältnissen seine Bedürfnisse als wertvoller erscheinen und ihre Befriedigung wichtiger ist als die der Frau« (Butzmühlen 1978, 63f). Es wäre zu kurz gegriffen, würde man daraus schließen, daß die Lohnarbeit von Frauen diese Verhältnisse aufzulösen vermögen. Die Berufstätigkeit der Frauen hätte zwar die Abhängigkeit vom Mann gemindert, keineswegs jedoch beendet, stellt der Autor fest. Denn wenn Frauen zwar erwerbstätig sind, für ihre Arbeit aber im Durchschnitt weniger Lohn erhalten als Männer[14], außerdem geringere Aufstiegschancen haben und die Reproduktionsarbeiten im Haushalt und der Kindererziehung weiterhin großteils alleine machen, dann drückt sich darin noch immer die gesellschaftliche Minderstellung der Frauen aus.

Die Soziologin Kathleen Barry vertritt eine These mit politischem Gehalt: *Vergewaltigung sei Mittel der Geschlechterpolitik,* indem Verhalten darauf abziele, die Herrschaft des einen Geschlechts über das andere durchzusetzen. Das führe zum *Vergewaltigungsparadigma.* Die Erfahrung des Vergewaltigungsopfers wird gleichsetzbar mit der Erfahrung aller Opfer sexueller Gewalt, wenn es darum geht, wie die Gesellschaft auf diese Erfahrung reagiert. Veranschaulichbar wird das Vergewaltigungsparadigma durch die Art, wie die Polizei, die Gerichte und die Öffentlichkeit mit dem Thema umgehen. Wird vom Opfer eine Mitschuldserklärung erwartet, so legt diese Reaktion ein Gefüge frei, in dem sexuelle Gewalt gedeihen kann. Wenn ein Vergewaltigungsopfer als abgeschlossenes System behandelt wird, dann wird Vergewaltigung individualisiert und auf das Verhalten des Opfers reduziert, und keine weitere Analyse gesellschaftlicher Machtfaktoren oder männlichen Verhaltens braucht in Erwägung gezogen werden. »Nichts außerhalb ihr selbst, nicht einmal ihr Angreifer, erklärt die Vergewaltigung. Das ist das Vergewaltigungsparadigma« (Barry 1983, 54).

In ihrer Arbeit über die sexuelle Versklavung von Frauen – worin Vergewaltigung den Kernpunkt bildet – geht die Autorin davon aus, daß eine wirtschaftliche Analyse unzureichend sei, den Sexismus zu erklären. Vielmehr liege dem Phänomen eine mächtige Ideologie zugrunde: die »Ideologie kulturellen Sexismus'«. Die Geschlechtspolitik durch Vergewaltigung bildet den gesellschaftlichen und politischen Rahmen für die sexuelle Versklavung[15] von Frauen. In ihr finden sich Bedingungen, die alle Frauen betreffen: »Der Tatbestand der Vergewaltigung ergibt sich aus seinen objektiven Bedingungen. Handelt es sich um Bedingungen, die eine Frau oder ein Mädchen weder verlassen noch ändern kann, dann sind dies Sklavenbedingungen« (Barry 1983, 52f). Um es mit den Worten von Verena Stefan (1975, 40) auszudrücken: »Auf vergewaltigung steht lebenslänglich – für mich: ich muß ein leben lang damit rechnen«.

Die Funktion von Vergewaltigung ist die effektive soziale Kontrolle über Frauen; ein Disziplinierungs-, Zähmungs-, Züchtigungs- und Bestrafungsmittel, indem alleine schon die Möglichkeit einer Vergewaltigung alle Frauen in Angst versetzt. Diese Möglichkeit – zusammen mit einer gesellschaftlich propagierten Mitschuldserklärung – verweist Frauen in ihre vorgegebenen Schranken (vgl. dazu u.a. auch Butzmühlen 1978; Brownmiller 1990; Fiegl 1990; Wagner 1991).

Dies ist der Vergewaltigungseffekt. Kathleen Barry geht ein Stück weiter, indem sie die Angst einem terroristischen Zustand gegen Frauen zuordnet: »Terrorismus geht über die individuelle Erfahrung sexueller Gewalt hinaus. Er erzeugt einen Gemüts- und Bewußtseinszustand, der alle, die eventuell mit ihm in Berührung kommen können, gefangenhält, Terrorismus bringt Menschen dazu, ihr Leben umzugestalten. (…) Menschen werden zu einer Lebensart gezwungen, die sie normalerweise nicht wählen würden; sie haben Ängste, von denen sie hoffen, daß sie überwunden werden können« (Barry 1983, 55).

Verena Fiegl (1990) bezeichnet Vergewaltigung als Krieg gegen Frauen – als tägliche Kriegsangst der Frauen. Über sie herrscht ein alltäglicher Ausnahmezustand: ein in gesetzlichen Freiräumen eingeschriebenes Ausgehverbot, ein Kleidungs- und Verhaltensgebot. Frauen sollen nicht »provozieren«, nicht »aufreizen« – und wenn, dann richtig. (Welch ein Wider-

spruch.) Sie sollen nicht *vom Weg abweichen* wie Rotkäppchen, wo der böse Wolf auf sie lauern könnte (Vgl. Mörth/Va-
nis-Ossege 1992). Doch wer ist der böse Wolf und was der
falsche Weg?

Innerhalb vielfältiger Widersprüchlichkeiten und Klischeevorstellungen wird die Vermeidungshaltung als scheinbar beste
Möglichkeit wahrgenommen, der sexuellen Gewalt zu entkommen.

Ein Angst-Struktur-Inventar (A-S-I), von P. Becker (1975) in
Saarbrücken erhoben, ergibt, daß Frauen aus Angst vor Vergewaltigung folgendes vermeiden: Im Dunkeln in unbelebten
Straßen zu sein (83,3%); per Anhalter zu fahren (78,7%); im
Dunkeln am Bahnhof oder an einer Bushaltestelle zu stehen
(63,4%); Vertreter, Botengänger und ähnliche Personen allzu
schnell in die Wohnung lassen (63,7%); in ziemlich leeren Ei-
senbahnabteilen oder Bussen zu sein (51,4%); tagsüber in unbelebten Gegenden zu sein (29,6%); nachts allein im Auto zu
sein (29,6%); mit einem Mann allein in einem Fahrstuhl zu
sein (26,4%) (zit. nach: Wagner 1991, 118).[16]

Dies sind Ängste, die Männer in dieser Form nicht kennen.
Der Terror der Angst schleicht sich in das Leben der Frauen
ein, oft durch etwas »Gewußtes«, aber nie Geäußertes. Die
Angst wird in der Erziehung weitervermittelt. Mütter warten
mit Sorge auf ihre Töchter, wenn diese nachts unterwegs sind
… Als käme Vergewaltigung einer Naturkatastrophe gleich, erklären sie ihren Töchtern, warum sie von fremden Männern
keine Zuckerl annehmen sollen, warum sie nicht in fremde Autos einsteigen bzw. nicht autostoppen sollen, nicht aufreizen
sollen durch ihre Bekleidung oder ihr Verhalten und vieles
mehr. Hierbei werden auch unzählige Klischees transportiert,
sowohl in der Angst vor sexuellem Kindesmißbrauch (der stati-
stisch erwiesen großteils in der Familie geschieht) als auch vor
Vergewaltigung an erwachsenen Töchtern (die gleichfalls
großteils im Bekanntenkreis sowie in Wohnungen oder Häu-
sern begangen werden). Angesichts der Realität und in gutge-
meintem Glauben reproduzieren Frauen so ihre eigene Unterdrückung.

VON DER GESCHLECHTSSPEZIFISCHEN ERZIEHUNG ZUR GESCHLECHTSIDENTITÄT

Sexuelle Gewalt gegen Frauen ist ein extremes und gleichzeitig gewöhnliches Verhalten in nahezu allen Gesellschaften. Obwohl Vergewaltigung personell erlebbar ist und deshalb gerne individualisiert wird, steht hinter einzelnen Schicksalen ein Geschlechterverhältnis innerhalb von gesellschaftlichen Rahmenbedingungen, die Gewalt in dieser polarisierten Form ermöglicht. In unserem wie in den meisten Kulturen sind keine Vergewaltigungsfälle von Frauen an Männern bekannt! Vergewaltigung bleibt ein geschlechtsspezifisches Phänomen, bei dem der Prozeß der Zivilisation auf der Strecke geblieben ist.

»Vergewaltigung ist ein Verbrechen, das sich zwischen Frau und Mann abspielt und somit Ausdruck der Beziehung der Geschlechter untereinander ist. Bei einer Straftat gibt es immer Opfer und Täter. Nicht mehr Opfer sein kann eine Frau folglich nur, wenn es keine Täter mehr gibt. Der Mann beharrt jedoch auf seiner dominierenden Stellung, zu der Aggressivität als ›natürliches‹ Verhalten gehört und systematisch anerzogen wird. Das Bewußtsein der Dominanz und sein ungetrübtes Verhältnis zur eigenen Aggressivität machen ihn weiterhin zum Täter. Die Unterwerfung einer Frau wird für ihn zu einer Handlung, die mehr oder weniger zur natürlichen Ausfüllung seiner Rolle gehört. (…) Ein Rückgang der Zahl an Vergewaltigung wäre demnach nur zu erzielen, wenn endlich der längst überholten Rollenaufteilung (stark – schwach) entgegengewirkt würde« (Flothmann/Dilling 1990, 174).

Wie kommt es, daß die so zerstörerischen Geschlechtsrollenstereotype produziert und reproduziert werden und so schwer aufzulösen sind? Welche Auswirkungen hat diese Polarisierung auf Vergewaltigung und was könnte dagegen getan werden?

Der gesellschaftliche Beitrag läge sicher im Abbau der ungleichen Machtverhältnisse zwischen Männern und Frauen. Doch Gesellschaft selbst ist nur die Summe der in ihr lebenden Personen, ihrer Gesetze und Wertvorstellungen, ihrer Sitten und Gebräuche. Jeder Mensch in ihr hat eine eigene Identität, eine eigene Denk- und Handlungsweise.

Ich verlasse somit das Gebiet der übergreifenden Theorien und begebe mich auf die Ebene der persönlichen Identität bzw. Identitätsentwicklung. Denn das ist die Ebene, auf der Charaktere produziert und reproduziert werden, die in ihrer gesellschaftlichen Gesamtheit das Muster der Polarität ergeben. Die Analyse der Individuation kann Nachvollziehbarkeit und damit erst Reflexion und Veränderung in Gang setzen. Auch wenn Erziehung niemals losgelöst von ihrer Eingebundenheit in eine komplexe Gesellschaft gesehen werden kann, so bietet sie doch einen Analyseansatz. Denn die Rollenverteilung von Frauen und Männern wird auch innerhalb eines langen Sozialisationsprozesses[17] vorbereitet. Das *ganz normale Geschlechterverhältnis* beruht auf einer Täter- und Opferwerdung, deren Ursachen innerhalb der geschlechtsspezifischen Erziehung liegen.

Woher kommt die massive Gewaltbereitschaft von Männern? Was in einem Mann macht es möglich, ja berechtigt ihn scheinbar sogar dazu, aggressiv cholerisch bis gewaltvoll – in Worten oder Taten – gegen eine Frau vorzugehen? Warum hört man von Müttern und Vätern bei aggressiv unfairem Verhalten ihres kleinen Sohnes so häufig: »Er ist halt ein Bub«?

Was diese Fragen in bezug auf die Vergewaltigungsfrage betrifft, möchte ich im folgenden zwei wesentliche Faktoren der Identitätsentwicklung hervorheben: Körperkraft und Sexualität – in Zusammenhang mit Aggression und Macht. Erziehung prägt die Persönlichkeit.[18] Erziehung bildet Identität, geschlechtsspezifische Erziehung Geschlechtsidentität. Die geschlechtsspezifische Identitätsentwicklung wird im folgenden nach Konzepten der Entwicklungspsychologie und der Psychoanalyse erläutert.

Die Diplom-Psychologin und Soziologin Ursula Scheu vertritt in ihrer 1977 durchgeführten Studie über die geschlechtsspezifische Erziehung (von der Geburt an bis zum 5./6. Lebensjahr) die These, daß die Erziehung entlang der Rollenzuschreibungen die herrschenden gesellschaftlichen Verhältnisse (re-)produziere. Sie weist nach, daß die sogenannten »natürlichen Eigenschaften« von Frauen und Männern von Geburt an anerzogen werden: Nichts sei biologisch, außer den Akten der Zeugung und des Gebärens. Biologisch weibliche Menschen würden zu Frauen erzogen, zu sogenannten »weiblichen« Eigenschaften (wie größere Emotionalität, Personenbezogenheit, sozialem aber passivem Verhalten...), biologisch männliche Menschen würden zu Männern erzogen (zu größerer Eigenständigkeit, Aktivität, Aggressivität und Konkurrenzdenken ...). Symptomatisch für diese Erziehung sei, daß das *andere Verhalten* von Frauen am *männlichen* gemessen werde, das als Norm gelte.[19]

»Es beginnt beim Stillen und setzt sich fort beim Spielzeug und bei der Fernseh-Kinderstunde – einfach alles läuft auf das Fabrizieren des ›kleinen Unterschiedes‹ hinaus! Das Resultat: Frauen und Männer gehen unterschiedlich, sprechen unterschiedlich, fühlen unterschiedlich, arbeiten unterschiedlich. Nur ist dies nicht Ursache, sondern Folge geschlechtsspezifischer Erziehung und Lebensbedingungen« (Scheu 1991, 7).

Was die Entwicklung der körperlichen Kraft anbelangt, so fand die Autorin in verschiedenen Untersuchungen, daß schon in der Neugeborenenphase, der Übergangsperiode von der intrauterinen zur extrauterinen Daseinsweise, männliche Babys mehr stimuliert werden als weibliche. Für den kinästhetischen Bereich (Bereich der Bewegungsempfindung) bedeutet dies, daß schon in dieser Phase Mädchen in der Entwicklung ihrer Motorik benachteiligt werden (»sonst werden sie zu wild«), was eine Verringerung ihrer motorischen Reflextätigkeit zur Folge hat: Mädchen werden und wirken deshalb passiver.

Ab dem 3. Lebensmonat ist eine stärkere Stimulierung der Muskelaktivität bei der Erziehung der Jungen zu beobachten, während die Erziehung der Mädchen bereits auf die Programmierung des »sozialen Verhaltens« abzielt. Jungen werden länger gestillt, wobei auch auf ihren eigenen Rhythmus der Nahrungsaufnahme Rücksicht genommen wird. Dies fördert ihre Autonomieentwicklung. Dasselbe passiert in der späteren Sauberkeitserziehung: Während Jungen eine längere Lernzeit zugebilligt wird – ein weiterer Pluspunkt für ihre Autonomieentwicklung – werden Mädchen schneller auf Sauberkeit getrimmt (Scheu 1991, 53, 55f).

Im Vorschulalter wird das Spiel zum entscheidenden Faktor

der Persönlichkeitsentwicklung: Die typischen Spiele der Mädchen sind unter anderem Ballspiele gegen die Wand, Seilspringen oder Tempelhüpfen. Diese sogenannten »Regelspiele« sind begrenzende Bewegungsspiele mit sozialen Komponenten. Jungen hingegen werden vor allem in Sportspielen gefördert, wie etwa Ringen und Raufen. Diese Spiele verlangen einer Person größeren körperlichen Einsatz, große Kraftanstrengung sowie eine frühe Form des Konkurrenzdenkens ab. Jungen werden gezielt zu Rivalitäts-, Kampf- und Wettspielen angeleitet, während Mädchen a priori diese Möglichkeit der Entwicklung körperlicher Kraft und Gewandtheit versagt bleibt. Dies wiederum bedeutet, daß auch ihre Aggressions- und Konkurrenzfähigkeit weniger entwickelt wird.

Das Resultat solch geschlechtsspezifischen Spielverhaltens zeigt sich in der unterschiedlichen Körperkraft und Gewandtheit von Mädchen und Jungen. »Die extreme Vernachlässigung gerade von körperlichen Kraftübungen (...) hat für Mädchen und Frauen oft folgenschwere Konsequenzen: körperliche Unterlegenheit und damit auch oft Unvermögen, sich gegen die trainierte Körperkraft bzw. Gewalt von Jungen oder Männern zu wehren. (...) Die späteren Folgen dieser Erziehung sind hinlänglich bekannt... Eine davon ist, daß die erwachsenen Frauen Männergewalt so schwach und resigniert hinnehmen, daß sie sich sogar schlagen lassen« (Scheu 1991, 90f).

Aber auch schon die unterschiedliche Bewertung der eigenen Körperkraft schafft potentielle Opfer und Täter. Interessant dazu sind die Ergebnisse einer Untersuchung von Dannhauer (DDR) um die Jahrzehntwende der sechziger/siebziger Jahre über die Einschätzungen der Körperkraft bei Kindern: Während Mädchen der Altersgruppe von 3,6 bis 3,7 Jahren noch keine Geschlechterdifferenz hinsichtlich größerer Stärke und Schnelligkeit von Burschen beobachten, sprechen gleichaltrige Burschen den Mädchen dasselbe körperliche Niveau bereits ab. Nach Meinung des Autors kann die unterschiedliche Beurteilung in diesem Alter noch nicht auf Erfahrung beruhen, sondern auf vermittelte Geschlechtsrollenstereotype. Mit zunehmendem Alter werden die Stereotype auch stärker übernommen. Im Alter von 4,7 Jahren schätzen sich Mädchen als braver, fleißiger und schwächer ein, während Jungen sich als stärker, schneller und frecher beurteilen. Ab einem Alter von 5,6 Jahren ist das Geschlechtsrollenstereotyp bereits als relativ gut eingeprägt in die Meinungen der Kinder festgeschrieben (zit. nach: Scheu 1991, 108f).

Da Mädchen nicht dahingehend erzogen werden, ihre Körperkraft und Geschicklichkeit kennenzulernen, können sie sich diesbezüglich auch nicht einschätzen. In einer Vergewaltigungssituation verfügen sie über kein brauchbares Verhaltensrepertoire. Wenn Erziehung den Mädchen in der Entwicklung der körperlichen Autonomie im Wege steht, dann läßt man sie hinsichtlich bedrohlicher Situationen völlig unvorbereitet. Die Erziehung von Mädchen (und Burschen) in geschlechtsspezifischer Absicht trägt zur Vorbereitung der Frauen auf ihre Opferrolle bei, die zur »Weiblichkeitsfalle« wird, wenn es zu sexuellen Übergriffen kommt. Denn was man ihnen zuerst in der Erziehung versagt hat, wird ihnen spätestens in einem Vergewaltigungsprozeß zum Vorwurf gemacht. Die Frage des Richters (sowie eines Großteils des sozialen Umfeldes) wird lauten: »Warum haben Sie sich nicht gewehrt?«

Ein weiterer wesentlicher Beitrag zum Aufbau der Geschlechtsrollenstereotype liegt in der unterschiedlichen Bedeutungszuschreibung von Sexualität. Diese wird sowohl in der (Sexual-)Erziehung als auch in wissenschaftlichen Theorien propagiert: Während über die Sexualität von Mädchen großteils geschwiegen wird, wird die der Burschen ständig hervorgehoben. Im Gegensatz zur Sexualität des Mannes spielt die der Frau im weiteren Leben eine untergeordnete Rolle. Biologistische wie frühe psychoanalytische Theorien schreiben der Sexualität des Mannes Triebstärke, Aktivität und Aggressivität zu, der Frau hingegen Triebschwäche, Passivität und Masochismus. Daraus resultiert unter anderem die Vorstellung, daß Frauen erobert und verführt werden wollen. Frauen würden zwar *nein* sagen, dabei aber *ja* meinen. In völliger Verkennung dessen, was eine Vergewaltigung bedeutet, gipfeln diese Sexualtheorien sogar in der Vorstellung, daß Frauen mitunter vergewaltigt werden wollen – dies entspreche ja ihrer Passivität und ihrem »natürlichen Masochismus«. Analog zu dieser Denkschiene hört man den Volksmund raunen: »Frauen haben's manchmal gern, wenn man sie so richtig ›hart‹ nimmt.« Und selbst so mancher Ehemann, der seine Frau mit Gewalt nimmt, will doch nur »ein bißchen nachhelfen«.

Wie verläuft die Psychodynamik dieser polaren Identitätsentwicklung? Die Psychoanalytikerin Christiane Olivier erklärt die geschlechtspezifische Identitätsentwicklung auf der Basis der Symbiose und Sexualentwicklung. Als Baby lebt ein Mensch in symbiotischer Abhängigkeit mit der primären Bezugsperson. Die erste Bezugsperson wird zum ersten »Liebesobjekt« – das Kind wird von ihr »begehrt«.[20] Um aber Autonomie zu erlangen, muß sich ein Kind von dieser symbiotischen Beziehung lösen. Dies geschieht in der ödipalen Phase.[21] Olivier behauptet, daß diese Entwicklung (vor allem in unserem Kulturkreis) aber nur beim männlichen Kind erfolgt, allerdings mit folgeschweren Nachwirkungen. Ein Junge hat das symbiotische Beziehungsangebot durch seine Mutter. Im Vergleich dazu verfügt das Mädchen nicht darüber, weil der Vater in der Erziehung zumeist fehlt. Das Mädchen wird fortan Begehren suchen, weil es ihm versagt wurde, während der Junge sich vehement und zugunsten der Autonomie gegen das Begehren sowie gegen seine Abhängigkeit zu richten beginnt. Dies versucht er in der ödipalen Phase. Seine ambivalenten Gefühle richten sich nunmehr gegen die Mutter, er will sich aus der symbiotischen Beziehung mit ihr befreien. Der Junge beginnt seine Identität in Abgrenzung zur Mutter – zur Frau – zu definieren, indem er den Abstand zu ihr aufrechterhalten wird und sich fortan *gegen sie* stellt. Dies soll der Beginn seines Geschlechterkampfes sein: »Hier beginnt der längste und subtilste aller Kämpfe gegen das weibliche Begehren; hier beginnt der Junge den ödipalen Krieg der Geschlechter. Mit seiner Mutter« (Olivier 1989, 56). In Angst vor der Symbiose mit der Mutter, die Abhängigkeit schafft, wird er fortan den Abstand zu allen Frauen suchen, und dies wird die treibende Kraft hinter der Frauenfeindlichkeit des Mannes sein. »Sexualität gleich Vergeltung gleich Vergewaltigung, das ist es doch! Ist doch klar: soviel wie möglich vögeln, um sich soviel wie möglich zu rächen...« (Olivier 1989, 82). Im weiteren Leben wird der Mann aus eben dieser Symbioseangst heraus mit Frauen umgehen: Hinter dem Bedürfnis nach Nähe steht die Angst vor der Abhängigkeit von Frauen. Doch hat der Mann als Junge schon gelernt, diese Angst (zusammen mit anderen Gefühlen) abzuspalten. Diese Abspaltung aber bewirkt, daß es zum Verlust des Bezugs zwischen Person und Handlung kommt und sich in Form von Gewalt gegen den/die anderen ausdrücken kann.[22]

Die Theorie versinnbildlicht einen innerpsychischen Konflikt der Ambivalenz, mit dem wir nicht umzugehen gelernt haben. Das Gefahrenmoment von Nähe ist, daß sie verwundbar und/oder abhängig machen und sich der Autonomie entgegenstellen kann. Die Psychoanalytikerin Jessica Benjamin (1989) geht über die individuelle Ebene hinaus und behauptet, daß diese (an sich in jeder Person vorhandene) innerpsychische Ambivalenz sich in der Geschlechterbeziehung als Stereotyp polarisiert hat: Der Mann will autonom sein, die Frau sucht die Nähe. Denn innerhalb der männlichen Identitäts- und Kulturfähigkeit muß ein Mann (nach außen hin) selbständig sein, was bedeutet, daß er Nähe leugnet. Und indem er das tut, muß er sich von der Frau abgrenzen und für diese Grenzziehung immer wieder den Beweis erbringen. Dies kann nicht etwa nur zum berühmten »Angst-vor-Nähe-Verhalten« der Männer in heterosexuellen Beziehungen führen, sondern auch zur Verobjektivierung der Frau, zur Grenzüberschreitung und damit zur Gewalt gegen sie.

Verobjektivierung und Grenzüberschreitung bedeuten Bemächtigung. Sie ist Voraussetzung für die Fähigkeit zur Vergewaltigung. Darin wird ein Aggressions- und Todestrieb erkennbar, eine radikal desorganisierte und zerstückelnde Kraft: Jemand bemächtigt sich einer Person, indem er sie schädigt und vernichtet. Die Vernichtung des/der anderen wird zum Triumph eigener Macht. Empathie fehlt zur Gänze. (Denn würde diese verspürt, könnte ein Täter die Tat nicht ausführen.) Erich Fromm bezeichnet dies als bösartige Aggression, als Impotenz des Herzens, als Folge der Unfähigkeit, positive Bindungen einzugehen. Denn: wenn man schon nicht geliebt wird, so soll man wenigstens gefürchtet werden. In einer männlich dominierten Kultur scheint die Frau als geeignet, an ihr destruktive

Ersatzhandlungen abzuladen (zu kompensieren). Bei einer Vergewaltigung etwa löst der Täter Gefühle aus: Angst, Ekel, Haß... Doch diese erzeugen bei ihm zumeist Lust an seiner Macht.

Thea Bauriedl, deren psychoanalytische Theorie den Zusammenhang von struktureller und personeller Gewalt beschreibt, sieht in der Bemächtigung des/der anderen das Moment des Ersatzes echter sexueller Potenz. »Zwei eigentlich unvereinbare Dinge, Sexualität und Macht, werden in eine Verbindung gezwungen, die Sexualität ermöglicht und doch nicht ermöglicht. Das grenzüberschreitende, anarchistische Moment der Sexualität ist in pervertierter Form auch im Machtrausch enthalten: Mir gehört die Welt (...) Wo Sexualität in Gewalt umgewandelt oder eingebunden wird, muß zugunsten von Herrschaft auf Kontakt verzichtet werden. Kontakt ist nur möglich, wenn man in seinen eigenen Grenzen bleibt und so die Grenzen des anderen an der Berührungsfläche fühlen kann. Soweit man sich über den anderen stellt, fühlt man ihn nicht. Dann muß man sich immer weiter ausdehnen, um wieder etwas oder jemanden zu spüren« (Bauriedl 1986, 177).

Was die Gewalt in unserer Gesellschaft sowie die Gewaltformen und Darstellungen (beispielsweise in der Pornographie) betrifft, so ist dabei die immer größere Ausbreitung in immer stärkere Brutalitäten in den letzten Jahren festzustellen.

Die fortschreitende Rationalisierung in unserer Gesellschaft, die alles Gefühlsmäßige und Lebendige (wozu auch die Sexualität gehört – ein Ausdruck der Lebendigkeit schlechthin) unter Kontrolle halten will, entspricht genau der fortschreitenden Gewalt innerhalb der Geschlechterbeziehung. Darin wird der Zusammenhang von struktureller und personeller Gewalt als zweier sich gegenseitig bedingender Teile eines Prozesses klar.

Das gewaltvolle Geschlechterverhältnis ist konkret erfahrbar. Vergewaltigung stellt dabei eine der extremsten Formen dar. Im Kampf ums Überleben sind Frauen gezwungen, dieses Verhältnis zu ertragen und über sich ergehen zu lassen.

AUSMASSE UND FORMEN VON VERGEWALTIGUNGEN

STATISTIKEN UND DUNKELZIFFERN

Statistische Zahlen über Vergewaltigungsfälle sind keineswegs repräsentativ, weil die Dunkelziffer nicht erfaßt werden kann. Eine besondere Schwierigkeit bei der Erfassung einer Dunkelziffer über sexuelle Gewalt besteht hinsichtlich der Definitionsschwierigkeit von Vergewaltigung, der kulturellen Tabuisierung und der Berührungsängste. Der Mangel an Rechtsinformiertheit und Rechtshilfe sowie das Wissen um die Vorurteile und das Unverständnis von Polizei und Justiz – etwa gegenüber den psychischen Phänomenen infolge einer sexuellen Gewalterfahrung –, die Labilität und Unsicherheit, in der betroffene Frauen sich nach einer Gewalthandlung befinden, verunmöglichen es vielen, die Tat anzuzeigen.

Die Schätzungen über das Dunkelfeld sind vage, wenn auch sehr hoch. Ihr Verhältnis zu den bekannten Fällen wird mit 1:5 bis 1:20 angenommen. Bei einer Dunkelziffer von 1:10 würde dies bedeuten, daß in Österreich etwa in jeder Stunde eine Frau vergewaltigt wird (Wagner 1991, 46f).

Der Psychologe Alberto Godenzi bezeichnet ein Vergewaltigungsdelikt als fast perfektes Verbrechen, das sich nur für die allerwenigsten Männer nicht auszahle. Für die Schweiz konstatiert er: »Bei einer mittleren Dunkelziffer von 10 (auf eine Anzeige 10 Verbrechen) werden von 100 Tätern fünf gefaßt und zwei davon verurteilt (…) Diese Minderheits-Männer sind die Vorzeigefälle der Justiz, der Stoff sensationsreicher Medien und die Weißwäscher vieler männlicher Westen und Gewissen. Eine Gesellschaft, die sexuelle Gewalt vermarktet, propagiert und teilweise toleriert, braucht ihre Sündenböcke« (Godenzi 1989, 91). Das bedeutet, daß von 1000 Tätern zwei verurteilt werden.

Die nachstehenden Tabellen sind Statistiken über angezeigte und verurteilte Vergewaltigungsdelikte (§ 201) und den angrenzenden § 202 betreffend geschlechtliche Nötigung über das gesamte Bundesgebiet Österreich in den letzten Jahren. Ebenso vergleichende Statistiken der Schweiz, der BRD, der USA und Österreich.

Tabelle 1: Polizeiliche Kriminalstatistik des Bundesministeriums für Inneres (Hrsg.) für das jeweilige Jahr:

Jahr	Paragraphen	Bekanntgewordene Fälle	geklärt
1985	201	421	285
	202	205	182
1986	201	368	269
	202	179	160
1987	201	330	242
	202	135	115
1988	201	336	217
	202	177	156
1989*	201	418	262
	202	170	130
1990	201	533	364
	202	262	160
	davon 203**	21	
1991	201	493	344
	202	244	163
	davon 203**	30	
1992	201	555	407
	202	277	175
	davon 203**	25	

Erläuterungen zu den Tabellen 1. und 2.:
Bis 30.6.1989: § 201 = Notzucht, § 202 = Nötigung zum Beischlaf. Ab 1.7.1989 Gesetzesänderung: § 201 = Vergewaltigung, § 202 = Nötigung zum Beischlaf, § 203 = Vergewaltigung in der Ehe/eheähnlichen Lebensgemeinschaften wird zum Zuordnungsparagraphen zu den §§ 201 und 202.

* Die Statistik im Jahr 1989 wird durch die Gesetzesänderung unklar.
** bedeutet, daß von den gesamten Fällen aus den §§ 201 und 202 folgende bekanntgewordene Fälle dem § 203 entsprechen.
In der gerichtlichen Kriminalstatistik (ÖSZ 1991) waren keine Angaben über Verurteilungen nach § 203 angegeben.

Unter den verurteilten Tätern sind Angehörige der Altersgruppe der 25-30jährigen überproportional vertreten.

Tab. 2: Gerichtliche Kriminalstatistik des Österreichischen Statistischen Zentralamtes (Hrsg.) über verurteilte Fälle:

Jahr	Paragraphen	Verurteilungen insgesamt
1985	201	57
	202	120
1986	201	47
	202	114
1987	201	48
	202	93
1988	201	35
	202	92
1989*	201	48
	202	60
1990	201	104
	202	40
1991	201	115
	202	42

Tab. 3: Polizeiliche Kriminalstatistik des Bundesministeriums für Inneres, Abt. II/16 über bekanntgewordene Fälle von Notzucht/Vergewaltigung im Vergleich:

Absolute Zahlen

Jahr	Schweiz	BRD	USA	Österreich
1985	365	5.919	87.671	626
1986	398	5.604	90.434	547
1987	352	5.281	91.111	465
1988	407	5.251	92.486	513
1989	357	4.987	94.504	418
1990	428	5.112	102.555	533
1991	333	5.454	106.593	493
1992	316	6.280	109.060	555

Häufigkeitszahlen *

Jahr	Schweiz	BRD	USA**	Österreich
1985	5,6	9,7	36,7	8,3
1986	6,1	9,2	37,5	7,2
1987	5,4	8,6	37,4	6,1
1988	6,2	8,6	37,6	6,8
1989	5,3	8,1	38,1	5,5
1990	6,3	8,2	41,2	7,0
1991	4,9	8,4	42,3	6,4
1992	4,6	7,8	42,8	7,0

Erläuterungen zu Tab. 3:
* Die Häufigkeitszahl gibt an, wie viele Delikte auf je 100.000 Einwohner der jeweiligen Wohnbevölkerung entfallen.
** Im Vergleich zu den Häufigkeitszahlen aus der Schweiz, der BRD und Österreich fällt eine besonders hohe und kontinuierlich ansteigende Vergewaltigungs- bzw. Anzeigenstatistik in den USA auf. Nach Angaben des Uniform Crime Reports sei es zu einer Steigerung von 50% zwischen 1977 und 1981 gekommen. Amelang M. (1986) führt diese Steigerung nicht auf die zunehmende Gewalt zurück, sondern auf die Aufklärungsarbeiten der Frauenbewegung, das neue Bewußtsein gegen diese Unterdrückung und den damit verbundenen Mut zur Anzeige (zit. nach: Wagner 1991, 44f). Die Vermutung, daß bei Enfaltung der Bewegung auf europäische Länder bzw. den deutschsprachigen Raum eine vergleichbare Zuwachsrate an Anzeigen sich abzeichnen würde, ist bislang nicht eingetroffen. Eine Erklärung der vergleichsweise extremen Häufigkeitszahl ist schwierig. Zwar beobachten praxiskundige Juristinnen, daß in Österreich die Vergewaltigungsanzeigen wieder zurückgehen, wenn die Öffenlichkeitsarbeit nachläßt (im Vergleich dazu sollen die gerichtlichen Erfolgsquoten bei sexuellem Kindesmißbrauch seit den öffentlichen Kampagnen um 50% höher als bei Vergewaltigungsanzeigen an erwachsenen Frauen liegen), dies scheint aber nicht eine ausreichende Begründung zu ergeben. Weitere Faktoren liegen möglicherweise in der unterschiedlichen Tradition der vergleichenden Rechtssysteme, in Mentalitäts-, Moral- und Verhaltensunterschieden. In den USA scheint traditionsgemäß der Stellenwert der Bürgerfreiheit und des Bürgerrechts und demnach das Vertrauen in das Rechtssystem größer zu sein. Nicht zuletzt aber liegt die größere Anzeigenhäufigkeit auch darin begründet, daß die Kriminalittätsrate in den USA generell sehr hoch ist. So liegt etwa die Häufigkeit von Morden in Österreich (1992) bei 2,6, in den USA bei 9,3. Die Häufigkeit von Körperverletzungen liegt in Österreich bei 2,5, in den USA bei 441,8.

EINE VERGEWALTIGUNG IST NICHT GLEICH EINER VERGEWALTIGUNG IST NICHT GLEICH EINER...

Es gibt unterschiedliche Formen und Bedingungen von Vergewaltigungen. Gewöhnlich werden sie nach dem Interaktionsgrad (Grad der Bekanntschaft mit dem Täter), dem Tatort und dem Alter der geschädigten Person zugeordnet. Die verschiedenen Ausprägungen ziehen jeweils differenzierte Situationslagen und Folgen nach sich.

UNTERSCHEIDUNG NACH DEM INTERAKTIONSGRAD

Geht man vom Kriterium des Bekanntschaftsgrades zwischen Täter und Opfer aus, so können drei Formen unterschieden werden: Überfallsartige Vergewaltigungen, Vergewaltigungen aus flüchtigen Bekanntschaften und Vergewaltigungen aus intensiven Beziehungen.

Diesbezügliche statistische Aussagen sind unterschiedlich. Menachim Amir (1971) weist in seiner repräsentativen »Philadelphia-Studie« nach, daß in mindestens 50% der Vergewaltigungsfälle ein Bekanntschaftsgrad zwischen Täter und Opfer bestand.[1] Untersuchungen aus jüngerer Zeit kommen auf ca. 70% der Vergewaltigungstaten mit Bekanntschaftsgraden (zit. nach: BMJFG 1983, 22; Fiegl 1990, 10f; Wagner 1991, 69).

Die Verschiebung der statistischen Daten in Richtung Beziehungstaten erkläre ich mir aus der erst in letzter Zeit (auch in der Wissenschaft) beginnenden Wahrnehmung des Problems in näherer oder fernerer Bekanntschaft, Verwandtschaft bzw. Ehe/Lebensgemeinschaft. Dies vor allem durch die Beratungseinrichtungen, die auf die Frequentierung durch jene Frauen aufmerksam machen konnten, die ihre Gewalterfahrung nicht zur Anzeige bringen wollten. Berücksichtigt man desweiteren, daß sogenannte Beziehungstaten nur selten als Vergewaltigung anerkannt und auch von der betroffenen Frau nicht unbedingt als solche wahrgenommen bzw. definiert werden, dann kann man davon ausgehen, daß mit dem Naheverhältnis zwischen Täter und Opfer auch die Höhe der Dunkelziffer zunimmt.

Überfallsartige Vergewaltigung:
Der Täter ist ein Fremder, die Vergewaltigung ereignet sich ohne vorhergehende Interaktion zwischen ihm und dem Opfer. Nach gängigen Vorstellungen ist diese die »klassische Form« der Vergewaltigung, wonach die überfallene Person den Opferstatus erhält.

Flüchtige Bekanntschaft:
Vergewaltigungen dieses Interaktionsgrades, zumeist aus Zufallsbekanntschaften, werden auch »Gelegenheitstaten« genannt. Das Kriterium ist eine der Tat vorangegangene Interaktion zwischen Täter und Opfer, die sowohl kurzzeitig (etwa Diskothekenbekanntschaft, der unter anderem die berühmte »Kaffeeinladung« folgt, aus der dann eine Vergewaltigung wird) als auch längerfristig (flüchtige Bekanntschaft etwa aus Schule, Arbeitsplatz oder Nachbarschaft) sein kann.

Vergewaltigungen dieser Art werden gerne als »geschlechtsspezifische Situationsverkennung« etikettiert. Uneindeutiges Verhalten und unterschiedliche Intentionen, so meint man, führten dazu, daß der Täter die Begegnung als Aufforderung zum Sexualverkehr verstehe. Indem eine Frau dieser aber – scheinbar überraschend – nicht nachzukommen gedenke, fühle sich der Mann an der Nase herumgeführt und reagiere im Extremfall seine gekränkte Männlichkeit aus, indem er sich mit Gewalt hole, was sie ihm verwehrte.

Bei näherer Überlegung führt diese Erklärung zu einer seltsamen Logik: Der Mann scheint das Recht zur Vergewaltigung aus der Tatsache der vorausgegangenen Unternehmung abzuleiten (BMJFG 1983, 26). Von der sozialen Umwelt wird eine Frau demnach der (Mit)schuld an der Vergewaltigung bezichtigt, weil der Stimulus zur Tat von ihr ausgehe.

In dieser Auffassung verbirgt sich auch die Verwechslung von Einwilligung zur sexuellen Verführung mit sexueller Gewalt. Widerstand von seiten der Frau wird als bloßes »Sich-Zieren« unterstellt – eine Erklärungsstrategie, deren zugrundeliegende Vorstellung ausdrückt, daß Frauen erobert werden

wollen. Abgestützt durch Theorien über den weiblichen Masochismus und weibliche Vergewaltigungsphantasien scheint die
Logik stringent.[2] Wird eine solche Vorstellung aber zu einem
allgemeinen Erklärungsmuster weiblichen Verhaltens, dann
zeigt sich darin die potentielle Negierung der Selbstbestim-
mungsmöglichkeit der Frau. Wenn ein Delikt damit verharmlost wird, indem von hinten herum gestattet scheint, sich über
weiblichen Willen hinwegzusetzen, dann deutet die Schlußfol-
gerung daraus auf eine funktionale Verknüpfung männlichen
Sexualverhaltens mit Gewalt und Männlichkeit schlechthin.

Intensive Beziehung:

Dazu zählen Vergewaltigungen, denen eine enge (oder inti-
me) Beziehung zwischen Opfer und Täter vorausging. Die Delikte werden als »Beziehungstaten« bezeichnet. Der Täter ist
ein Freund, Partner oder Verwandter.

Godenzi (1989) kommt nach Ergebnissen seiner Untersuchung zum Schluß, daß die Lage für die betroffene Frau umso
schlechter wird, je näher sie den Täter kennt. Vergewaltigungen aus intensiven Beziehungen unterliegen der besonderen gesellschaftlichen wie individuellen Tabuisierung. Hierbei werden Faktoren der Autoritäts- und/oder Abhängigkeitsbeziehung
wirksam. Eine Vergewaltigung in der Ehe/Lebensgemeinschaft
oder in intimen Beziehungen trifft eine Frau in tückischer Weise: mit der Konfrontation extremer ambivalenter Gefühle. Die
Verknüpfung von Liebe oder Zuneigung und Gewalt ist be-
schämend und beeinträchtigt ihr Selbstwertgefühl in höchstem
Maße. Wohl um die Realität und Hoffnung erträglicher zu ge-
stalten, werden häufig Fragen nach der eigenen Schuld und Be-
teiligung an der Gewalttat des Mannes gestellt. Die Verunsicherung wird komplexer, wenn eine Frau erzwungenen Sex
in der Ehe nicht als Vergewaltigung definiert – dies getreu der
kulturellen und (in manchen Ländern noch aufrechten) juristi-
schen Annahme, daß es zwischen einem Ehemann und einer
Ehefrau so etwas wie Vergewaltigung nicht gäbe. (Haben Frau-
en doch gelernt, daß ein Vergewaltiger ein Fremder ist und ein
Bekannter oder Ehemann ihr Beschützer.)

Ein Selbsttäuschungsprozeß nimmt seinen Lauf, der die Realität erträglicher machen will und das Zugeständnis des Schei-

terns der Beziehung verhindern sollte. Frauen zahlen dafür mit jahrelangen Depressionen – als Ausdruck der systematischen Zerstörung ihrer Persönlichkeit. Das Eingeständnis, daß der Ehemann sie vergewaltigt, würde für sie nicht nur Konsequenzen – nämlich die Trennung – nach sich ziehen, sondern könnte in letzter Instanz auch das Ende jeglichen partnerschaftlichen Traumes mit einem Mann bedeuten (Godenzi 1989).

Eine spezifische Psychodynamik wirkt zusammen mit einer gesellschaftlichen Tabuisierung von Vergewaltigung in der Ehe/Lebensgemeinschaft in zweifacher Weise erschwerend, fördert das kulturelle Schweigegebot darüber. Dazu kommt das häufige Dilemma, wenn Frauen (aus psychischen oder ökonomischen Gründen der Abhängigkeit) trotzdem in der Beziehung verbleiben wollen. Frauen setzen dann einen großen Kraftaufwand für ihre Anpassung und Ruhe nach außen und für die Hoffnung auf Besserung des Verhaltens ihres Ehemannes ein.

Vergewaltigung in der Ehe bzw. Lebensgemeinschaft kommt häufig zusammen mit Mißhandlung der Ehefrau/Lebensgefährtin vor. Erfahrungen in Beratungsstellen sowie Untersuchungen bestätigen eine Vielzahl dieser Gewalterlebnisse, die an der offiziellen Statistik sowohl in Bezug auf den Interaktionsgrad als auch auf das Alter der Betroffenen völlig zweifeln lassen. »Die Offensichtlichkeit der Gewalt gegenüber Ehefrauen im allgemeinen läßt den Verdacht aufkommen, daß erzwungener Sex in der Ehe nahezu alltäglich ist« (Finkelhor/Yllo 1986, 65). Angaben der deutschen Frauenhäuser über die dort untergebrachten Frauen, die von ihren Ehemännern vergewaltigt wurden, variieren in einer ziemlich breiten Streuung, von 20% bis zu nahezu 100% (zit. nach: Verein »Notruf und Beratung für vergewaltigte Frauen«, erw. Aufl. 1986, 5). In der Untersuchung von Godenzi (1989) gab der überwiegende Teil der Frauen an, meist über Jahre von ihren Männern vergewaltigt worden zu sein. Häufig waren dies Frauen über 40 Jahre bzw. Frauen ohne Beruf. Gewalttätige Männer erinnerten ihre Ehefrauen an ihre Pflicht zur Sexualität. Gespräche mit Ehemännern verdeutlichten, daß sich die Gewalt im Laufe der Zeit anbahnte: Aus einer schweigend freudlosen Anpassung bzw. Passivität der Ehefrau wurde Vergewaltigung zur *normalen* Sexualität, die der Mann zumeist mit der Lustlosigkeit der Frau rechtfertigte, weshalb er hin und wieder *etwas nachhelfen mußte.* Wurde die erste Vergewaltigung noch von der Ehefrau mit der *Hoffnung auf Besserung* seines Verhaltens ihr gegenüber verharmlost, so trat nach der zweiten oder dritten schon Gewöhnung an die Stelle der Hoffnung.[3] Diese Dynamik des »Prinzips der Hoffnung« findet ihre genaue Entsprechung bei geschlagenen und mißhandelten Frauen:[4] Eine sehnsüchtig hoffnungsbeladene Liebe? Oder bloße Abhängigkeit und mangelndes Selbstbewußtsein, mangelndes Selbstwertgefühl?

Die Dunkelziffer dieser Vergewaltigungstaten steigt in dem Maß, in dem Frauen in der Ehe/Lebensgemeinschaft darüber schweigen. Und Frauen schweigen in dem Maß, in dem ihnen die rechtliche und soziale Unterstützung versagt wird, während ihr Dilemma der Abhängigkeit konstant bleibt. Gewalt und Vergewaltigung in der Ehe wird so zum erfolgreichen Züchtigungsmittel.

UNTERSCHEIDUNG NACH DEM TATORT

Ältere empirische Studien kommen zum Ergebnis, daß Vergewaltigungen vor allem im Freien stattfinden.[5] Menachim Amir (1971, 145) weist in seiner repräsentativen Untersuchung für Philadelphia nach, daß 55,7% der Vergewaltigungen in der Wohnung (Indoors-participant's residence), 11,6% in anderen Gebäuden (Indoors-outside participant's place of residence), 17,8% im Freien (open spaces) und 14,9% in Autos stattfanden. Solange das Private ausgeblendet wird, gibt es eine statistische Korrelation zwischen fremdem Täter und der Vergewaltigung im Freien.

Der Tatort Wohnung erlangte in letzter Zeit Aufmerksamkeit. Die Erkenntnis, daß Vergewaltigungen nicht nur klischeehaft klassisch von einem Unbekannten, der dem Opfer hinter dem Busch auflauert, verübt werden, hielt Einzug in die gesellschaftliche Debatte über die Thematik. Man wurde fündig. Neuere Untersuchungsergebnisse weisen die Wohnung von

Mann oder Frau als häufigsten Tatort nach. Untersuchungen aus der Schweiz (vgl. Godenzi 1989), aus Schweden (vgl. Hedlund 1986), aus Deutschland (vgl. BMJFG 1983 und Licht 1989) und aus den USA (vgl. Brownmiller 1990) bestätigen diese These.

Der Tatort Wohnung ist eine »viktimogene Situation«, in der eine Frau leicht zum Opfer werden kann. Bei Bekanntschaftsdelikten werden Frauen häufig durch die Anschuldigung: »Warum bist du mitgegangen?« oder »Warum hast du ihn in deine Wohnung mitgenommen?« verantwortlich gemacht. Das Legitimationsmuster für sexuelle Gewalt ist hier wiederum ein einfaches. Fataler werden Mitschuldserklärungen der Frau gegenüber dann, wenn sie mit dem Täter zusammenlebt. Sei es ihr Ehemann, Freund, Vater oder ihr Mitbewohner. Im Falle von sexuellem Kindesmißbrauch etwa kennen wir die jahrelange und von der freudschen Psychoanalyse eingeführte These der kindlichen Wunschphantasien, die als Theoriegerüst für Inzest herhalten mußte.

UNTERSCHEIDUNG NACH DEM ALTER

Auch statistische Zahlen das Alter betreffend sind mit Vorsicht zu interpretieren. Gefährdet ist grundsätzlich jede Frau, jedweder Schichtzugehörigkeit und jeden Alters. Das ist Faktum. Ältere Forschungen zeigen andere Statistiken auf. Denn sie gingen fast ausschließlich vom Anzeigeverhalten aus, von dem auf das Alter zur möglichen Opferwerdung geschlossen wurde. Beratungsstellen, die mit Frauen konfrontiert waren, die den Täter nicht anzeigen wollten, gab es noch nicht. Amir (1971, 51f) etwa weist in seiner Untersuchung die meisten Anzeigen bei Frauen zwischen 15-20 Jahren nach. Neuere Arbeiten beziehen Fälle mit ein, die nicht ausschließlich bei der Polizei bekannt wurden. Krankenhäuser und Beratungsstellen geben Aufschluß über Fälle, die nicht erahnbar waren. Die Statistik des General Hospital in Washington D.C. etwa registriert eine Streuung der behandelten Vergewaltigungsfälle auf Lebensalter zwischen 15 Monaten und 82 Jahren (zit. nach: Fiegl 1990, 12). Im Frauenzentrum Mainz war man während eines Untersuchungszeitraumes der Forschungsprojektgruppe mit Frauen konfrontiert, deren jüngste im Alter von drei Jahren und deren älteste mit 82 Jahren vergewaltigt wurde (BMJFG 1983, 33).

Jüngeren Frauen fällt es anscheinend leichter, eine Vergewaltigung öffentlich bekanntzugeben. Ältere Frauen passen nicht ins gesellschaftsfähige Bild des »jungen schönen Opfers«.

Das Alter einer Frau hat weniger Einfluß auf die Wahrscheinlichkeit, zum Opfer zu werden, als auf die Auswirkungen des Erlebnisses. Denn die Folgen und die Verarbeitungsmöglichkeiten von vergewaltigten Frauen, die zum Zeitpunkt der Tat noch Jugendliche waren, sind geprägt von Einflüssen des psychodynamischen Lebenszeitabschnittes der Pubertät und Adoleszenz sowie der ökonomischen Abhängigkeit von der Familie.

WEITERE UNTERSCHEIDUNGEN

Unter Einbeziehung der unterschiedlichen Situations- und Lebenslagen seien hier noch einige gesonderte Formen der Vergewaltigungen erwähnt: Gruppenvergewaltigung, Vergewaltigung von Behinderten und Vergewaltigung von Gleichgeschlechtlichen. Über Vergewaltigung im Krieg wurde zuvor schon geschrieben.

Wird eine Frau von einer *Gruppe* vergewaltigt, so hat sie nicht die geringste Chance, sich aggressiv und körperlich zu wehren. Der Projektgruppe des Frauenzentrums Mainz (BMJFG 1983) sind Fälle bekanntgeworden, die plan- und bandenmäßig organisiert waren mit dem Ziel, eine Frau zu vergewaltigen. Im Krieg werden Gruppenvergewaltigungen zum Ritual. Das Verhalten der einzelnen Täter wird dabei von gruppeninternen Prozessen des Konkurrenz- und Überbietungs- oder Mitmachverhaltens (Gruppenverhalten) besonders mitbestimmt. Der von Bernd Eichinger produzierte Kinofilm »Letzte Ausfahrt Brooklyn« stellt das gegenseitige Anheuern von Männern, die in Gruppen vergewaltigen, sehr anschaulich dar: als in einer Szene die Hauptdarstellerin – selbst »billige« und von der führenden Männerbande benutzte Prostituierte – von einer Gruppe von Männern halb zu Tode vergewaltigt wird. Blanchard formuliert zum Phänomen der Gruppenvergewaltigungen die psychoanalytische These: »Die Vorstellung, sich ein Mädchen zu teilen, sich um ein gemeinsames Sexualobjekt zu versammeln, und als Gruppe gemeinsam stimuliert zu werden, hat zweifellos homosexuelle Komponenten« (zit. nach: Brownmiller 1990, 155).

Wehrlos in jeder Hinsicht sind *behinderte Frauen*, wenn sie vergewaltigt werden. Des Status der Wesentlichkeit in unserer Gesellschaft beraubt, werden sie sich wohl nie allein Gehör verschaffen. Sexuelle Gewalt gegen behinderte Frauen ist ein Tabuthema innerhalb eines Tabuthemas, wie es Theresia Degener (Verein »Notruf und Beratung für vergewaltigte Frauen und Mädchen« 1992, 41) formuliert. Die Juristin, die sich seit Jahren der spezifischen Thematik zuwendet, erinnert daran, daß es besonders in Heimen, Werkstätten und/oder Wohnheimen gehäuft zu derlei Ausschreitungen kommt. Sind es die Pfleger, Heimleiter, Werkstattleiter oder die männlichen Heiminsassen, so müssen diese Gewalttäter strafrechtliche Konsequenzen noch weniger fürchten als Täter, die behinderte Frauen in »freier Wildbahn« vergewaltigen. Denn zur allgemeinen Unglaubwürdigkeitshürde kommt für Heiminsassinnen noch die institutionelle Abhängigkeit und die Gefahr der Sanktionierung.

Vergewaltigungen werden nicht ausschließlich von Männern an Frauen verübt: Männer werden von Männern vergewaltigt und vereinzelt Frauen von Frauen. Die Ideologie der Tyrannei des Stärkeren gegenüber dem Schwächeren ist ebenso gleichgeschlechtlich praktizierbar.

In Erziehungsheimen und Strafanstalten ist *Vergewaltigung unter Männern* hinreichend bekannt. Dieses Faktum führt die heterosexuellen Triebtheorien nach dem einfachen Reiz-Reaktionsschema (Frau reizt auf – Mann reagiert) völlig ad absurdum. »Vergewaltigung in Strafanstalten wird heute allgemein als das gesehen, was es ist: Manifestation des Machtgefüges in einer ausschließlich männlichen, autoritären Umwelt, in der die jüngeren, schwächeren Insassen, gewöhnlich Ersttäter, in jene

Rolle gezwungen werden, die in der Außenwelt Frauen zugeordnet wird« (Brownmiller 1990, 175). Eine soziale Situation
der Außenwelt wird kopiert, doch gleichgeschlechtlich ausgetragen. Vergewaltigung als Zähmung, als Disziplinierung –
wofür? Es scheint kein Zufall zu sein, daß Häftlinge, die andere
Häftlinge durch eine Vergewaltigung gefügig machen wollen,
den Slogan »Aus dir machen wir ein Mädchen« (Brownmiller
1990, 183) gebrauchen.

DER FORSCHUNGSPROZESS

Wie auch immer eine Vergewaltigung passiert – ob sie ins Klischee eines Täters als Unbekannter paßt oder nicht – das subjektive Erleben des Gewaltaktes und dessen Folgen stimmen nie mit dem überein, was sich Außenstehende darunter vorstellen (können).

Die Thematik Vergewaltigung stellt eine Kluft zwischen Vorstellung und Wirklichkeit dar, die zum einen aufgrund von Klischees in Zusammenhang mit einer enormen Tabuisierung und zum anderen aufgrund des Schweigens der Betroffenen entstanden ist. Die Kluft zwischen Vorstellung und Wirklichkeit einer Vergewaltigung ist nahezu unüberwindlich, weshalb sich in erster Linie die Frage stellt: Welche Bedeutung hat eine Vergewaltigung für eine Frau – insbesondere unter Berücksichtigung ihres spezifischen Lebenszusammenhanges und ihrer persönlichen Geschichte?[1]

Die vorliegende Arbeit versucht, dieser Bedeutungsdimension aus der Sicht von betroffenen Frauen nachzugehen, um Verständnis zu ermöglichen. Die Veränderung der klischeehaften Sichtweise wird durch das individuelle Nachvollziehen und dem daraus folgenden Erkenntnisprozeß ermöglicht. In der Sensibilisierung der Gesellschaft für die enormen Auswirkungen eines sexuellen Gewalterlebnisses liegt die Möglichkeit der Verringerung der Problematik.

Ich habe Frauen interviewt, die zu einer Handlung gezwungen worden waren, die die Bereiche des Sexuellen einschlossen bzw. von diesen ihren Ausgang nahmen und vaginale Vergewaltigung beinhalteten. Es kommen Frauen zu Wort, die nicht von Familienmitgliedern und nicht im Alter unter 14 Jahren (Inzest bzw. sexueller Kindesmißbrauch) vergewaltigt wurden. Bedauerlicherweise konnte ich keinen Zugang zu Frauen gewinnen, die von ihrem Ehemann oder Partner vergewaltigt wurden.

Interviews mit Frauen, die vergewaltigt wurden, verweisen unter Berücksichtigung ethischer Überlegungen auf bestimmte Grenzen der empirischen Sozialforschung, die in der Vorphase abgeklärt werden mußten: Die Anonymität muß gewahrt werden. Dazu wählten die Frauen selbst einen fiktiven Namen für die Veröffentlichung. Die Interviews wurden auf Tonband aufgezeichnet und prinzipiell dort geführt, wo die jeweilige Frau sie führen wollte (mit Ausnahme öffentlicher Räume). Anhand eines Gesprächsleitfadens wurden möglichst offene Fragen gestellt. Zur Vermeidung neuerlicher Grenzverletzungen sollte die Gesprächspartnerin selbst entscheiden, wie ausführlich sie ihre Situation, ihre Gedanken und Überlegungen erläutern wollte.

Ebenso war der Problematik der Verobjektivierung vorzubeugen: Vom Objekt des Verbrechens (ein Mann demütigt die Frau mit brutaler Gewalt, indem er ihren Körper benutzt) zum Objekt des Rechtsstaates (ihre Aussage wird zum Indiz für die Staatsanwaltschaft, an und in ihrem Körper wird nach Beweismitteln gesucht) zum Objekt der Wissenschaft, zum Untersuchungsgegenstand. Das sollte vermieden werden. Dennoch erscheinen wissenschaftlich abgesicherte Befunde unerläßlich, um eine möglichst breite Öffentlichkeit auf das Vorhandensein des Problems aufmerksam zu machen. Eine ausschließlich theoretische Literatustudie zu dieser Thematik liefe Gefahr, Gewalt gegen Frauen im Bereich des Außeralltäglichen, Spektakulären und Abstrakten zu belassen. Authentische Aussagen von betroffenen Frauen hingegen sind konkret genug, Verzerrungen und Wahrscheinlichkeitsbeteuerungen oder Verharmlosungen auszuschließen. Bei größtmöglicher Offenheit und gegenseitigem Vertrauen kann Erinnerung als subjektiv stimmige Identität – und demnach Wahrheit – wiedergegeben werden. Es geht also um bewußt wahrnehmbare Erinnerungen des Erlebten (der Handlungen und Gefühle wie der Einstellungen und Werte) der Frauen. Das subjektiv Wahrgenommene ist die ernst zu nehmende Realität und bestimmt die Identität, auch wenn Vergewaltigung als ein erlebtes Trauma zumeist auch Erinnerungslücken nach sich zieht.

Aus einer Kombination von Kriterien der Frauenforschung (Mies 1987) und der Methode des problemzentrierten Interviews (Witzel 1985) wurde die Forschung zum Prozeß: aus Forschen und Suchen, Suchen und Forschen. Mittels der Technik der qualitativen Inhaltsanalyse (Mayring 1990) und Elementen der Kontextanalyse (Alpheis 1988) wurden die Interviews schließlich nach Kategorien ausgewertet.

Forscherinnen, die sich mit Frauenforschung befassen, werden vorerst mit einer doppelten (manchmal auch widersprüchlichen) Bewußtseins- und Seinslage konfrontiert, die Betroffenheit in Gang setzt. Auch wenn das konkrete Problem nicht als eigenes erlebt wird, so ist doch die Möglichkeit, als Frau vergewaltigt zu werden, nicht auszuschließen. Die Angst vor einer Vergewaltigung und die Ungleichberechtigung – allein aus der Tatsache, daß man eine Frau ist – trifft alle Frauen in irgend einer Form in dieser Gesellschaft. Daraus ergibt sich etwas, das als Teilidentifikation zu bezeichnen ist: Die Erfahrung des konkreten Gewalterlebnisses trennt mich von den Frauen, die objektiven (sozialen) Merkmale des Frauseins verbinden mich mit ihnen. Eine kritische Distanz entsteht, in der sowohl Verschiedenheiten wie Gemeinsamkeiten reflektiert werden.[2]

Entscheidend aber ist, daß die Ebene der Betroffenheit spätestens dann verlassen werden muß, wenn es um die Interviews und um die Auswertung geht. Sonst läuft man als Forscherin Gefahr, eigene Annahmen und nicht die Bedeutungsdimension der Gesprächspartnerinnen wiederzugeben. Begleitende Supervision ist dabei sehr von Vorteil. Wichtig ist die Problemzentrierung hin zur Sichtweise der Akteurinnen, bis diese wiedergegeben werden kann. Es gilt, die Daten sprechen zu lassen. Letztlich kann ein Bewußtwerdungsprozeß auf beiden Seiten erreicht werden, der sich aus der Prozeßorientierung der Forschung ergibt: im Entdeckungsverfahren gehen beide, Forscherin wie Interviewpartnerinnen den Weg der Erweiterung oder Überwindung des Vorverständnisses. Ein Prozeß des Dialogs entsteht.

Das Besondere des methodischen Ansatzes liegt in der direkten Einbeziehung der Interviewpartnerinnen in den Forschungsprozeß. Nach der Auswertung der Daten wurde der gesamte Auswertungsteil jeweils an die Gesprächspartnerinnen verschickt mit der Bitte um Korrektur oder Kritik der Auszüge und Interpretationen bzw. um ihr Einverständnis, wenn sie sich richtig wiedergegeben sahen. Ihre Resonanz auf die Auswertung und auf zusätzliche Fragen danach (hat das Interview bzw.

das Lesen der Auswertung etwas bewirkt?) erfüllte das Kriterium der Kontrolle für die richtige Wiedergabe – und erleichterte diese auch.

Die befreiende Wirkung der Interviews wie das Lesen der Auswertung brachte auch den Interviewpartnerinnen den Vorteil der Erkenntniserweiterung. Entgegen meinen anfänglichen Befürchtungen – ein Interview könnte mitunter zu Mißverständnissen oder neuen Verletzungen führen bzw. Unangenehmens aufwühlen – gab es keine negativen Auswirkungen. Im Gegenteil. Die intensive Auseinandersetzung in der focussierenden Form des Interviews brachte für einige Frauen neue Erkenntnisse im Detail und regte zu weiterer Reflexion an. Auch der Enttabuisierungseffekt trat ein. Frauen, die vorher nicht über die Vergewaltigung sprechen konnten, scheuten sich nicht mehr davor, das Erlebnis zuzugeben. Ein sich daraus ergebender Schneeballeffekt hat durchaus politische Bedeutung. Das Lesen der jeweils anderen fünf Interviewauszüge schaffte Assoziationen, Verbindungen und Reflexionen zur eigenen Geschichte. Im Erkennen von Ähnlichkeiten (letztlich durch dasselbe Erlebnis) zu den anderen Frauen kann die eigene Isolation aufbrechen und somit Stärke verleihen. Die Bedeutung eines biographischen Traumas, das sonst in aller Einsamkeit abgehandelt wird, bezeichnete eine Frau als »Geschichte leben – zusammen mit anderen Frauen«.

Fazit ist, daß das Einbeziehen von Betroffenen in einen Forschungsprozeß (vor allem wenn es um ein tabuisiertes Thema geht) Effekte erzielen kann, die als »Erkenntnisprozeß auf beiden Seiten« zu werten sind. Auf der Basis des Interesses wie des Vorwissens sowie der Reflexion anfänglicher Berührungsängste und vorgefaßter Meinungen der Thematik gegenüber kann ein Prozeß des Dialogs beginnen, der zur Überbrückung einer Kluft beizutragen vermag.

Erklärungen zu den nachfolgenden Interviewpassagen:
»I.:« betrifft die Äußerungen der Interviewerin, also meiner Person.
»...« verweist auf kurze Gedankenpausen während des Gesprächs.

»(...)« bedeutet, daß die folgende Passage an anderer Stelle stand, aber zur jeweiligen Auswertungskategorie gezählt wird.

Die Namen der Frauen sowie Ortsnamen und Personen aus ihrem sozialen Umfeld wurden verändert.[3]

Die Interviewauszüge werden möglichst authentisch wiedergegeben, so wie sie aus dem Gesprächsfluß entstanden. Denn die gesprochene Sprache unterscheidet sich von der geschriebenen Sprache durch größere Spontaneität und stärkeren Gefühlsbezug. Sie verdeutlicht – oft in Mundart oder in Satzunterbrechungen – Nachdenken, Lebendigkeit und den direkten Bezug zum Erlebnis, oder auch Sprachlosigkeit über das Erlebte und Erinnerungslücken ebenso wie das Bemühen, ihnen einen Inhalt zu geben.

DIE BEDEUTUNG EINER VERGEWALTIGUNG FÜR FRAUEN

DIE VERGEWALTIGUNGSSITUATION

Meine Gesprächspartnerinnen (Namen geändert) haben folgende Situation erlebt:

Frau Anna B.: 23 Jahre
Vergewaltigt im Alter von 16/17 Jahren von einem Mann, der sie »auf einen Kaffee einladen wollte« und sie auf dem Weg zum Kaffeehaus – tagsüber in einem Innenhof einer Großstadt – würgte und vergewaltigte. Die Tat liegt sechs bis sieben Jahre zurück.
Wie sich durch polizeiliche Ermittlungen herausstellte, war der Täter (zur Tatzeit im geschätzten Alter von 35-40 Jahren) zuvor wegen Vergewaltigung und Mord an einem 12jährigen Mädchen inhaftiert gewesen.

Frau Verena N.: 26 Jahre
Vergewaltigt von einem Mann, der nachts in ihre Wohnung einbrach und sie im Schlaf überraschte.
Verena N. ist Lesbe. Die Vergewaltigung liegt nicht ganz ein Jahr zurück.
Auf die gleiche Weise vergewaltigte der Täter (geschätztes Alter ca. 25-30 Jahre) vermutlich schon mehrere Frauen.

Frau Hildegard K.: 47 Jahre
Im Alter von 15 Jahren wurde sie von einem 17jährigen Schulkollegen tagsüber mit dem Vorwand, er müsse mit ihr reden, in einen Park gelockt, wo er sie unter ständiger Bedrohung mit einem Messer vergewaltigte.
Für Hildegard K. war dieses Erlebnis ihr erster »Sexualkontakt«. In der Folge wurde sie noch mehrmals vergewaltigt. Die erste Vergewaltigung liegt 32 Jahre zurück.

Frau Silvia T.: 32 Jahre
Vergewaltigt im Alter von 18 Jahren von einem gleichaltrigen Bekannten, den sie auf einer Sportwoche kennengelernt hatte. Während eines Diskothekbesuches, bei dem sie sich näher kennenlernten, folgte er ihr ins Freie und vergewaltigte sie unter Mithilfe seines Freundes nachts im Wald.
Für Silvia T. war dies der erste sogenannte »Geschlechtsverkehr«. Die Vergewaltigung liegt 14 Jahre zurück.
Auf die gleiche Weise vergewaltigte das Täterteam einige Tage später ihre Freundin.

Frau Susanne S.: 27 Jahre
Vergewaltigt im Alter von 16 Jahren von einem Mann, den sie vorher flüchtig kannte und mit dem sie in seine Wohnung mitgegangen war.
Inmitten eines Gesprächs bedrohte er sie plötzlich mit einem Messer und vergewaltigte sie. Die Vergewaltigung liegt elf Jahre zurück.

Frau Nina H.: 24 Jahre
Vergewaltigt im Alter von 18 Jahren von einem Mann, dem sie vertraute, weil er der Cousin ihrer Freundin war. Als sie sich nach einem Diskothekbesuch von ihm nach Hause fahren ließ, vergewaltigte er sie während eines Zwischenstops in seiner Wohnung. Die Vergewaltigung liegt sechs Jahre zurück.
In der Folge hörte Nina H. von weiteren ähnlichen Gewalttaten dieses Mannes (geschätztes Alter ca. 23 Jahre) an anderen Frauen.

DER TATHERGANG

Es gibt Frauen, die eine Vergewaltigung erfolgreich abwehren können (vgl. Caignon/Groves 1990). Sie bringen die nötige Aggression auf. Oder es gelingt ihnen – zumeist im Gespräch – zufällig den richtigen Ansprechpunkt beim Täter zu treffen und ihn von seiner Fehlhandlung zu überzeugen. Ich habe die anderen Frauen interviewt. Jene, denen dieses Glück versagt blieb.

Sie waren mit Männern konfrontiert, denen Empathiefähigkeit fremd war. Mit Tätern, deren Bemächtigungsstrategie eine Gleichgültigkeit gegenüber der Schädigung oder Vernichtung des Objekts beinhaltete.

Während der Überfall vom Großteil der Täter geplant ist[1] und mit mehr oder weniger brutaler Bedrohung und Gewaltanwendung durchgeführt wird, trifft eine Vergewaltigung die Frauen immer unvorbereitet, auch wenn sie vorher eine gewisse Vorahnung (Unsicherheit und Angstbereitschaft) gegenüber einer nicht einschätzbaren Absicht des Täters hatten. Der Überraschtheit über den plötzlichen Angriff folgen zumeist Schreck und Schock (die eine »Schocklähmung« bewirken können), die zumindest die ersten Sekunden des Verlaufs bestimmen, bzw. das Opfer reaktionsunfähig machen.

Unabhängig davon, in welcher Interaktionsform die Frauen mit dem Täter vorher gestanden haben, ihre Überraschtheit über die plötzliche Gewalt des Mannes war bei allen meinen Gesprächspartnerinnen mithin ein Grund für ihre Hilflosigkeit, adäquat auf das Ausmaß seiner Aggression zu reagieren: Plötzlich brach ein gewaltiges Erlebnis über sie ein, auf welches sie sich nicht hatten vorbereiten können, weil keinerlei ernsthafte Vorzeichen erahnbar waren. Die völlig aus dem Zusammenhang gerissene Gewalt des Täters schien jenen Frauen, für die der Mann kein Unbekannter mehr war, unvereinbar mit seinem vorangegangenen (und manchmal auch darauffolgenden) Verhalten.

Ein zusätzlicher Faktor, der Frauen in der Tatsituation schwächen kann, sind Schuldgefühle. Silvia T. wie in gewisser Weise auch Nina H. fühlten sich wehrlos, weil sie mit dem Täter zuvor geflirtet hatten. Ihre Verwirrtheit über die völlig veränderte Lage, in der sie sich nun befanden, gepaart mit selbstanklagenden Folgen, was sie denn gemacht haben könnten, um dieses Verhalten beim Täter herausgefordert zu haben, machten sie reaktionsgehemmt. Auch das Verhalten von Hildegard K. wurde von Schuldgefühlen beeinträchtigt, die sie ihren Eltern gegenüber empfand, weil sie in eine *solch scheußliche Situation* gekommen war.

Silvia T. fuhr mit ihrer Clique aus der Sportwoche in eine Diskothek und flirtete mit dem Burschen, der sie später vergewaltigte.

SILVIA T.: »... *und wir waren dann eben in der Diskothek und ich mußte auf's WC und das war außerhalb der Diskothek. Also die Diskothek war im Keller und ich mußte hinauf und das WC war hinter dem Haus... Und auf einmal sind die zwei Burschen links und rechts von mir gestanden und ... es war kein Mensch weit und breit und die haben mich, einer links und einer rechts, geschnappt und haben gesagt:* ›*So, jetzt komm.*‹ *Und ich hab gesagt:* ›*Also was soll das jetzt? Ich will eigentlich gar nicht. Ich will da runter gehn.*‹ *Und sie haben gesagt:* ›*Na, zier dich nicht so.*‹ *Und haben mich da in der Nähe, so was weiß ich, in irgend so einen Heuschober gezerrt. Und dann, der eine hat mich gehalten und der andere ... ist über mich hergefallen.*«
(...)

»*Ich hab Angst gekriegt. Und hab mir gedacht: Nein, das wollte ich jetzt doch nicht. Ich wollte mich als Frau bestätigen, aber die Bestätigung wollte ich nicht – auf diese Weise.*

Ich hätte mich wahrscheinlich unter anderen Voraussetzungen verführen lassen wollen. Aber das wollte ich nicht haben.«

Nina H. war mit ihrer Freundin in einer Diskothek, als sie deren Cousin kennenlernte, mit ihm flirtete und sich von ihm nach Hause fahren lassen wollte. Auf dem Heimweg vergewaltigte er sie in seiner Wohnung.

NINA H.: »*Also wir waren in der Disko, also eine Freundin und ich. Er ist in der Disko gesessen und das ist ihr Cousin. Von dem her hab ich schon einmal einen Vertrauensvorschuß gehabt, weil das war ja ihr Cousin, nicht? War ja ein Blödsinn, aber trotzdem. Damals war's halt so. Und dann sind wir zu ihr heimgefahren und haben bei ihr noch was getrunken oder was geraucht. (...) Und dann sind wir zu ihm heimgefahren und in sein Zimmer rein, also er hat einen eigenen Eingang gehabt, und das war ziemlich oben und ziemlich abgelegen. Ja, und dann haben wir zwar schon geküßt, also das wollte ich auch. Und plötzlich hat er mich aufs Bett nieder ... also runterge-*

haut. Ich weiß nicht, bin ich auf dem Bett gesessen? Wahr-
scheinlich schon. Jedenfalls hat er mich plötzlich flachgelegt
und mir alles runtergerissen und ... ja und dann halt ... Und
dann hab ich totale Angst gekriegt. Also ich wollte das nicht.
Das war mir ganz klar, daß ich das nicht will.«

Aus dem Verhalten der Täter aber war zu schließen, daß es für
sie scheinbar völlig unbedeutend war, ob die Frauen mit ihnen
geflirtet hatten oder ob sie mit ihnen in einem neutralen Gespräch gestanden waren, das in keiner Weise von einer erotischen Spannung umrundet gewesen war. Alle fünf Frauen, die
den Täter zuvor mehr oder weniger gekannt hatten, schätzten
ihn vor der Tat als »nett«, »sympathisch« oder »seriös« ein.
Keine von ihnen erwartete eine Vergewaltigung.

Hildegard K. ging mit ihrem Schulkollegen spazieren, der sie
um ein Gespräch gebeten hatte und dabei recht verzweifelt und
hilfesuchend wirkte. Daß er sie stattdessen im Park vergewaltigen würde, damit hatte sie nicht gerechnet.
    HILDEGARD K.: *»Ich hab mich total sicher gefühlt. Ich wär*
nie auf die Idee gekommen, daß der irgend etwas Sexuelles von
mir will. Er hat mich vorher nicht berührt. Nichts, ja? Wir ha-
ben nur geredet.«

Susanne S. und ihre Freundin schienen einen Bekannten kennengelernt zu haben, mit dem sie auch einmal in dessen Wohnung mitgegangen waren. Als sie mit ihm allein in seine Wohnung mitging, vergewaltigte er sie unter ständiger Bedrohung
mit dem Messer.
    SUSANNE S.: *»... Und dann bin ich einmal allein wieder auf*
den X. (Name des Ortes geändert, Anm. d. Verf.) gegangen und
er war wieder dort. Und dann hat er gesagt: ›Ja, kommst wie-
der?‹ Und ich hab mir überhaupt nichts dabei gedacht. Und
dann sind wir eben zu ihm in die Wohnung gefahren. (...) Also
das ist eh in der Innenstadt. Ich mein, der hat eh einen seriösen
Eindruck gemacht. Und dann haben wir wieder etwas ge-
raucht. Und dann auf einmal, irgendwie so ... Plötzlich ist er
aus der Küche gekommen mit einem Messer. Und und ... hat

eben gesagt, ich soll mich ausziehen und hat mir immer das Messer so angehalten...«

Anna B. wurde von einem Mann, den sie vorher nicht kannte, zum »Kaffee« eingeladen, als sie die Zeit bis zur Verabredung mit ihrem Bruder bummelnd abwartete. Auf dem Weg zu einem »Kaffeehaus« zerrte der Täter sie in einen Innenhof und vergewaltigte sie.

ANNA B.: *(...) »Ja ... und ich war ja eigentlich froh, daß mich der angesprochen hat und daß ich nicht nur da herumrenne, während ich warte und ... Ich hab's mir eigentlich ganz nett vorgestellt, mit jemanden zu plaudern. Er hat auch total adrett ausgeschaut ... Ja, jugendlicher Leichtsinn, nicht?«* (lacht)

(...)

»Und dann sind wir mit der U-Bahn bis zur Endstation gefahren und er hat gesagt, er kennt da ein liebes Kaffee. Und dann plötzlich vor einem Haus hat er gesagt, er wohnt da und er holt nur schnell noch was aus seiner Wohnung. Ja ... Und ich bin, meiner Intuition folgend ... hab ich gesagt: ›Ich warte da heraußen.‹ Und er ist dann hineingangen und ich bin vor der Einfahrt gestanden. Ja ... Und plötzlich hab ich zwei Hände an meinem Hals gespürt und ...«

I.: *»Er hat dich gewürgt?«*

ANNA B.: *»Mhm. Also ... ich mein', das ist einfach, ich hab überhaupt nicht damit gerechnet. Ich mein', wenn du auf jemanden wartest.«*

Anders war es bei Verena N., die mitten in der Nacht in ihrer eigenen Wohnung vom Täter, der ihr völlig fremd war, im Schlaf überrascht und vergewaltigt wurde. Zu diesem besonderen Umstand kam hinzu, daß sie zur Tatzeit krank war.

VERENA N.: *»... ja, Angina halt ... Und ich weiß nicht, ich bin halt im Bett und schlaf weiter. Und dann, ich mein', da muß ich dazusagen, daß ich oft auch schon im Schlaf Sachen gemacht hab, wo ich halt reagier, oder wo ich vom Bewußtsein noch nicht da bin ... Also wie ich aufgewacht bin, bin ich schon bei der Tür gestanden. Also ich hab wahrscheinlich im Schlaf* *etwas gehört und bin zur Tür, ohne aufzuwachen. Und ich bin eben bei der Tür gestanden und sehe, wie ein Mann so schwebt, irgendwie mitsamt der Tür hineinplatzt in meine Küche ... also so hineinkommt, gell? So ... mit der ganzen Tür. Und ... Also ich hab mir gedacht: Feuerwehr. Ich hab mir gedacht es brennt (lacht) und die holen mich raus. Also das war eben auch dieser erste Moment, wo du dich einfach ... da hast so eine Schrecksekunde, gell? Und du denkst dir dann etwas Falsches. Und der ist dann schon sofort auf mich zugezischt und ich hab aber ... Dann hab ich mir gedacht: Maria, der hat keine Uniform an. Und da hab ich erst reagiert. Und zwar hab ich mich umgedreht und hab um Hilfe geschrien und hab das Licht eingeschaltet. Und ... hab eben noch immer geglaubt, höchstens ein Einbrecher. Und der hat aber dann ... mich kurz geschnappt; ich mein', ich hab auch deshalb geglaubt, daß der irgendwie ein Soldat ist, weil der so die totalen Reflexe gehabt hat. Also ich mein', wenn der da reinkommt und auf einmal, ich stehe schon da und schrei. Daß der so schnell reagiert hat? Also ich hab mir gedacht, der ist irgendwo in Übung – so körperlich, so reflexmäßig auch.«*

VERHALTEN UND REAKTIONEN DER FRAUEN IN DER SITUATION

In einer Situation, in der die Frauen plötzlich massivst bedroht werden, haben sie weder die Zeit noch die Mittel, sich auf einen adäquaten Gegenangriff vorzubereiten. Sie können das Vorhaben des Täters nicht einschätzen und wissen zumeist nicht Bescheid um ihre eigene körperliche Kraft. Daraus entsteht ein Kampf ums Überleben in der unmittelbaren Gewaltsituation, der nicht meßbar ist mit dem des Nahkampfes unter Männern.

Der Unterschied der körperlichen Attacken liegt in der entschiedenen *Aktion* der Angreifer im Vergleich zu den affektmäßigen (körperlichen) *Reaktionen* ihrer Gegnerinnen. Den Frauen bleibt somit keine andere Wahl, als sich zu unterwerfen. »Die Frau, die dieser Gewalt ausgesetzt ist, muß ständig einen Weg ersinnen, um so heil wie möglich davonzukommen. Dabei kann sie sich durchaus ›uneindeutig‹ verhalten aus der Sicht derer, die sie entweder als wehrhaftes Subjekt oder als passives Objekt zu sehen erwarten. Im Versuch zu überleben, kann die Frau gegebenenfalls das passive Hinnehmen des Gewaltaktes als den besten Weg ansehen, um ihn irgendwie lebendig durchzustehen. (…) Die Absicht der Frau ist hier vollkommen eindeutig: Ihr geht es darum, nicht Opfer des Mannes zu werden« (Thürmer-Rohr 1989, 28f).

AutorInnen, die einen Zusammenhang zwischen Form und Grad der Bedrohung und der (körperlichen) Widerstandsleistung aufzeigen, messen vor allem der Brutalität des Täters zu Beginn des Angriffs, sozusagen seinem Überraschungseffekt, eine große Bedeutung für die Schwächung der Reaktionsfähigkeit der Frauen zu.[2]

So stellt etwa Menachim Amir (1971, 169) in seiner repräsentativen Untersuchung fest, daß die gefügigsten Opfer (71 Prozent) diejenigen sind, die von bewaffneten Tätern bedroht werden. Auch Frauen, die anfangs gewürgt werden, reagieren mit größerer Gefügigkeit.

Die Hemmung auf den massiv gewaltvollen Überraschungseffekt des Täters wird im Verhalten von Verena N. extrem verdeutlicht: Sie wurde noch halb im Schlaf sogleich vom Täter zu Boden geworfen – woraufhin ihr körperlicher Kampf ein jähes Ende fand.

VERENA N.: *»Na ja, auf jeden Fall hab ich so typisch blöd reagiert (lacht). Eben so, wie wennst klein bist und du kämpfst mit wem. Das waren die einzigen Erfahrungen, die ich vom Kämpfen gehabt hab. Also so … sich zu bücken und so, weißt? Richtig kindisch. Ich hab noch nie richtig gekämpft gehabt mit jemanden. Und der hat mich so in die Höhe … und dann halt voll mit dem Kopf auf den Boden geprackt.*

Ja. Ich hab da eine Jochbeinbrellung gehabt; also … der Knochen da drunter war angebrochen und ich war total geschwollen. Und da hab ich halt schon gesehen – nein, ich hab irgendwie körperlich keine Chance, gell? Und … wie ich so am Boden gelegen habe, hab ich erst gedacht: Aha! Also da hat der schon seinen Schwanz ausgepackt gehabt und so … auf dem Boden praktisch. Und dann hab ich erst mitgekriegt, worum's eigentlich geht.«

(...)

»Und ich hab ... also auch die Idee gehabt – ich hab so eine Saftflasche neben dem Bett stehen gehabt – diese ihm über den Schädel zu hauen, aber ... ich hab halt keine Übung darin. Und ich hab mir gedacht, wenn ich das sofort mache: zack, gell, das ist okay. Aber erst überlegen und dann ... das klappt sowieso nicht. Und ich hab mir gedacht, dann geht's erst wirklich los. Also so, ... daß ich halt brav geblieben bin. (leise) ... Na ja, ich hab die ganze Zeit versucht, mit ihm zu reden und so ...«

Aus verschiedenen Untersuchungen zum Verhalten der Frauen in einer Vergewaltigungssituation geht hervor, daß sich die meisten verbal verteidigen.

Diesen (manchmal zusätzlichen oder letzten) Akt der Verteidigung wandten alle Frauen, mit denen ich gesprochen habe, an. Indem sie mit dem Täter redeten, versuchten sie, seine Tat abzuwehren. Durch das Gespräch wollten sie bei ihm Verständnis für ihren Widerwillen, eine Art Beziehung zu ihrer eigenständigen Person wecken.

Das ist das Demütigende in der Situation für eine Frau: Der Mann tritt ihr zwar als eindeutiger Feind gegenüber, die Frau agiert meist aber nicht als eindeutige Feindin, »sondern sie ist auch Flehende, Bittende, Weinende, Widersprüchliche, zwischen Widerstand und Ergebung Herumprobierende« (Thürmer-Rohr 1989, 29f).

Doch so demütigend diese fast klägliche Widerstandsform einerseits auch sein mag, so wesentlich ist sie für das psychische Überleben einer Frau in einer solchen Situation, wie ich noch später ausführen werde.

Die Gleichgültigkeit des Täters demgegenüber, wie es der Frau in der Situation geht und was sie sagt, macht vielen Frauen nachher zu schaffen. Sie fragen sich, was in dem Mann vorgehen mag. Doch genau hierin tritt eine Ungerührtheit und Egozentrik des Täters zutage, die den Punkt männlicher Gewalttätigkeit zu treffen scheint: eine Empathieunfähigkeit und Bezugslosigkeit, eine Respektlosigkeit menschlichem Leben gegenüber, die jenen Frauen, die in Beziehungskategorien denken, fühlen und handeln, völlig fremd und unverständlich ist.

SUSANNE S.: *»Plötzlich ist er aus der Küche gekommen mit einem Messer. Und ... und ... hat eben gesagt, ich soll mich ausziehen, und hat mir immer das Messer so angehalten. Ich hab natürlich eine irrsinnige Angst gehabt, also ich hab überhaupt nicht atmen können. Also ich hab total geweint und so. Und das war ihm irgendwie wurscht. (...) Und ... und das war so ein richtig hysterisches Weinen, so: ›bitte‹ und ›tu mir nichts‹ (ahmt eine verzweifelte Stimme nach), also total ... Ich hab um mein Leben gewinselt sozusagen, ja? (...) Und das war dem wurscht! Also das hab ich irgendwo so gemein gefunden. Das! Daß das dem voll wurscht war oder so.«*

Ray Wyre (1991), der den Tathergang in verschiedene Phasen einteilt, bezeichnet die Zeit nach der eigentlichen Tat als die gefährlichste für das Leben der Frauen, weil der Täter sich dessen gewahr wird, daß die Frau ihn anzeigen könnte. Als Tätertherapeut und Autor rät er den Frauen deshalb, den Täter in dieser Phase eher »zu beruhigen«. Susan Brownmiller (1990) betont hingegen, daß die Anpassung des Opfers an die Spielregeln keine Gewähr dafür biete, daß der Vergewaltiger sich auch daran hält. Sie erinnert dabei an den »Würger von Boston«, der seine gefügigen Opfer nach der Tat dennoch umbrachte.

In meiner Untersuchung zeigte sich folgendes: Je größer die Angst und Unsicherheit gegenüber dem Vorhaben des Täters war (Angst, er könnte sie umbringen), desto mehr versuchten die Frauen, auf den Täter einzugehen und ihn zu beruhigen.

ANNA B.: *»Und dann hab ich gesagt: ›Laß mich gehen. Ich versprech dir, ich sage nichts der Polizei, aber bitte laß mich gehen und laß mich weg. Ich will nichts als nur weg! Ich will keiner Polizei etwas sagen.‹ (lacht) ›Ich will einfach nur weg und laß mich in Ruh, bitte!‹ Gell? Und ... und dann kam wieder irgendwie so dieser Irrsinn und ... er hat mir gesagt: Nein! Er kann mich nicht gehen lassen. Und er hat mich wieder gewürgt und: Weil sonst verrat ich ihn, nicht? Und er muß mich umbringen (leise) Und: Er kann net anders, er muß mich umbringen und ... so. (lacht)«*

VERENA N.: »(...) und ... ich sag eben dann: ›Schau, es wird hell und jetzt geh und jetzt ist's genug.‹ Und ... weißt, so. Und bin dann auf das eingestiegen, ah ... auf diese Heteroliebe. Und hab gesagt: ›Schau und es geht halt nicht immer zweimal.‹ Und ... weißt? So, ja? Und hab aber gleichzeitig immer die Angst gehabt, daß er mir jetzt ... also das erste, wenn er geht, mir was tut – also mich umbringt. Ja? Und das zweite, weil er ziemlich lang versucht hat, ein zweites Mal zu kommen und das nicht gegangen ist und er in seiner Ehre verletzt ist. Und daß er mir deswegen was tut. So um sein Selbstwertgefühl, so als potenter Mann, wieder ... herzustellen. Und ... was war denn noch? Einfach als Demonstration der Stärke zum Schluß noch einmal. So ... auch so spielerisch von ihm. Und er war so ... halt auf den Knien so dann hinter mir ... und hat halt so herumgespielt in seiner Tasche. Und ich war mir sicher, mit einem Messer. Und hat mich so angelacht so von oben runter. Und ... hat dann so gesagt: Ja ... also ich soll niemanden was erzählen, und bla bla, nicht? Und ich hab gesagt: ›Ja, ich erzähl niemanden etwas, wenn du jetzt gehst.‹ Und dann hat er gesagt: ›Bist närrisch? Glaubst, ich werde dir was tun?‹ ... Und da hab ich genau das gemerkt: Der hat die ganze Zeit gewußt, daß ich das nur mitmache, weil ich glaub, er bringt mich um! Und daß ich das sonst nie gemacht hätte. Nie! Und daß er das quasi erst am Ende zugegeben hat. Daß er die ganze Zeit damit gedroht hat mit dem Umbringen, aber daß er das nicht gemacht hätte.«

Das Verhalten des Täters ist nach der eigentlichen Vergewaltigung nicht ausschließlich gefährlich, das heißt der Täter rechnet nicht unbedingt mit einer Anzeige. Manche scheinen mit der Gewißheit zu leben, daß ihre Tat keinerlei Folgen für sie hat.

In meiner Untersuchung war dies bei all jenen Tätern der Fall, die die Frau vorher zumindest länger flüchtig kannten.[3]

Da sich die Frauen in der Situation überhaupt nicht in die Psyche des Mannes hineinversetzen konnten, waren sie auch nach der eigentlichen Tat sehr verunsichert und gefügig. Denn wenn der Mann innerhalb weniger Sekunden massivst gewalttätig werden konnte, so würde er dies auch nach der Vergewaltigung wieder können. Das macht die Täter ziemlich sicher und bestimmt ihr weiteres demütigendes Verhalten.

Dem Täter von Susanne S. etwa schien es kein Bedürfnis zu sein, sie vor einer Anzeige zu warnen. Er wechselte völlig gefaßt »zum normalen Tagesgeschehen über« und trank mit ihr noch Kaffee, während sie ihn beruhigte, sie würde keinem von seiner Tat erzählen und ihm versicherte, daß sie einander wieder treffen könnten. Dies aus ihrer Angst heraus, sie könnte sonst vielleicht seine Wohnung nicht mehr lebend verlassen.

Der Täter von Nina H. bemerkte nach der Vergewaltigung einfach: »Entschuldigung, aber ich hab jetzt unbedingt müssen« und fuhr sie – wie versprochen – anschließend nach Hause.

Der Täter von Hildegard K. eröffnete ihr, daß er ihr jetzt ein Kind gemacht hätte und wollte zärtlich zu ihr werden, wobei sie sich beinahe übergeben mußte. Gegen seine Bemerkungen war sie hilflos. Er könnte den Vorfall weitererzählen oder sogar damit »prahlen«, sodaß auch ihre Eltern davon erfahren würden. Davor hatte sie Angst.

Als weitaus größere Demütigung als die Vergewaltigung selbst empfand Silvia T. das darauffolgende Verhalten ihrer Täter. Sie war nach dem Diskothekbesuch (aufgrund ihrer Entscheidung, die Tat verschweigen zu wollen) darauf angewiesen, mit den beiden Burschen wieder nach Hause zu fahren und erlebte dabei ein zweites Mal deren Zynismus und Machtmißbrauch.

SILVIA T.: »*Also für mich war das Allerschlimmste die Situation nachher. ... Weil ich dann versucht hab, meine Kleider wieder zurechtzurücken und dann hinuntergegangen bin in die Diskothek, wo meine Freundin gesessen ist. (...) Und alle, die dort waren, waren im Aufbrechen. Und ich hab zu den anderen gesagt, ich will mit ihnen mitfahren. Und sie haben gesagt, sie können mich nicht mitnehmen, es geht nicht, sie haben keinen Platz, ich bin ja auch nicht mit ihnen hergekommen, das war ja ausgemacht, ich soll wieder mit denen (mit den Vergewaltigern, Anm. d. Verf.) heimfahren, mit denen ich hergekommen bin. Und keiner kapiert hat, was abrennt und ich auch nicht imstande war, das zu sagen. ... Und ich hab es als irrsinnig*

*demütigend empfunden, von denen auch noch abhängig zu sein
… und die das genau gewußt haben, daß ich jetzt abhängig von
ihnen bin. (…) Und ich hab nicht gewußt, wovor ich mich jetzt
mehr fürcht': vor den Typen oder vor dem Wald.«*
(…)
*»Sie haben mich dann mit heim genommen und sie haben
während der ganzen Autofahrt geredet, daß sie es noch einmal
machen. (…) Die ganze Fahrt haben sie davon gesprochen,
daß sie es bei ihnen im Bungalow noch einmal machen.«*

EMPFINDUNGEN DER FRAUEN WÄHREND DER TAT

»Was eine Frau angesichts der Bedrohung vergewaltigt zu werden empfindet, hängt, neben der individuellen Wahrnehmung,
von den Tatumständen und von der Person des Täters ab«
(Schlötterer 1982, 161).

EMPFINDUNGEN SICH SELBST GEGENÜBER

Bei allen Frauen bestimmte in dieser völlig ohnmächtigen und
demütigenden Position, in der sie sich schämten oder schuldig
fühlten, primär *Angst* (2 Frauen) bis *Todesangst* (4 Frauen) die
Situation. Diese löst eine psychische Blockade oder eine
Schocklähmung aus.[4]

Die Psychoanalyse erklärt Angst in einer extremen Lage als
Affektzustand, der automatisch wirkt. In ihrer Funktion ist sie
ein Signal, eine Reaktion des Ich (des gesamten Organismus,
Anm. d. Verf.) auf die drohende Gefahr einer traumatischen Situation, die in diesem Moment nicht bewältigbar ist (Nagera
1974, 444; Laplanche/Pontalis 1980, 64). Deshalb werden
gleichzeitig Wahrnehmungen abgespalten, die *Amnesien* (Erinnerungslücken durch Wahrnehmungsselektionen) bewirken. In
der Situation ist dies Selbstschutz – in der Folge aber wird die
Erinnerung und demnach Verarbeitung gerade dadurch erschwert.

In einer Vergewaltigungssituation empfinden manche Frauen

nichts mehr. Anderen gelingt eine Trennung von Körper und Geist, indem sie den Körper nicht mehr empfinden und/oder an etwas anderes dabei denken. Dieser psychische Abwehrmechanismus wird als *Abspaltung*[5] bezeichnet.

Das Zusammenwirken von Angst, Schock und Abspaltung durch Wahrnehmungsselektion führte bei allen Frauen in meiner Untersuchung zu Amnesien geringeren oder größeren Ausmaßes, die mitunter Teil der Schwierigkeiten wurden, das Erlebnis später zu verarbeiten bzw. im Falle einer Anzeige der Polizei eine klare Abfolge der Tat zu schildern.

In einer Situation, in der Überleben zum ausschließlichen Mittelpunkt wird, ist die Wahrnehmungskapazität einer Person damit ausgeschöpft. Das wesentliche Drumherum, zum Beispiel das Aussehen des Täters, die Chronologie des Ablaufes oder der Tatort, wird kaum mehr aufgenommen.

I.: *»Wie ist es dir in der Situation gegangen?«*

ANNA B.: *(…) »Ich mein', … ich hab echt … ich hab glaubt, jetzt ist es vorbei. (…) Ich mein, das ist irgendwie: … Du kannst weder schreien noch sonst irgend etwas, sondern du bist so ohnmächtig. Also, ich mein', ich hab mich total ausgeliefert gefühlt.«*

(…)

I.: *»Hast du in der Situation sonst etwas gespürt außer Ohnmacht?«*

ANNA B.: *(…) »Ja … Einfach dieses: Weg! Ich will da raus! … Und eigentlich sonst, an andere Emotionen …? Ja … daß ich mir die Wand angeschaut hab. (lacht) Ich weiß nicht … ich hab einfach … die Wahrnehmung selektiert, gell? Ich kann mich genau erinnern, an der Wand, die da war, da war der Putz runter … ja? Das hat ausgeschaut wie eine Birne. Und ich war so fixiert auf diesen Putzfleck, der da weg war. Ich mein', ich weiß es nicht, das war einfach so … komisch irgendwie, nicht?«*

(…)

»Und … es ist auch die Erinnerung nachher nicht chronologisch gewesen, es war halt einfach nur ein Wust von Gefühl da. (…) Ich mein', das war dann auch bei den Ermittlungen relativ schwer. Ich konnte nicht mehr sagen, wo das genau war …

Doch ich hab genau das Tor, also die Einfahrt … also das Bild hab ich vor Augen gehabt, aber ich wußte nicht, welche Straße. Nichts, gell? Das war einfach … komisch … Du merkst dir solche Sachen nicht, obwohl die eigentlich wichtig wären. Das merkst eben nicht, aber du merkst dir so Kleinigkeiten. Also ich hab genau gewußt, wo der Putz runtergefallen ist oder so, gell?«

Keine der von mir befragten Frauen konnte den eigentlichen Geschlechtsakt (die Penetration) empfinden! Bei einer Anzeige bei der Polizei richten sich aber die Fragen sehr genau auf den sogenannten »Geschlechtsverkehr«.[6]

HILDEGARD K.: *»Ich hab auch das Gefühl gehabt, das was der da unten bei mir gemacht hat, das war so weit weg, das hat mit mir überhaupt nichts zu tun gehabt … Daher weiß ich auch nicht genau, was der da gemacht hat.«*

Die Abspaltung erfolgt zumeist dann, wenn sich die Frau dessen bewußt wird, daß die Tat passieren wird und sie keine Chance mehr hat, diese abzuwehren. Diesen Zeitpunkt können Frauen manchmal sehr genau beschreiben.

HILDEGARD K.: *»Das ist so … wie wenn'st ohnmächtig wirst. Ich kann mich nur erinnern, daß ich so mit erstickender Stimme gesagt hab, er soll mir nichts tun oder so (leise, weinerlich). Dabei – ich könnt' aber nicht irgendwie … es war so ein Gefühl … wie wenn'st auf einmal ganz klein wirst. (…) Irgendwann ist es mir gelungen, mich so total in irgend einen Punkt in mir zurückzuziehen, daß ich einfach nicht mehr da war.«*

SILVIA T.: *»Und ich hab mich gewehrt, hab gesagt: ›Laßt mich los.‹ … Und auf einmal war ich abgeschaltet. (…) Ich hab mich nicht mehr gefühlt, ich hab mich nicht mehr gespürt. Das war so, wie wenn ich unter Drogen stehen würde. Und das einzige, was ich gefühlt hab war Schuldgefühl und Schamgefühl. (…) Also es war irrsinnig demütigend und das vorherrschende Gefühl war Scham. Und sonst hab ich nichts mehr mitkriegt. Ich kann mich nicht, also auch heute nicht … an dieses Drumherum erinnern. Ich mein, ich weiß, daß der sei-*

nen Penis in mich hineingesteckt hat. Aber das weiß ich nur vom Kopf her, erinnern kann ich mich an das alles eigentlich nicht. Das weiß ich vom Kopf, das war mir immer klar, aber ich hab abgeschaltet, total abgeschaltet, so als wenn mich einer ausgeschaltet hätte. Ich hab auch keinen Mucks von mir gegeben.«

Die Gefühle der Scham und Peinlichkeit können sich nur bei Unterlegenen einstellen. Sie sind eine Art Angst vor sozialer Degradierung, oder, allgemeiner gesagt, vor den Überlegenheitsgesten anderer.

Nina H. verdrängte[7] die Tat gefühlsmäßig so stark, daß sie sich lange Zeit an sehr wenig erinnern konnte und sich Jahre später noch fragte, ob die Tat überhaupt stattgefunden, oder ob sie sich alles nur eingeredet hatte. Diese Zweifel bannten sie, obwohl sie sich stets sehr klar an Details erinnerte.

Geringere Amnesien waren bei Verena N. zu erkennen, die sich mit der Tat gleich danach sehr intensiv – vor allem in Gesprächen – auseinandersetzen konnte und auch während der Tat verbal »experimentierte« – wie sie es ausdrückte –, also mitdachte.

Daraus ist zu schließen: Je mehr eine Frau in der Situation irgend etwas tut bzw. sich irgendwie spürt, desto weniger ist sie völlig ausgeliefert bzw. schaltet sie ganz ab und desto besser kann sie sich später erinnern und das Erlebnis verarbeiten.

EMPFINDUNGEN DEM TÄTER GEGENÜBER

Die massive Angst und Ohnmacht blockieren nicht nur die körperliche Gegenwehr, sondern ebenso die Aggression auf der emotionalen Ebene – die Wut gegenüber dem Täter.[8]

Es kann vorkommen, daß die Frau Mitleid mit dem Mann hat. Eine solche Umkehr verleiht ihr möglicherweise soziale Erhabenheit. Durch ihre kognitive Interpretation verschafft sie sich Distanz zu ihm. Indem sie in seiner gefühllosen Handlung einen (menschlichen) Mangel feststellt (der sein Problem sein könnte), tritt sie aus ihrer unmittelbaren Betroffenheit heraus.

Erst später wird empfunden, was durch seine Tat in ihrer Seele verwundet wurde.

ANNA B.: *»Du ... ich muß ehrlich sagen, er hat mir irrsinnig leid getan. (lacht) Ich mein', ich hab keine Aggression ihm gegenüber gespürt, sondern einfach ... ich mein', ich hab mir nur am Anfang gedacht: Was kann einen Menschen dazu treiben, daß er so was tut? Ich mein', eigentlich total hirnmäßig.«*

Unverständnis und Unsicherheit dem gegenüber, was in dem Mann vorgeht bzw. was er vorhat, verstärken die Angst. Die Frauen können den Täter überhaupt nicht einschätzen, sein Verhalten in der Situation erscheint ihnen wie das eines Wahnsinnigen.

Das Empfinden der Frauen gegenüber dem Täter kann mit dem »Bild eines Automaten« verglichen werden: Frauen erleben den Mann in der Situation der Vergewaltigung als mechanisch funktionierend und unbeeinflußbar.

SUSANNE S.: *»Ich hab mich in seine Psyche überhaupt nicht hineinversetzen können. (...) Ich mein', das war dann ... innerhalb von drei Minuten oder so ... hab ich dann noch Kaffee mit ihm getrunken und bla und: sehen wir uns wieder und keine Angst ... (...) Ich mein', der war irgendwie so ... daß man irgendwie nicht abschätzen kann, wie der reagiert. Weil ich mein', wenn ich wieder heimgeh, und der kriegt wieder seinen Rappel oder was, dann hab ich vielleicht schon wieder das Messer angesetzt, oder? Weiß ich ja nicht ...«*

Um den Täter besser einschätzen zu können und sich von ihm nicht völlig in Besitz nehmen zu lassen, experimentierte Verena N. in der Situation mit sich selbst und den Reaktionen des Mannes. Zur Verdeutlichung ihrer Grenzen erklärte sie ihm deshalb auch, daß sie Lesbe sei.

Das Verhalten des Täters wird von ihr als ambivalent beschrieben: Einerseits vergewaltigte er sie unter Todesbedrohung, andererseits vermittelte er das, was unter gängigen Vorstellungen als Zärtlichkeit oder Aufmerksamkeit zu beschreiben wäre. Er betonte die sexuelle wie die gewaltvolle Komponente gleich stark. Indem er sie vorher beobachtet hatte und sich in der Situation Aufmerksamkeit von ihr erzwang, baute er eine Art Beziehung zu ihr auf, die mit ihr als Person überhaupt nichts zu tun hatte.

VERENA N.: *»Weil der hat das immer vermischt mit ... mit Liebe hat der das vermischt. Diese Situation. Also wo er so Sachen sagt wie: ›Du bist geil‹ ... oder bla. Oder ... weißt, so. Und das halt vom Sexuellen her betont. Quasi, ich will eigentlich eh, aber er zwingt mich nur zu meinem Glück. Weißt, daß das gut für mich ist. Er hat zum Beispiel auch immer gesagt: ›Das ist gut für dich. Das ist gut für dich‹. Gell? Also er ist jetzt sozusagen der Zwangsbeglücker. (...) Und das war dann so komisch, nicht? Ich mein', ich hab ihn dann einmal angeschrien: ›Willst du auch noch, daß ich komm?‹ Also daß ich einen Orgasmus habe, hab ich ihn angeschrien. Weil er das versucht hat. Und irgendwie so dieses totale Verkennen von dieser Situation, was er da macht mit mir, ja? Und dann auch so dieses traditionelle Küssen und auf die Brust und so. Wo es dir durch und durch geht!«*
(...)

»Also so das: Sie wollen nicht nur dich mit Gewalt, sondern sie wollen das Herz auch noch. So. (...) Also das zeigt halt total deutlich diese Vermischung, was halt Männer Liebe nennen, nicht? So ... diese Vermischung von Aufmerksamkeit für eine Frau heißt auch gleichzeitig Gewalt. (...) Das sind halt diese körperlichen Sachen, die eben ausschauen sollen wie Zärtlichkeit, nicht?«

EINFLUSSFAKTOREN AUF DIE SITUATION DER VERGEWALTIGUNG

Auch wenn Frauen mit dem Thema Vergewaltigung konfrontiert werden, so ist eine reale Vergewaltigung doch immer etwas, womit sie selbst nicht gerechnet haben. »Ich hab mir nicht vorstellen können, daß *mir* das passiert«, gaben die von mir befragten Frauen an. Wer denkt schon daran, daß eintrifft, wovor man Angst im Leben hat?

Zudem aber ist zu berücksichtigen, daß die geschlechtsspezifische Aufklärung und Erziehung von Frauen in einer konkreten Situation zu ihrem Hindernis wird: zur Weiblichkeitsfalle.

Um Reaktionen und Gefühle von Frauen in einer Vergewaltigungssituation verstehen zu können, müssen vor allem Grad und Plötzlichkeit der Bedrohung durch den Täter und deren psychodynamische Auswirkung mit einbezogen werden. Ebenso die anerzogenen Barrieren und Verunsicherungen durch verschiedene Ratschläge – zumeist Vermeidungsratschläge – durch Eltern, Medien und sonstige Ratgeberliteratur.[9]

PSYCHODYNAMIK DER OPFER WÄHREND DER TAT

Vorerst möchte ich die Frage aufwerfen, inwiefern neben dem Faktor der situativen Lebensbedrohung (die eine bestimmte Psychodynamik in Gang setzt) auch Gewalterfahrungen aus der Kindheit, vor allem durch Autoritäten, eine Rolle spielen. Denn es kann davon ausgegangen werden, daß frühe Gewalterfahrungen Menschen zu verschrecktem Verhalten konditioniert, vor allem in einer – wie auch immer gearteten – angsterregenden Wiederholungssituation.

In meiner Untersuchung konnte bei fünf der sechs befragten Frauen jedoch kein eindeutig klarer Zusammenhang von (direkt oder indirekt erlebter) Gewalt in der Familie und den Reaktionen in der Situation der Vergewaltigung festgestellt werden. Primär war es die plötzliche Bedrohung durch den Täter und die (Todes-)angst, die die Reaktionen in der Tatsituation bestimmten.

Aufschluß über einen Zusammenhang von massiv angstvoller Erziehung (Angst vor Bestrafung) und hilfloser Peinlichkeit in der Vergewaltigungssituation läßt sich aus einem Interview klar erkennen.

HILDEGARD K.: »*Also vor dem Täter selbst, denk ich, wenn ich nicht so eine Angst vor meinem Vater gehabt hätte, und so eine Angst, daß ich überhaupt in so einer Situation bin, hätte ich wahrscheinlich auch ganz anders reagiert. Ich war ja gelähmt vor Angst, einfach daß mir so was passiert! Weil ich denk mir, wenn mir heute so was passiert, bin ich nicht*

gelähmt vor Angst, weil ich weiß, daß nicht ich schuld bin. (...)
Ich denke mir dann auch, in den späteren Folgen hat es dann
Situationen gegeben, wo ich mich erfolgreich gewehrt hab.
Und dann hat es eben Situationen gegeben, wo ich mich nicht
genug gewehrt hab, wo ich dann irgendwie müde geworden
bin. Aber es hat keine Situation mehr gegeben, wo ich so passiv
war wie bei diesem ersten Mal ... Und ich denke, also in all
den weiteren Situationen war ich nicht mehr mit meinen Eltern
verbandelt.«
(...)
»Aber ... wie gesagt, wenn ich so vergleiche: Bei diesem
Mal, es war wirklich so, ich war von vornherein auf Stillhalten
programmiert. (...) Also mir ist es mit mir gegangen wie viel-
leicht einem Jugendlichen, der sich heimlich das Auto von sei-
nem Vater ausborgt und einen Kratzer in das Auto macht ...
und jetzt Angst hat, daß der Vater tobt. Nicht? Mir ist über-
haupt ... Ich hab mich wie ein ausgeborgtes Ding erlebt.«

Ein Vergewaltigungsopfer erlebt aufgrund der konkreten Situation absolute Ohnmacht und Hilflosigkeit, die einhergeht mit
übergroßer, das Ich überflutender Angst, die unbewußt der Bedrohung aus der frühen Kindheit gleichkommt. Wie schon als
kleines Kind, das sich mit den strafenden Eltern versöhnen
muß, weil es als Kleinkind auf die Fürsorge der Erwachsenen
lebensnotwendig angewiesen war, so bewirkt die Bedrohung in
einer Vergewaltigungssituation eine Regression:[10] Die Mechanismen der Abhängigkeit und Bestrafung aus der frühen Kindheit bewirken in der Psyche einer sich in der Vergewaltigungssituation befindlichen Frau eine existentielle Abhängigkeit von
einem als allmächtig erlebten Menschen, der zur bedingungslo-
sen Unterwerfung nötigt. Der Täter wird in dieser seiner
Machtposition zum Garanten für ihr Leben oder ihren Tod!
Und wie schon als Kind den Erziehungspersonen gegenüber,
so muß auch in einer ohnmächtigen Vergewaltigungssituation
die eigene Enttäuschung, Aggression und Wut unterdrückt werden.[11] Diese Unterdrückung eigener Regungen ist nicht erträg-
lich und wird – mittels Abwehrmechanismen – zumeist umgewandelt und gegen die eigene Person gewendet: in Selbstankla-

ge (Wendung gegen die eigene Person[10]), in Scham- und/oder Schuldgefühle.[13]

Bei den von mir befragten Frauen lassen sich folgende Zusammenhänge erkennen, die auf eben diese Abhängigkeit (vielleicht auch Introjektion und Identifikation) mit dem als übermächtig erlebten Täter hinweisen:

Der Täter von Anna B. erklärte ihr in seinen Phasen der Bedauerung, daß ihm das ganze leid täte. Die auffallende Parallelität dazu ist, daß sie Mitleid mit ihm verspürte.

Der Täter von Hildegard K. eröffnete ihr nach der Vergewaltigung, daß er ihr jetzt ein Kind gemacht habe. Hildegard K. reagierte (auch deshalb?) mit dem Ausbleiben der Menstruation.

Der Täter von Nina H. stellte seine Vergewaltigung danach als »normale« Sexualität dar, indem er sich mit der kurzen Bemerkung, dies hätte jetzt eben sein müssen, rechtfertigte. Nina H. hatte lange Zeit danach Schwierigkeiten, die Tat als Vergewaltigung zu registrieren und anzuerkennen.

Sehr klar läßt sich ein Zusammenhang in den Äußerungen von Verena N. erkennen. Der Täter garantierte ihr ihr Leben, nachdem sie ihm versicherte, sie werde ihn nicht anzeigen: und dieses sein Versprechen war es, auf das sie in der ersten Zeit nach dem Vorfall zählte. Erst als der Täter später wiederkam, wurde ihr ihre lebensbedrohende Situation in ihrer Gesamtheit bewußt.

VERENA N.: »*Und worauf ich mich am meisten verlassen hab damals in dieser ersten Zeit, das war sein Wort!*«

I.: »*Du hast dich in dir darauf verlassen?*«

VERENA N.: »*Ja. Weil er gesagt hat, er wird mir nichts tun.*«

I.: »*Und was verbindest du mit dem: Er wird dir nichts tun?*«

VERENA N.: »*Also er wird mich nicht umbringen. (…) Also er hat mir quasi versprochen, er bringt mich nicht um. Er hat mir das versprochen! Und das liegt in seiner Hand! Und als er weg war, mußte ich ihm dankbar sein dafür, daß ich noch leb!*«

I.: »*Versteh schon. Mhm.*«

VERENA N.: »*Ich mein, er hat mich zwar vergewaltigt und alles, aber er hat mich nicht umgebracht … Und das ist ein Dankbarkeitsgefühl.*«

I.: »*Das hast du in dir gespürt?*«

VERENA N.: »*Ich hab das gehabt. (...) Und das hab ich als das Allerärgste empfunden. (...)*

I.: »*Mhm.*«

VERENA N.: »*Und das ist, glaub ich, auch diese Konkurrenz unter Frauen, ja? Leben zu können! Daß sie wissen, es hängt davon ab, wie sie sich gegenüber Männern verhalten. Ob sie quasi brav sind. Und ich war brav, ich hab ihm nicht – was weiß ich – ein Messer reingerammt oder so. Und ... ich sterb ... ich darf leben ... ich darf weiterleben. Er schenkt mir mein Leben. Und deswegen hab ich den größten Haß auf ihn. Das ist das ... und wo ich auch den größten Haß hab auf alle Männer, weil ich ja von anderen Männern weiß, daß sie das in der Hand gehabt haben oder auch potentiell in der Hand haben, also ... eben einer Frau das Leben zu schenken oder nicht. Und daß in dem dann alles andere klein ausschaut. Alles andere! In dieser Todesbedrohung.*«

Überlebende bleibt eine Frau nicht nur nach der Vergewaltigungssituation, sondern ihr Leben lang. Das ist das Vergewaltigungsexempel.

Christina Thürmer-Rohr (1989, 29) formuliert dazu: »Aber das Überleben in der sexuellen Gewaltsituation ist noch vertrackter, ihre Inszenierung noch viel perfider und demütigender. Denn auch wenn die Frau nicht nur Angst, sondern Todesangst hat, kämpft sie dennoch meist nicht gegen einen Mörder. Vielmehr hat der Täter sich die Freiheit genommen, über ihr Überleben und dessen Bedingungen selbst zu entscheiden, egal, wie sie sich verhält. Das heißt – in allem Zynismus – er ›schenkt‹ ihr das Leben, wenn er sie nicht umbringt; er läßt sie im allgemeinen geschädigt, gedemütigt, aber lebend zurück. Der Täter schafft damit eine Situation, in der er sich zum Herrn über Leben und Tod macht. (...) Er entscheidet, ob sie Opfer wird oder Überlebende bleibt«.

AUSWIRKUNGEN GESCHLECHTSSPEZIFISCHER ERZIEHUNG: DIE WEIBLICHKEITSFALLE

Aus dem Gesamtkomplex der Vergesellschaftung von Frauen in geschlechtsspezifischer Absicht wird das den Frauen anerzogene (körperliche und psychische) Aggressionsverbot zum größten Hindernis in einer Vergewaltigungssituation.[13]

Getreu der klassischen Rollenauffassung – Frauen haben »sanft« zu sein – ist ihnen körperlicher Widerstand etwas Fremdes; etwas, worin sie in keiner Weise geübt sind, zumal sie vorher nie gekämpft haben.

Aggressives Verhalten ist bei Frauen nicht nur unschicklich, sondern würde auch ihrer Erziehung – die sie gelehrt hat, niemandem weh zu tun – widersprechen. Zudem haben Frauen schon sehr früh die Einstellung erworben, daß Männer ihnen körperlich überlegen seien. Diese Verinnerlichung verleidet ihnen in einer konkreten Gewaltsituation die letzte Vorstellung einer Chance.

VERENA N.: »*Und dann machen mir halt so Sachen Angst, zum Beispiel, diese Krankenschwestern in den USA, wo eben ein Mörder eine nach der anderen umgebracht hat, und die waren 20 und die hätten sich total leicht wehren können zu zwanzigst. Und jede hat sich schicksalsergeben hineingefügt. Und ich weiß nicht, wie ich reagiere. Ich weiß nur, daß ich auch so erzogen worden bin: eben lieber so, daß mir selber Leid zugefügt wird, als daß ich anderen Leid zufüge. Ich weiß nicht, wie stark diese Erziehung in mir ist. ... Ich nehm schon an, daß sie stark ist.*«

HILDEGARD K.: »*Ich hab wirklich total patschert ... Deswegen bin ich auch eine Befürworterin der Selbstverteidigung für Mädchen. (...) Ich hab nie gerauft. Ich hatte überhaupt kein Körpergefühl. Das hab ich heute. Ich bin heute gut trainiert und ich weiß, was ich in welcher Situation zu tun hab. Und vor allem: es ist mir wirklich egal, ob ich jemanden verletze. Weil heute schau ich auf mich. Aber damals? Also es war so, wie ich Wen-do gelernt hab zum Beispiel – da hat die Trainerin gesagt: ›Laßt die Handtasche fallen‹, und ich konnte die Hand-*

tasche nicht fallen lassen! Weil es ist bei mir so einprogram-
miert: Nichts darf kaputt werden, alles ist wichtiger als ich sel-
ber, nicht? Wie ich das gelernt hab, ich tu zum Beispiel Bogen-
Schießen, ich hab wahnsinnig lang gebraucht, bis ich den Pfeil
loslassen konnte. Ich konnte den Pfeil nicht loslassen! Ich bin
gestanden, richtig in der Position, ich wollte schießen, ich hab
nicht loslassen können. Die totale Aggressionshemmung!«

Die Sozialisation der Frauen zu Hilfsbereitschaft und Höflich-
keit intendiert, die Gefühle anderer mehr zu respektieren als die
eigenen und verleitet zu Nachsicht, wo sie eigentlich unfreund-
lich werden sollten. Ein Vergewaltiger aber wird die Anstands-
regeln höflicher weiblicher Erziehung auszunützen wissen.

Ebenso gilt für Frauen, keine »Szene« zu machen, also nicht
laut oder gar rabiat zu werden. Denn dies ist »hysterisch« oder
»unschicklich«.

Wenn sich Frauen in einer Vergewaltigungssituation durch
Flehen oder Reden[14] zu befreien versuchen, so sind dies auch
»typisch weibliche« Verteidigungstechniken (zit. nach: Licht
1989, 40). Doch im Weinen spiegelt sich ihre Ohnmacht wider.

ANNA B.: »... *Ich hab ihn gefragt: ›Warum tust du das?‹*
(lacht) Ich mein', total ... Ich mein': ›Was hab ich dir getan?‹
Und so (lacht). Ich mein' am Anfang. Am Schluß hab ich dann
eh nichts mehr reden können, weil ich einfach totale Schmerzen
gehabt hab und kaum noch Luft gekriegt hab.«

VERENA N.: »*Ich hab gesagt: ›Geh' weg, laß mich in Ruh.‹*
Und dann ist das echt ... Also das sind auch so diese kindlichen
Muster. Also es gibt so Verhaltensregeln, daß der dich in Ruh
läßt. Oder daß du Vertrauen kriegst zu dem. Und daß der lieb
ist zu dir. Und das sind auch so ... sicher weibliche Muster.«

Auch die Klischeevorstellungen von einem bestimmten Täter-
typus (im Zusammenhang mit einem bestimmten Frauen- und
Männerbild) verunsichern und beeinflussen die Situation.

Vor der Vergewaltigung schätzten einige Frauen den Täter
als »adrett« und »nett« ein. Wer assoziiert da schon Vergewaltiger? Da der Täter nichts Verwahrlostes an sich hatte, faßten

die Frauen Vertrauen. Über seinen plötzlichen Überfall waren sie demnach völlig verblüfft. Der Fehler wird bei der eigenen Person gesucht. Manche Frauen bezichtigten anschließend ihr eigenes Verhalten als »naiv«, »leichtgläubig« oder sogar »provokativ«. Als »jugendlichen Leichtsinn«, seine Kaffeeinladung anzunehmen.

In diesen Zuschreibungen werden verinnerlichte Klischeevorstellungen über einen bestimmten Tätertyp und über die Mitschuld einer Frau an einer Vergewaltigung erkennbar.

Ist der Täter kein Fremder, sondern ein der Frau Vertrauter, dann verwirrt dies völlig, zumal dieser Mann überhaupt nicht in das gesellschaftlich markierte Täterbild paßt.

SILVIA T.: »*Also das einzige: Es gibt perverse Männer, die Frauen auf der Straße auflauern und Frauen vergewaltigen. Daß Gewalt auch in einer anderen Form passieren kann als in der, hab ich nie erfahren. (...) Alles andere war, daß Frauen verführen und Männer reizen und Frauen einfach schuld sind. So dieses Adam und Eva, nicht?*«

RATSCHLÄGE UND MEDIENDARSTELLUNG

Die Vermittlung des Themas Vergewaltigung geschieht entweder durch die Familie und/oder durch Medien. Keine der von mir befragten Frauen wurde in der Schule über Vergewaltigung aufgeklärt!

In der *Familie* wurden die Frauen in zweierlei Weise auf eine mögliche Vergewaltigung vorbereitet: Die einen wurden zur Vermeidung von Situationen, in denen es zu einer Vergewaltigung kommen könnte, angehalten (drei Frauen). Dabei konnte jedoch die Gesamtheit der Orte und Situationen, die die Töchter meiden sollten, nie erfaßt werden. In der konkreten Vergewaltigungssituation erlebten sie stets einen Bruch mit dem, wovor sie gewarnt wurden. So wurde etwa Anna B. häufig darauf aufmerksam gemacht, daß beim Trampen so viele Frauen vergewaltigt und/oder umgebracht würden. Sie selbst stand dann relativ erstaunt der Situation gegenüber, als sie infolge einer Einladung ins Kaffeehaus vergewaltigt wurde.

Die anderen drei Frauen wurden in der Familie mit dem Thema Vergewaltigung überhaupt nicht konfrontiert, sondern wohl behütet oder kontrolliert und abgeschirmt vor der – für meine Untersuchung äußeren – Realität einer Vergewaltigung verwahrt.

Ungeachtet dessen aber, ob bzw. in welcher Weise sie in der Familie mit der Thematik konfrontiert wurden, die spezifische Mediendarstellung von Vergewaltigung blieb ihnen nicht erspart.

I.: *»Und haben sie dir irgendwie gesagt, daß es auch Gewalt gibt, also Gewalt in der Sexualität – oder Vergewaltigung?«*

HILDEGARD K.: *»Nein! Das hab ich im Literaturunterricht gelernt, das gibt's nur bei den großen Dichtern. Ich kann mich noch erinnern, viel später nach dem Erlebnis ist mir gedämmert, daß im Fiesko von Schiller die Tochter vom Corrina geschändet wird. Also da gibt's eine Szene, da liegt sie ganz verzweifelt, der Alte kommt und sie sagt: ›Ach, ich bin geschändet worden.‹ Ich hab nicht gewußt, was geschändet ist. Dann ist es mir erst klar geworden: Das ist geschändet! Nicht?«*

Großteils verbreiten *Medien* gängige Klischees über Täter und Opfer – in Übereinstimmung mit rollensteeotypen Vorstellungen von Mann und Frau.

In der Boulevardpresse (Österreichs) etwa sind Sexualtäter grundsätzlich »Wüstlinge« und »Unholde«, manchmal verklemmte Psychopathen, die brutal gegen das »geschockte« Opfer vorgehen, welches gleichbedeutend für eine Frau oder ein Kind steht. Ist der Täter ein Inländer, dann wird er zumeist durch seinen sozialen Stand definiert, vor allem wenn er nicht der gehobenen Schicht angehört oder arbeitslos ist. Ist der Täter kein Inländer, wird seine Tat mit seiner Nationalität verstärkt, ja sogar indirekt begründet.

Als *Aufklärungsmittel in den Kinderstuben* wurde den Frauen – neben Zeitungsdarstellungen – vor allem die in Deutschland, der Schweiz und in Österreich ausgestrahlte Fernsehsendung »Aktenzeichen XY« zur Veranschaulichung und Warnung vor einer Vergewaltigung präsentiert. Zur spezifischen Darstellung von Vergewaltigungen in dieser Sendung ist darauf hinzuweisen, daß Kinder darin nicht erfahren, was eine Vergewaltigung ist, sondern mit dem Bild eines toten Opfers konfrontiert werden, das zumeist nackt und völlig entstellt im Wald liegt. Dadurch werden Mädchen verunsichert und verschreckt. Das Problem wird plakativ bebildert. Die Situation scheint für Frauen ausweglos. In halber Verschwiegenheit und Eindimensionalität wird Kindern so eine Sendung präsentiert, die diffuses Unverständnis und Halbwissen zurückläßt.

NINA N.: »... *ja, das war dann so, daß wir Aktenzeichen XY anschauen durften und danach haben wir darüber geredet. Daß wir das als Kinder anschauen haben dürfen! ... Wir haben halt irrsinnige Angst danach gehabt. Und da hat's dann geheißen: Ja nicht im Dunkeln ... und: Fahr nicht mit jemanden im Auto mit ... Und das war dann das Witzige daran, das hat bei mir dann das bewirkt, daß ich am nächsten Tag, nachdem Aktenzeichen XY war, und die Mama nicht mit uns darüber geredet hat, am nächsten Tag bin ich dann zur Schule gegangen, und da ist die Nachbarin mit dem Auto vorbeigefahren und hat angehalten und hat mir die Tür aufgehalten und hat gefragt, ob ich mitfahren will. Und ich hab gesagt: ›Nein.‹ Ich hab totale Angst gekriegt, weil ich am Vorabend gelernt hab, man soll nicht mit Fremden im Auto mitfahren. (lacht) Und sie hat sich überhaupt nicht ausgekannt, warum ich da jetzt nicht mitfahre ...«*

Das scheinbare Rezept gegen die Angst vor einer Vergewaltigung ist die Meidung von Orten und Situationen: Mädchen und Frauen sollen von einem vorgezeichneten Weg nicht abweichen. Das sagt uns schon das Märchen vom Rotkäppchen.

Doch die Schwierigkeit für die Erziehungspersonen, ihre Töchter anders als durch Einsperren oder abschreckende Vermeidungsratschläge zu schützen, liegt auch in ihrem Wissen um die gesellschaftliche Praxis der Schuldzuschreibung an das Opfer. Daß keine der Frauen (zumindest darüber hinaus) auf Selbstverteidigung hingewiesen oder erzogen wurde, zeigt zudem, wie unschicklich es für Frauen damals (wie heute noch) war (ist), zu lernen, ihre körperliche Kraft einzusetzen.

Zur weiteren Verwirrtheit in einer Vergewaltigungssituation tragen verschiedene *Ratgeberliteraturen* bei: Aus einem liberalen Aufklärungsbuch ist dazu folgende Passage zu finden: »Die Frauen würden im allgemeinen ein wesentlich geringeres Risiko eingehen, wenn sie eine Vergewaltigung ohne Widerstand über sich ergehen lassen würden. Wegen *eines einzigen unangenehmen Beischlafs* (Hervorheb. d. Verf.) sollte eine Frau nicht ihr Leben aufs Spiel setzen. Will sich die Frau zur Wehr setzen, so kann ein wohl gezielter Schlag gegen die Hoden des Mannes außerordentlich wirkungsvoll sein« (Claesson 1970, zit. nach: Butzmühlen 1978, 43).

Aus der Broschüre »Sicherheitstips für Frauen« des Bundesministeriums für Inneres sind folgende Ratschläge zu entnehmen: »Die Gefahr Opfer eines Sexualverbrechens zu werden ist gering. Trotzdem wollen wir Ihnen mit gewissen Vorsichtsmaßnahmen Ratschläge geben, wie Sie das Risiko möglichst gering halten können, Opfer solcher Angriffe zu werden. (...) Auf Grund polizeilicher Erfahrung empfehlen wir Ihnen, wenn Sie mit Hilfe rechnen können, etwa in einer bewohnten Gegend, schreien Sie so laut wie möglich. Wehren Sie sich, wenn Hilfe möglich scheint. Scheint die Lage aussichtslos, reden Sie mit dem Täter, versuchen Sie Zeit zu gewinnen« (Bundesministerium für Inneres, Broschüre o.J.).

ANNA B.: »*Ich mein', ich hab geschrien und hab gedacht: Bitte warum – das ist ein Innenhof – warum hört das niemand? Da waren überall Fenster und niemand hat auf das Schreien reagiert, weißt? Und ... das war dann halt bei mir so ... beim Schreien: Er hat mich dann halt jedesmal wieder fester gewürgt, nicht?*«

VERENA N.: »*Und dann find ich das halt total arg, die Polizei sagt halt immer ... sie gibt dir den Ratschlag, du sollst dich nicht wehren, weil wenn du dich wehrst, bringt er dich um, ja? Und das war es, was ich mir vorher immer gedacht hab: Wenn ich vergewaltigt werde, daß ich halt stillhalte und schau, daß der halt wieder geht. (seufzt) Und daß ich halt körperlich nichts mache gegen ihn. Und das ist auch so arg, wenn du dann einen Prozeß hast und der Richter fragt: ›Und? Was haben Sie körperlich gegen ihn gemacht?‹ Und dann sagst du: ›Ja, der war körperlich viel stärker als ich und ich hab nichts*

machen können. Ich hab gewußt, ich kann nichts machen.‹ ...
›Aha, Sie haben sich nicht widersetzt, Sie wollten das.‹ Gell?
Also daß dann eben sexuelle Gewalt nicht als Gewalt gilt im
richterlichen Sinne, ja? (...) Es ist halt so, einerseits sagen sie:
Wehe du wehrst dich, weil dann bringt er dich um. Auf der an-
deren Seite sagen sie nachher: Wenn du dich nicht gewehrt
hast, verurteilen wir dich!«

Es zeigte sich bei allen Frauen, daß sie auf eine Vergewaltigung nicht zu ihrem Vorteil vorbereitet wurden. Weder die verschiedenen Ratschläge, noch die Vermeidungshaltungen nütz-
ten ihnen in der Situation.

ANNA B.: *»Ich glaub, da kann man keine Tips geben ... Ja ...*
es ist in dem Sinn ... es gibt sicher kein Patentrezept. Ich meine,
in der Situation denkst' auch gar nicht an Tips. Ich meine, das
machst du intuitiv. Das Treten und das Schreien machst du in-
tuitiv. Oder nicht bewegen oder ... Ich meine, ich hab einfach ...
das ist wie ein Feuerwerk, da spielt sich alles momentan ab und
du machst halt irgendwas. Einfach ... du denkst dann: Das hab
ich noch nicht probiert (lacht) oder vielleicht nützt das was?...«

HILDEGARD K.: *»Ja. Ich war wirklich nicht vorbereitet! Auf die*
Idee, daß es so was gibt, überhaupt in einer Kleinstadt ... das
ist so wie: Das gibt's in Amerika. (lacht) So wie wenn du heute
sagst: Also so was, das gibt's bei uns nicht. Also Aids, das pas-
siert in Amerika, nicht bei uns. So ungefähr war die Einstel-
lung. Ich kann mich erinnern in der Zeit schon, wo ich so mit-
gekriegt hab, ein bißerl den Gufler, den Engleder, die großen
Sexualmorde oder so. Aber ich mein', das passiert irgendwo
weit weg in St. Pölten oder so. (lacht) Nicht? Also das war ...
da waren irre Distanzen nach meinem Gefühl. Ich hab über-
haupt kein Empfinden gehabt, daß das was ist, das mir passie-
ren könnte, oder was im Hirn stattfindet, nicht? Das waren
Märchen oder Legenden. Das hatte für mich alles Literatur-
qualität gehabt.«

DIE FOLGEN EINER VERGEWALTIGUNG

In der Viktimologie[15] unterscheidet man zwischen *primärer Viktimisation* (Beeinträchtigungen, die durch die unmittelbare Begegnung mit dem Täter entstehen) und *sekundärer Viktimisation* (all jene Nachteile, die der geschädigten Person durch die Reaktionen der näheren Umgebung und durch die Behandlung im Strafrechtssystem erlebt) (Licht 1989, 25).

Die Folgen werden von der geschädigten Person entweder subjektiv wahrgenommen oder mit Hilfe fachspezifischer, wissenschaftlicher Methoden diagnostiziert. Die Störungen können sowohl in einem direkten als auch in einem indirekten kausalen Zusammenhang mit dem sexuellen Gewalterlebnis stehen.

Vergewaltigung als eine gewaltsame Verletzung des Körpers und der Seele bewirkt eine ernsthafte Lebenskrise – einen Bruch mit den bisherigen Erfahrungen. Die frühere Sicherheit bezüglich der Autonomie, Integrität, Selbsteinschätzung und Selbstkontrolle geht verloren oder wird zerstört. Diese Identitätskrise führt unweigerlich zu einer negativen Beeinträchtigung des Selbstwertgefühls.

Gela Brüggebors-Weigelt stellt in ihrer theoretischen Abhandlung fest, daß die Frauen die Verletzung ihrer körperlichen Integrität als Identitätskrise wahrnehmen und interpretieren. Demnach kann die Identitätskrise der Überlebenden einer Vergewaltigung als ein Zerfall der Beziehung zwischen Körper und Selbst begriffen werden: Die Unmittelbarkeit des In-der-Welt-Seins durch den gelebten Körper wurde durch die Verhinderung freien Handelns in der Vergewaltigungssituation zerstört. Der gelebte Körper wird sich dieser seiner Unfähigkeit bewußt und rebelliert. Körper und Selbst beginnen im Gegensatz zueinander zu stehen, denn der Körper wird als Teil des Selbst erfahren, der nunmehr die Quelle von Behinderung ist. Der Subjekt-Körper wird zum Objekt-Körper. Es beginnt ein Kampf: Der Körper rebelliert in Form von Krankheit (physischer und psychosomatischer Art), wodurch das Selbst erniedrigt wird. Umgekehrt erniedrigt das Selbst seinen Körper mit Gefühlen der Scham und des Ekels ihm gegenüber. Die Realität des Selbst (Intersubjektivität) ist nicht mehr erfahrbar. Erst die Integration des Erlebnisses kann die Wiedervereinigung von Selbst und Körper bewirken. Dies geschieht in der Phase der erfolgreichen Verarbeitung (Brüggebors-Weigelt 1986, 127-139).

Die Folgen einer Vergewaltigung beziehen sich auf die gesamte innerpsychische und soziale Identität und Integrität. Die Frauen beginnen sich als Person, ihren bisherigen Lebensinhalt, ihre soziale Position sowie die Beziehungen zu anderen Menschen zu hinterfragen. »Die Frau erlebt eine Persönlichkeitsveränderung: Mit Verwirrung und Unverständnis gegenüber den eigenen Verhaltensweisen findet sie sich oftmals nach der Tat depressiv, mißtrauisch und ängstlich wieder, während sie vorher vielleicht kontaktfreudig, offen und unbeschwert war« (Licht 1989, 82).

Eine Identitätskrise diesen Ausmaßes bedeutet, daß die Einstellungen des bisherigen Lebens hinterfragt, die vorherigen Ziele verworfen werden und sich das Leben somit grundlegend verändert. Gleichzeitig versuchen die Frauen, eine neue Integrität aufzubauen. Demgemäß sind die Folgen einer Vergewaltigung zeitlich gleichzusetzen mit dem Beginn der Verarbeitung des Erlebten. (Aus analysetechnischen Gründen werden in der Auswertung jedoch Folgen und Verarbeitung getrennt voneinander aufgezeigt.)

In der vorliegenden Untersuchung setze ich den Begriff der Folgen zeitlich ab dem Moment, ab dem die geschädigte Frau der Vergewaltigungssituation entkommen ist (Ende der face-to-face-Begegnung mit dem Täter), die sie überlebt hat. Hier ersetzt der Begriff »*Überlebende*« den des »Opfers«.[16]

Die Phasen: Kurzzeitfolgen, physische und psychosomatische Folgen, psychische und psychosoziale Langzeitfolgen sowie die Einflußfaktoren darauf sind weniger zeitlich zu sehen, sondern hinsichtlich einer unterschiedlichen psychodynamischen Prozeßhaftigkeit.

KURZZEITFOLGEN

Die unmittelbaren Folgen einer Vergewaltigung betreffen die ersten Tage bis Wochen nach der Tat. Kurzzeitfolgen sind

Schockreaktionen: darunter sind Reaktionen auf die mehr oder weniger traumatisierende Situation zu verstehen, die von der Unmöglichkeit, die Tat emotional zu begreifen und von Abwehrmechanismen geprägt sind.

Die erste Phase nach einer Vergewaltigung wird von AutorInnen verschiedentlich bezeichnet: als »Akute Phase« oder »Akute Phase der Desorganisation«. Desorientiertheit, Angst, körperliche Symptome und das Nicht-Glauben-Können werden entweder nach außen hin gezeigt (»expressiv style«; Schreien, Weinen, Lachen, Ruhelosigkeit ...) oder nach außen hin verschwiegen (»controlled style«; Gefühle bleiben hinter der äußerlichen Ruhe verborgen) (zit. nach: Wagner 1991, 142-152).

Die akute Phase wird durch psychische Abwehrvorgänge bestimmt, die in dieser Zeit eine erste Form der Verarbeitung leisten. Wenn eine Person in einer Plötzlichkeit mit einem massiven Erlebnis konfrontiert wird, ist es ihr vorerst unmöglich, dieses in gewohnter Weise zu bewältigen, weil es die psychische Erträglichkeit überschreitet. Abwehrvorgänge dienen insofern als Schutzeinrichtung des Organismus.

REAKTIONEN DER ÜBERLEBENDEN KURZ NACH DER TAT

Die Unmöglichkeit, das Gewalterlebnis als Realität anzuerkennen, kann Frauen zu Handlungen führen, die manchmal absurd erscheinen.

Die ersten Reaktionen von Frauen nach einer Vergewaltigung sind völlig unterschiedlich.[17] Frauen können kontrolliert wirken und hinter einer Maske scheinbare Ruhe vorgeben. Oder sie unterliegen den massiven Gefühlen, die unerträglichen Spannungszustände machen sie nervös, leicht irritierbar, unkonzentriert und geschwächt. Oder sie wollen Distanz schaffen und das Erlebte schnell wieder vergessen.

Manche Frauen agieren in der ersten Zeit nach einer Vergewaltigung sehr hektisch. Dies steht zumeist mit dem Ausmaß der Bedrohung und der Todesangst in der Situation in Zusammenhang und kann einerseits als Abschirmung des Geschehens und andererseits als Anpassung an zeitliche und räumliche äußere Bedingungen, die der Person das Gefühl geben kann, »real« zu sein, begriffen werden. Dabei bekommen Nebensächlichkeiten eine vorrangige Wichtigkeit, die Vergewaltigung selbst wird abgeschirmt. Wenn aber die Zeit der Ruhe einkehrt, wenn die Frauen allein sind, dann setzen Angst und Panik ein. Diesen Zustand erleben sie oft abends im Bett – einhergehend mit Schlafstörungen, Alpträumen und unzähligen Fragen, die in Gedanken kreisen.

Anna B. merkte erst wieder, daß sie am Leben war, nachdem sie nach der Tat wieder Menschen auf der Straße gesehen hatte. Die darauffolgenden Handlungen waren geprägt vom Versuch, sich selbst als real zu empfinden, die Zeitdimension der nächsten Stunden einzuhalten, Schutz bei einer ihr vertrauten Person zu suchen, um gleichzeitig die Vergewaltigungssituation dem eigenen Gefühl näher bringen zu wollen.

I.: *»Was hast du kurz danach gemacht? Und wie ist es dir gegangen?«*

ANNA B.: *»Kurz danach ... Ich bin zu meinem Bruder gefahren. Ich war dann schon ein bißchen spät dran. (lacht) Und eigentlich, meine erste Angst war nur, daß ich meinen Bruder versäume. Also ich hab mir mit ihm ein Treffen ausgemacht. Ich bin dann auch dort hin. Und ... ja ... wie ich ihm das erzählt hab, da hat es mich eigentlich wenig betroffen. Mein Bruder hat nur gesagt: ›Was ist los mit dir?‹ Und ich hab ihm halt erklärt, daß ich gerade vergewaltigt worden bin. Weißt, so, als ob das das Selbstverständlichste gewesen wäre. (lacht) Ich mein', das war einfach so ... so ... irreal. Und ... damit war's eigentlich fürs Erste einmal. (...) Das hat einfach ... der Satz hat halt rausmüssen, der elementare: ›Ich bin vergewaltigt worden.‹ Ja.«*

(...)

»Ein Tuch hab ich mir auch gekauft. (lacht) ... Und dann hab ich mir das Tuch übergewickelt und ... Ich mein', ich war überall ganz dreckig ... Und ... ja ...Gott sei dank hab ich einen Rock angehabt. (lacht) Das hab ich mir auch noch gedacht: Gott sei dank hab ich einen Rock angehabt. (lacht) Weil ... ich mein', eine Hose, die hätte er mir wahrscheinlich auch zerris-

sen. Ich mein', lauter so Nebensächlichkeiten. Die dann einfach
... ja ... ich weiß net ... es ist komisch. Da denkst nicht an das,
was wirklich passiert ist, sondern an die Nebensächlichkeiten.
Ich mein', ob die Bluse hin ist oder nicht, das ist doch wurscht.
Oder ob eine Hose hin ist, wäre eigentlich auch wurscht.«

Ist die Vergewaltigung in dieser Gesellschaft (und bei der geschädigten Personen selbst) nicht als solche anerkannt, dann
versuchen die Frauen sie so bald als möglich zu vergessen (verdrängen) bzw. sie irgendwie »ungeschehen«[18] zu machen. Damit beginnt ein Verdrängungsprozeß, der unter diesen Umständen zur Notwendigkeit werden kann.

Susanne S. weiß nicht mehr, was sie nach der Tat getan hat.

Hildegard K. nahm ein Bad, um sich von der Beschmutzung
der Vergewaltigung zu befreien.

Nina H. und Silvia T. wurden von einem Mann vergewaltigt,
mit dem sie vorher geflirtet hatten. Beide hatten später Schuldgefühle und beide wurden für sich durch die Vergewaltigung
zur »Hure«. (Denn die »Heilige«, die »anständige Frau«, ist
die, die nicht mit irgend einem Mann flirtet – so das verinnerlichte Klischee.)

Nina H. versuchte sich in den Täter danach zu verlieben. Es
fällt dabei auf, daß ihre Mutter ihr oftmals vermittelt hatte, daß
Menschen nur sexuell miteinander verkehren können, wenn sie
einander lieben.

NINA H.: *»Ja, also das mit Treue und man schläft nur mit*
dem Mann, den man liebt und der Mann, der mit einem schläft,
vor allem, der mit Frau schläft, der liebt sie, und das ist mir so
sehr im Ohr gesessen. Wenn Frau und Mann miteinander
schlafen, dann tun sie es aus Liebe. Sprich: Frau liebt Mann
und Mann liebt Frau! Also sie werden geliebt.«

Silvia T. hat am nächsten Tag mit ihrem Freund geschlafen und
wollte dadurch die Vergewaltigung wieder rückgängig bzw.
ungeschehen machen, die ja gleichzeitig ihr erster genitaler Sexualkontakt war. Die Vergewaltigung hat sie »weggesteckt, so
als ob sie nie passiert wäre«, erklärt sie. Auch die Schuldgefühle ihrem Freund gegenüber steckte sie damit weg. Weniger des-

109

halb, weil sie mit dem Täter am Vorabend geflirtet hatte, sondern weil dieser sie vergewaltigte und sie demnach keine Jungfrau mehr war, fühlte sie sich schuldig.

Das Ungeschehenmachen der Vergewaltigung durch das Erlebnis mit ihrem Freund am folgenden Tag funktionierte vorerst. Sie erzählt die Geschichte, als wäre dies ihre Defloration gewesen und nicht die Vergewaltigung am Vortag. Auffallend, wie sie ihrer Erziehung entsprechen wollte, in der ihr vermittelt wurde, sich für den Mann des Lebens »aufzusparen«.

SILVIA T.: *»Und ich hab am nächsten Tag mit dem G. (Name geändert; Anm. d. Verf.) geschlafen – was für mich auch ein schönes Erlebnis war. Was für mich, wenn ich mir das heute überlege, völlig grotesk ist.«*

I.: *»Ist dir in der Situation, als du mit dem G. geschlafen hast, irgendwie die Vergewaltigung eingefallen?...«*

SILVIA T.: *»Oh ja. Schon. Also daß ich das jetzt wieder gutmache ... Ich mach's jetzt wieder gut! So ist es abgelaufen. Und ich beweis ihm und mir, daß es schön ist, für mich und für ihn.«*
(...)

»Aber ... also ich glaub nicht, daß ich so damit umgehen hätte können, hätte ich das nicht aufgehoben. (...) Also wär das ein frustrierendes Erlebnis für mich gewesen, wie ich's eben oft von anderen gehört hab, wennst' so das erste Mal mit jemandem schläfst, das hab ich von irrsinnig vielen Mädchen so mitgeteilt bekommen, daß es absolut nicht schön ist, was ich nicht glauben hab können. Also an das hab ich selber nie geglaubt, daß es bei mir so ist, ich hab die Einstellung gehabt, es muß einfach schön sein. Also wär das ein frustrierendes Erlebnis für mich gewesen, hätte ich's anders weggesteckt. Wär ich wahrscheinlich mit Männern ganz anders nachher umgegangen.«

EMPFINDUNGEN DER ÜBERLEBENDEN NACH DER TAT

AutorInnen, die sich mit Vergewaltigungsopfern beschäftigen, beschreiben die massive Angst als wesentliches Kriterium auch nach der Tat.[19] Die Hilflosigkeit und Ausgeliefertheit in der

Tatsituation hat zur Folge, daß dem eigenen Sicherheitsgefühl der Boden entzogen ist. Manchmal haben Frauen Angst, verrückt zu werden, weil sie sich nicht mehr so verhalten oder handeln können, wie sie es vorher gewohnt waren.

Diese posttraumatische Angst hat auch den Sinn, daß eine Angstentwicklung einsetzt. Der Aufbau der sogenannten »Signalangst« entsteht dabei als Schutzfunktion des Ichs auf eine eventuelle neuerliche Bedrohung (vgl. Nagera 1974, 442-444; Laplanche/Pontalis 1980, 64-69). Deshalb bestimmt Angst unter anderem auch nach der Tat das Leben der Frauen.

Je größer die Angst (Todesangst) in der Tatsituation verspürt wurde, desto mehr hatten die Frauen, mit denen ich gesprochen habe, das vorrangige Gefühl der Angst und/oder Erleichterung auch nach der Tat. Die Angst vor dem Täter wurde von einigen Frauen insofern bewältigt, als sie ihm in der Folge total aus dem Weg gegangen waren bzw. aufgrund einer örtlichen Distanz nicht mehr direkt mit ihm konfrontiert sein mußten. Doch alle Frauen wurden feinfühlig gegenüber eventuellen Gefahren eines Angriffs.

Die Angst und die Schockauswirkungen infolge der Tat wurden am deutlichsten von Verena N. empfunden, die nachts in ihrer eigenen Wohnung von einem ihr fremden Mann, dessen Gesicht sie im Halbdunkeln nicht deutlich erkennen konnte, vergewaltigt wurde. Diese posttraumatische Angst wurde so groß, daß sie sich verfolgt fühlte und in der ersten Woche drei Anzeigen gegen Männer machte, die sie als ihren Täter zu erkennen glaubte. Später wurde ihr bewußt, daß nicht diese Männer identisch mit dem Täter waren, sondern ihr Angstgefühl das gleiche war. Dieses, mit der Gewaltsituation vergleichbare Gefühl bewirkte bei ihr, daß sie glaubte, die Männer sähen wie der Täter aus, seien also dieser. Mitunter kann eine solche Verunsicherung verrückt machen.

Verena N.: »*Also du hast nachher eben das Gefühl, irgendwie bei jedem Mann oder bei jedem zweiten, so: Das ist er. Das ist er, gell? Das ist aber nur am Anfang. Das ist so diese erste Zeit, das ist der Schock. Und ... also du hast irgendwie einen totalen Verfolgungswahn. Ich mein', logisch gesehen wär das sowieso nicht so, daß der gleich wieder vor mir steht, am hel-*

lichten Tag. Aber einfach, du hast den totalen Verfolgungs-
wahn dann! Und ich mein', vor allem auch, die schauen sich ja
alle so ähnlich, die Typs. (...) Und dich schreckt's dann halt.
Ist er's? Ist er das? Ich schau den an, ins Gesicht. Ist er's?
Kennt er mich? Der müßte ja eine Reaktion zeigen und so.«
   I.: *»Bist du den Männern gegenübergestellt worden?«*
   VERENA N.: *»Auf der Straße doch andauernd! In der*
Straßenbahn! Überall wo du bist.«
(...)
   »... also wir haben uns dann auch ziemlich viele Gedanken
gemacht zu Polizei ja oder nein und so. Wenn ich das nicht ge-
macht hätte, die Anzeige bei der Polizei, und das ganze Trara,
also ich wäre die Wände hochgegangen. Also ich glaub, mich
hätten's in die Psychiatrie eingeliefert. Sofort. Und ich glaub,
daß das in der ersten Woche total wichtig war, weil ich hab et-
was zu tun gehabt! Die ganze Zeit! Die Polizei hat mich wirk-
lich auf Trab gehalten, daß ich mich mit etwas beschäftigen
muß. Ich mein', die anderen auch, aber ich hab dadurch so
eine Wichtigkeit bekommen. (...) ... und ich glaub, daß das für
mich gut war, um den Schock zu verarbeiten in der ersten Mi-
nute, nicht?«

Allen Frauen ist nach einer Vergewaltigung gemeinsam, daß
sie die vorangegangene Realität vorerst emotional nicht begreifen können. Die emotionale Erkenntnis eines massiven Ein-
bruchs in die Biographie einer Person beansprucht mehr Zeit
als die kognitive. Äußerungen wie: »Ich hab danach irgendwie
das Gefühl gehabt, das ist gar nicht passiert« drücken die gefühlsmäßige Unbegreiflichkeit aus.
   Dies ist auch Folge der Abspaltung durch Wahrnehmungsselektionen in der Situation der Vergewaltigung. Der Spaltungs-
mechanismus, so wichtig er in der Situation war, hat aber zur
Folge, daß sich die Frau einerseits selbst nicht mehr empfinden
kann und sich andererseits an Einzelheiten aus der Tatsituation
(z.B. Ort der Tat oder Aussehen des Täters) nicht mehr erinnern kann. Amnesien werden erstmals zum Hindernis.
   ANNA B.: *»Und ... wie ich halt dann weggegangen bin, war*
es momentan so, als wenn ich das in einem Film erlebt hätte.

Ich mein', wenn ich nicht diese Schmerzen gehabt hätte, hätte ich momentan geglaubt, also, das hat nicht mich betroffen. Es war ... ja ... ich hab momentan überhaupt kein Gefühl zu dem gehabt. Zu der Geschichte. Es war momentan, ja wie wenn ich gerade einen Film gesehen hätte. Nicht daß mir das passiert ist. Das einzige, was mich daran erinnert hat, war einfach die Wunde. Alles andere war so weg.«

(...)

»... Und dann am Abend ... nachher, als ich wegegangen bin, ist mir das erst bewußt geworden, daß ich eigentlich vergewaltigt worden bin und daß der mich umbringen wollte. (lacht) Ich mein', das war vorher weit weg und da ist es mir dann bewußt geworden, was mir eigentlich passiert ist. Und irgendwann ... ja ... ich hab dann die Leute nicht mehr ausgehalten.«

Neben den vorrangigen Gefühlen der Angst und Unsicherheit sowie dem Unvermögen, die Vergewaltigung als Realität zu begreifen, bestimmen Scham-, Ekel- und/oder Schuldgefühle das Leben der Frauen nach einer Vergewaltigung. Wenn die Würde einer Person verletzt wurde, scheint ein Aufkommen von Aggression und Wut vorerst unmöglich zu sein.

Die erzwungene Unterwerfung in einer Vergewaltigungssituation kann bewirken, daß Abwehrgefühle gegen den eigenen Körper (der »beschmutzt« wurde) entwickelt werden, die in mangelndes Selbstwertgefühl und letztlich in eine Beschädigung der Identität münden (Flothmann/Dilling 1990, 70).

I.: *»Bist du dir nachher oder in der Vergewaltigungssituation beschmutzt vorgekommen?«*

HILDEGARD K.: *»Nein. Nein. Da hab ich ja nichts gefühlt. Wenig. Ich mein', ich war es tatsächlich, aber ich bin ja in die Badewanne gegangen, nicht? Da war es eher so, wie: man geht im Dreck herum und im Gatsch, und dann putzt' dir die Schuhe.«*

Das Gefühl, »beschmutzt« worden zu sein, steht auch im Zusammenhang mit dem »Ekel« gegenüber dem Täter und den eigenen Schuldgefühlen.

NINA H.: *»Ja ich hab mich total schmutzig empfunden (mit*

gebrochener, weinerlicher Stimme). Total schmutzig, und ich hab es auch niemanden erzählen können und ... Schmutzig einfach, ja? Weil ich bin ja selber schuld. Und was hab ich da eigentlich wieder gemacht. Und so ... Und das hab ich jetzt davon.«
(...)
I.: *»Und wo hast du deine Schuld gesehen?«*
NINA H.: *»Na, daß ich mit ihm mitgegangen bin und mit ihm geschmust hab...«*

Im Gegensatz dazu hatte Susanne S. (wie auch Verena N.) keine Schuldgefühle. Deshalb fühlte sie sich auch nicht beschmutzt und konnte Wut gegenüber dem Täter, der ihr das angetan hatte, empfinden.

SUSANNE S.: *»Ich hab mich auch nicht selber irgendwie als Schwein gefühlt und schmutzig und was weiß ich. Das hab ich überhaupt nicht gehabt, das Gefühl. Also bei mir war es eher irgendwie so ... so ... das Gefühl, daß mir jemand so etwas antun kann, ja? Weil ich hasse so etwas. (...) Das ist in mir hochgekommen, daß das eine Schweinerei ist, was mit mir passiert ist und ... wie ich jetzt mit der Situation zurechtkomme.«*

PHYSISCHE UND PSYCHOSOMATISCHE FOLGEN

Die körperlichen Beeinträchtigungen nach einer Vergewaltigung können als Störung der körperlichen Integrität (des körperlichen Selbstgefühls) beschrieben werden. Denn eine Vergewaltigung ist »eine gewaltsame ›Grenzverletzung‹ die die Persönlichkeit, welche ja auch durch den Körper erfahren wird, bis ins tiefste Innere trifft« (Flothmann/Dilling 1990, 167).

KÖRPERLICHE VERLETZUNGEN

In viktimologischen Untersuchungen finden sich verschiedenste körperliche Verletzungen infolge einer Vergewaltigung: Wunden, Blutergüsse, Würgemale, Halsirritationen (vor allem nach einem Oralverkehr), Verletzungen im Genitalbereich, Infektionen und Geschlechtskrankheiten, die sogar zu Kindesmißbildungen oder jahrelangen Blutungen führen, Schwangerschaften und Abtreibungen.[20]

Die von mir befragten Frauen litten nach der Vergewaltigung unter Würgemalen, Hautkrankheiten, Schürfwunden und Prellungen. Die Spuren der körperlichen Verletzungen sind gravierend und nachhaltig. Doch manchmal sind sie das einzige, das die Tat als »reale« empfinden läßt. Insofern wirken sie den Abwehrmechanismen entgegen.

ANNA B.: *(...) »Und ... wie ich halt dann weggegangen bin, das war momentan so, als wenn ich das in einem Film erlebt hätte. Ich mein', wenn ich nicht diese Schmerzen gehabt hätte, hätte ich momentan geglaubt, also, das hat nicht mich betroffen. (...) Das einzige, was mich daran erinnert hat, war einfach die Wunde. Alles andere war so weg.«*

PSYCHOSOMATISCHE BESCHWERDEN

Psychosomatische Symptome sind Ausdruck psychischer Belastungen und emotionalen Leids, die über den Körper erfahrbar werden. Indem sich Leid in einem langsamen Prozeß zur Symptombildung[21] manifestiert, treten die körperlichen Signale oft erst viel später auf.

Das Problem der psychosomatischen Beschwerden ist in erster Linie, daß der direkte Zusammenhang zwischen psychischen Belastungen und körperlichen Reaktionen kaum erkannt wird. In zweiter Linie sind somatische Manifestationen nur langsam auflösbar.

Die Folgen einer Vergewaltigung auf die körperliche Integrität können ein verändertes Körpergefühl bzw. Körperbewußtsein bewirken. Deren Äußerungsformen haben die Funktionen des Schutzes wie auch der Abwehr sich selbst gegenüber: Sexuelle Unlust, Gefühle der Häßlichkeit oder des Selbstekels, pathologische (krankhafte) Waschzwänge sowie Anorexia Bulimia und Anorexia Nervosa (gemeinhin als Freß- und Magersucht bekannt), Störungen im Magen- und Darm-

bereich (Appetitlosigkeit, Übelkeit, Erbrechen, dadurch oft Eß-
störungen und Gastritis), Unterleibsschmerzen, die langfristig
zu Vaginismus[22] führen können, sowie Nervosität, nervöse An-
spannungen, Allergien, Hautveränderungen, Gewichtsschwan-
kungen bis zu hormonellen Störungen (z.b. Ausbleiben oder
schmerzhafte Verstärkung der Menstruation), Einschlafschwie-
rigkeiten und folglich Konzentrationsstörungen und Kopfschmerzen werden in verschiedenen Untersuchungen als psychosomatische Symptome infolge einer Vergewaltigung beschrieben.[23]

Die Frauen in meiner Untersuchung erinnerten sich an
Krankheit, Gewichtsverlust und Ausbleiben der Menstruation
in der ersten Zeit nach der Vergewaltigung. Längerfristig litten
einige unter Konzentrationsstörungen und Kopfschmerzen,
Einschlafängsten, an Platzängsten und der Angst, keine Luft zu
bekommen sowie an Berührungsängsten.

HILDEGARD K.: »*Ich weiß nur, daß ich dann die Regel nicht
bekommen hab, daß ich dann krank geworden bin und ich dann
fürchterliche Angst gehabt hab, daß ich jetzt schwanger bin.
Dann bin ich zum Schularzt gegangen. (…) Vorher war's ganz
furchtbar, weil ich war ungefähr eine Woche über der Zeit. Ich
hab alle Ängste und Zustände gehabt. Ich kann mich noch erinnern, zu diesem Zeitpunkt haben alle möglichen Mädchen Kinder bekommen und das war überhaupt so ein Horror, keiner
hat genau gewußt, wie und warum und so.*«

ANNA B.: »*Ich hab dann auch… Das ist für mich dazukommen
… Das war gegen Schulschluß, da waren Schularbeiten und so.
(…) Und ich war total müde, ich hab kaum geschlafen. Und
jede Bewegung war eine Anstrengung. Einfach nur eine Runde
spazieren gehen oder so, das war für mich total … das war ein
Gewaltmarsch. Ich mein', ich hab mich bemühen müssen, daß
ich einen Fuß vor den anderen setze.*«

I.: »*Später erst?*«

ANNA B.: »*Ja, das war eine Woche nachher … und es ist
dann immer ärger geworden. Und ich hab dann irrsinnige
Kopfschmerzen gehabt, also ich hab geglaubt, mir zerreißt's
den Schädel. Ich hab nicht lernen können. Ich hab mir nichts*

116

*im Kopf behalten können. Weil ich einfach so voll war. Und
dann bin ich zu dem Hausarzt gegangen.«*

LÄNGERFRISTIGE FOLGEN

Während Handeln und Fühlen in der Phase kurz nach der Vergewaltigung mehr unter der psychischen Belastung des
Schocks und der psychischen Abwehrmechanismen stehen, beginnen die langfristigen Folgen (die einige Wochen bis einige
Jahre, manchmal sogar das restliche Leben lang anhalten können) gewöhnlich ab dem Zeitpunkt, ab dem bei bewußter Auseinandersetzung die erlebte Gewalt emotional wahrgenommen
wird. Der Gewaltakt wird zum biographischen Einschnitt, wird
als manifester Störfaktor der gesamten Identität und Integrität
erkannt.

In der Fachliteratur wird die Phase verschiedentlich definiert:
als »Long-Term Reorganization Process« (Burgess & Holmstrom 1974), als »Phase der Pseudoanpassung bis Phase der Integration und Resolution« (Sutherland & Scherl 1970), als
»Anpassung und Symptombildung bis zum Beginn der Verarbeitung« (Lorke & Ehlert 1985) (zit. nach: Wagner 1991, 142-
164).

Bewußt wahrgenommene Gefühle (auch aus der Vergewaltigungssituation) können reflektiert und verarbeitet werden. Ist
dies nicht der Fall, manifestieren sie sich unterhalb der Bewußtseinsgrenze, unterhalb der psychischen Abwehrmechanismen.

In meiner Untersuchung lassen sich diese beiden Tendenzen
auseinanderhalten: Jene Frauen, die sich mit dem Gewalterlebnis von Anfang an auseinandersetzten (was im Zusammenhang
mit der Möglichkeit, mit jemanden ausführlich und mehrmalig
darüber reden zu können steht), sind sich auch über deren Folgen im klaren (zwei Frauen). Die anderen vier Frauen aber, die
aus unterschiedlichen Gründen das Erlebte (großteils) verschwiegen und verdrängt haben, äußern sich über die Auswirkungen unsicher und unklar. Ihre diffusen Gefühle der Angst
und Unsicherheit, der Scham und Schuld, sowie ihre Alpträu-
me konnten sie so lange in keinen Zusammenhang bringen, bis

ihnen (zumeist in problembelasteten Lebensphasen) die Vergewaltigung als Markstein wieder eingefallen ist. Eine bestimmte
Unsicherheit aber bleibt – die direkten Gefühle aus der Vergewaltigung sind tief vergraben oder längst vermengt mit anderen
biographischen Einschnitten.

VERDRÄNGTE GEFÜHLE

Vier Frauen war es nicht ermöglicht, sich mit der Vergewaltigung ausreichend auseinanderzusetzen. Folglich wurde ihr
Versuch, das Erlebte zu verdrängen, zur Notwendigkeit. Die
Verdrängung stand dabei in keinem Zusammenhang mit der
Schwere der Gewalt in der Situation, sondern in erster Linie
mit der Form der Vergewaltigung: Bei allen vier Frauen handelte es sich um eine in dieser Gesellschaft nicht anerkannte
Vergewaltigung aus der Kategorie Zufallsbekanntschaft. In
zweiter Linie (bei drei Frauen) waren es Schuld- und Schamgefühle, die sie zum Schweigen – und folglich zum Verdrängen –
bewog.
Der Zusammenhang von Schweigen und Verdrängen ist of-
fenkundig. Die Gewalterfahrung hinterläßt einen Wust von
schmerzlichen Gefühlen: Angst, Ohnmacht, Demütigung,
Scham, manchmal auch Schuld, Selbstzweifel oder Enttäuschung ... Die Konfrontation mit der Vernichtung des Selbst-
werts ist alleine kaum zu ertragen. Hat eine Frau also keine
Möglichkeit, mit jemandem darüber zu sprechen, sich auszu-
weinen und von einem Gegenüber in gewisser Weise »aufgefangen« zu werden, so muß sie das Erlebte verdrängen. So notwendig die Verdrängung zuweilen aber auch ist, so sehr rächt
sie sich wiederum: die Zensur mauert die Persönlichkeit ein.
Unterhalb der Bewußtseinsgrenze bleibt eine Vergangenheit,
die daran hindert, etwas hinter sich zu lassen, um sich wieder
Neuem zu öffnen. Das Verschweigen und Verschwinden einer
elementaren Vergangenheit hindert daran, sich selbst zu kennen, sich »ganz« zu fühlen.
Die daraus entstandenen Unklarheiten über die Auswirkungen des Erlebten waren mitunter Motivation für das Interview.

I.: »*Was hat es dir ermöglicht, daß du mit mir über dein Vergewaltigungserlebnis sprechen kannst?*«

NINA H.: »*(...) daß ich sehr viel davon vergessen hab, und
daß ich sehr viel davon verdrängt hab, denk ich mir... Und daß
ich mir jetzt überleg, wie sehr mich das Erlebnis eigentlich geprägt hat. Also mein weiteres Verhalten gegenüber Männern
oder zur Sexualität ... und momentan das Gefühl hab, zu sta-
gnieren, und nicht mehr zu wissen, wie ich jetzt damit umgehen
soll und nicht mehr zu wissen, wie ich mit Sexualität umgehen
soll.*«

(...)

»*Ja, ich würde gerne mehr über die Geschichte wissen. Echt!
Also obwohl es sicher nicht sehr angenehm ist, für mich selber
nicht, die Wahrheit zu erfahren. Aber ich würde es ziemlich
gerne wissen. (...) Ja, ich möchte mich einfach selber kennen.
Also ich möchte einfach zu meiner Wahrheit kommen. Zu meinem Leben ... zu mir. Und das hat ja was verschüttet, nicht?
Ich würde auch gerne wissen, was ich verdräng' in meinem Leben und was nicht. Und wo ich das dann verdrängt hab, also
wohin das dann geht.*«

Die Unsicherheiten über die Auswirkungen der Vergewaltigung beziehen sich vor allem auf die körperliche Integrität, das
Selbstwertgefühl und den Umgang mit Männern.

Die Frauen stellen die möglichen Folgen zumeist in einem
komplexeren Zusammenhang mit Einflußfaktoren aus der
Kindheit dar. Sie können die Folgen nicht von anderen Einflüssen isolieren. Auch wenn sie die Auswirkungen des Gewalterlebnisses zunächst klar umreißen, so werden diese in den darauffolgenden Äußerungen wieder im Zusammenhang mit anderen möglichen Faktoren neutralisiert.

I.: »*Hat diese Vergewaltigung irgend welche Folgen, also
Auswirkungen für dich gehabt? So daß du sagen kannst: Das
war eine Folge dieser Vergewaltigung.*«

HILDEGARD K.: »*Ja! Also ich denke ... es hat relativ lang gebraucht, bis ich erst einmal fähig war, körperlich Lust zu empfinden. Das waren Jahre. (...) Das war das eine. Das zweite ...
das weiß ich heute, rückblickend, ist der Verlust der Fähigkeit,*

*auf sich aufzupassen. Vielleicht hab ich diese vorher schon
nicht gehabt. Also so eben dieses ... eben so pfeif-drauf sein,
wenn was passiert, weil es eh wurscht ist, was mit mir passiert.
Viel zu sehr sich's gefallen zu lassen, nicht? Das ist sicher einer der Gründe, warum ich heute da so engagiert bin auf dem
Gebiet. Weil ... ich meine, ich weiß nicht, das ist so, ich denk
mir, es ist natürlich vorher etwas passiert. Weil irgendwie, diese Geisteshaltung, die ich hatte, die hab ich ja schon vorher
gehabt. In der Situation ist eben rausgekommen, was mir alles
fehlt. Aber das ist dadurch noch zementiert worden: Es ist eh
wurscht. ... Na ja, es ist schwer, wenn du mich so fragst und
ich denk so nach. Es ist ein Mosaikstein, es hat da noch andere
Verletzungen gegeben. Und es war sicher so ... ich hab also
kaum ... also wenn ich so überlege, wenn ich heute so aus der
Fülle der Frauenschicksale, die ich kenne, und der Frauencha-
raktere vergleiche wie wer wird, dann war das sicher etwas,
was mich in der Entwicklung eines positiv weiblichen Selbstwertgefühls schwerst behindert hat. Aber das war es nicht ganz
allein. Es waren auch andere Dinge. Nur ist es dann zusam-
mengekommen. Aber ich denke ... wenn ich die Chance gehabt
hätte, mit einem Mann, in den ich verliebt bin, gemeinsam die
Wunder seines und meines Körpers und dessen was man damit
machen kann, zu entdecken, dann wäre mir wahrscheinlich relativ viel an Qual und Schmerz in meinem weiteren Leben erspart geblieben. Dazu kam es halt nicht.«*

Alle vier Frauen sind sich darüber im Unklaren, ob die Vergewaltigung Auswirkungen auf ihre Sexualität, vor allem in Beziehungen zu Männern, hatte. Sie sind verunsichert, ob sie sich
infolge der Vergewaltigung Männern gegenüber verändert haben oder ob sie ihr Leben ganz allgemein eingeschränkt haben.
Teilweise verdrängten sie auch die sexuellen Erlebnisse vor
oder nach der Vergewaltigung.

Jene Frauen, die zudem unter Schuld- und Schamgefühlen
litten, fühlten sich (im Zusammenhang mit Sexualität und
Männern) körperlich lange Zeit noch irgendwie »schmutzig«.

Die beiden Frauen, die mit dem Täter geflirtet hatten, nahmen in der Folge einer eventuellen neuen Vergewaltigung (in

einer Art vorauseilendem Gehorsam) die Möglichkeit: Von vornherein entsprachen sie *eventuellen* sexuellen Wünschen der Männer. Gleichgültig, ob sie mit ihnen schlafen wollten oder nicht – sie taten es. Dadurch, daß sie selbst sozusagen bis aufs Äußerste gingen, nahmen sie eine mögliche Vergewaltigung (die als »geschlechtsspezifische Situationsverkennung« gelten könnte) vorweg. Gleichfalls aber bestätigten sie gerade deshalb ihr verinnerlichtes Bild vom »leichten Mädchen«, der »unanständigen Frau« – und fühlten sich beschmutzt.

I.: »*Meinst du, daß das Erlebnis der Vergewaltigung für dich irgendwelche Auswirkungen gehabt hat?*«

SILVIA T.: »*Ich glaub schon. Aber ich mein, ich kann das jetzt nicht hundertprozentig sagen. Es war sicher nicht nur die Vergewaltigung, aber sie hat sehr viel mit meinen Männerbeziehungen zu tun, die ich dann im Laufe der Zeit gehabt hab und wie die abgelaufen sind. Weil wenn ich mir das genau überlege, ich hab zwar die Vergewaltigung an sich nicht wiederholt, aber das Nein-Sagen, Nicht-Nein-Sagen, dieses nicht Abgrenzen, jahrelang wiederholt.*«

I.: »*Warum glaubst du, hast du das gemacht? Also dieses Nicht-Abgrenzen?*«

SILVIA T.: »*... Das hat sehr viel mit Schuldgefühlen zu tun.*«

I.: »*Wie meinst du das?*«

SILVIA T.: »*... Ja ... daß ... also nach dem Motto: Ich bin an der Vergewaltigung selber schuld, weil ich das so weit provoziert hab, daß ich jeden Mann, den ich provozier ... dann selber schuld bin, wenn er mit mir schlafen will, auch wenn ich das nicht will. Daß ich ihm das dann geben muß, was er will ... Auch sehr viel mit dem Gefühl, daß ich mich unsauber dabei gefühlt hab. Also so nach dem ... na das kommt irrsinnig aus meiner Erziehung (...) Wenn du mehr als ein oder zwei Sexualpartner hast, dann bist du eine Schlampe.*«

I.: »*Heißt das, daß du durch die Vergewaltigung eigentlich eine Schlampe warst?*«

SILVIA T.: »*Ja ... und das hab ich mir dann immer wieder bestätigt.*«

I.: »*Wie?*«

SILVIA T.: »*Indem ich mir einen Mann nach dem anderen*

aufg'rissen hab. Und im Endeffekt genau das nicht wollt, näm-
lich mit ihm schlafen, und es aber getan hab.«
(...)

I.: »*Das heißt, für dich war es nicht legitim zu sagen, jetzt*
hab ich dich zwar geküßt, was auch immer, aber ich will nicht
mit dir schlafen?«
SILVIA T.: »*Ja.«*
I.: »*Wieso war das nicht legitim?«*
SILVIA T.: »*Ja weil das in meinem Kopf einfach so abgelau-*
fen ist: Ich hab den jetzt so weit provoziert, also muß ich ihn
ganz befriedigen. Völlig krank! Für mich hat das erstens sehr
viel mit der Vergewaltigung zu tun und zweitens mit dem Ge-
liebt-werden-Wollen: Ich will den nicht enttäuschen.«

PSYCHOSOZIALE FOLGEN

Wird die Vergewaltigung nicht verdrängt, dann wird eine nach-
haltige Lebenskrise bewußt erlebt. Die wesentlichen Elemente
dieser Identitätskrise werden von einer allgemeinen Unsicherheit und Angst sich selbst und anderen gegenüber und von einer Kraftlosigkeit, die allgemeine Freudlosigkeit und Lebens-
unlust bewirken, begleitet. Das bisherige Leben wird neu hinterfragt, die früheren Ziele verworfen. Manchmal beginnt ein
Kampf um das (psychische) Überleben.

ANNA B.: »*Einfach die ganze Phase nachher war für mich*
arg. (...) Es gab nichts. Ich mein', ich bin eigentlich immer ein
Mensch gewesen, und das bin ich auch jetzt wieder, mit sehr
vielen Vorstellungen und Wünschen. Aber da war nichts da.
Und für mich war das ein Grund, daß ich mir gedacht hab:
Jetzt ist es aus. Es gibt nichts Schönes mehr. Und auch wenn
ich ein positives Gefühl gekriegt hab oder so ... ich hab's nicht
annehmen können. Es gab für mich nichts, was mich aufbauen
hätte können oder worüber ich mich gefreut hätte. Ich hab
mich über nichts freuen können. Ich hab nicht weinen und nicht
lachen können. Nichts! Und einfach, das Nicht-Weinen-Können
und Nicht-Lachen-Können – einfach kein Gefühl mehr.«

Wildwasser Bochum e.V.
An den Lothen 7
892 Bochum
Telefon (02 34) 29 76 66

ÄNGSTE UND ALPTRÄUME

Die Ängste nach einer Vergewaltigung sind vielschichtig und weitreichend, zielgerichtet oder diffus. Maren Licht (1989) stellt in ihrer Untersuchung fest, daß manche Frauen unter phobischen Ängsten leiden, wenn sie sich an die Tatsituation erinnert fühlen. Angst und Unsicherheit befällt die Frauen auch, wenn sie ihren gewohnten Lebensstil wieder aufnehmen sollten.

In der vorliegenden Untersuchung stellte sich heraus, daß die Ängste nach einer Vergewaltigung nicht ausschließlich mit der Schwere der Bedrohung in der Vergewaltigungssituation in Zusammenhang stehen, sondern vor allem mit der Vergegenwärtigung des Gewalterlebnisses und der Bewußtwerdung der dadurch verlorengegangenen Sicherheit. (Diese massive Angst findet auch in Alpträumen ihren Ausdruck. Auch wenn das Erlebnis selbst verdrängt wurde.)

Die beiden Frauen, denen die Vergewaltigung fortwährend bewußt war, hatten danach auch massive Angst. Anna B. hatte lange Zeit Einschlafängste.[24] Verena N. hatte diese auch zum Zeitpunkt des Interviews noch. Zudem war die Angst in ihrer eigenen Wohnung massiv, der Täter könnte ja wiederkommen.

ANNA B.: »*Und ich war total gelähmt. Ich hab nicht schlafen können. Wenn ich die Augen zugemacht hab, ist das Ganze bei mir immer wieder abgelaufen. So ... wenn ich dann eingenickt bin, ich hab das immer wieder gesehen vor mir.*«

VERENA N.: »*Ich hab halt zwei Monate nicht in meine Wohnung gehen können. Und vorher hab ich meine Wohnung sehr geliebt und alles was drin ist. (...) Und dann das Gefühl: Du hast keinen Platz, also keinen Platz für dich selber jetzt. ... Und das ... das ist schon eine solche Folge ... Nicht einmal die Wohnung wird akzeptiert! Wo'st eh schon ein Schloß hast, nicht?*«

Als häufig vorkommende Beeinträchtigung der körperlichen Integrität durch die Vergewaltigung werden Berührungsängste und Angst vor psychischer Nähe wahrgenommen.

ANNA B.: »*Es hat mich Männern gegenüber verschlossen.*

123

Das heißt, die erste Zeit, wie ich wieder mit Männern Kontakt gehabt hab, waren das alles sehr oberflächliche Sachen. (…) Ich mein', da gab es für mich halt: Bis zu einem gewissen Punkt und mehr nicht. Und wenn ich gespürt hab, da ist ein Druck, war's aus. Das war sicher eine Folge davon.«

Es ist nicht so, daß die Berührungs- und Beziehungsängste, die Angst vor Nähe, sich nur auf Männer beziehen würden. Denn nach einer Vergewaltigung geht es für die Frau darum, daß *ihre* Körperteile beschädigt sind, zu denen sie kein gutes Gefühl mehr haben kann. Ihre Würde wurde verletzt, ihre Grenze zerbrochen. Die Folge davon ist, daß sie sich vor Menschen schützt, sich unantastbar macht, eine psychische Mauer um sich baut. Demnach fällt es der Frau schwer, sich überhaupt von jemandem berühren zu lassen. Dies veranschaulicht das Beispiel von Verena N., die Lesbe ist, sehr deutlich.

VERENA N.: *»… und irgendwie so dieses totale Verkennen von dieser Situation, was er da mit mir macht, ja? Und dann halt auch so dieses traditionelle Küssen und auf die Brust und so. Wo es dir durch und durch geht! Weil wenn das nur so … ein Loch und dann geht er wieder … und du kriegst noch eine am Schädel, dann kannst dich viel leichter distanzieren. Aber so sind halt Körperteile von dir beschädigt, wo du gar nicht denkst. Also so … Körperteile wo du dich nachher auch noch schämst oder … weiß nicht, wo du vorher ein gutes Gefühl gehabt hast zu deinem Körper… (…) Ich mein, bei mir war es so: das Schlimmste war … also ich war innen im Mund … total blutig. Innen. Und das hat mir mehr weh getan als unten. Ich denk halt: Der Mund … ist Identität und das alles. (…) Kannst dir vorstellen, was das für ein Angriff ist? Weißt, tief in deine Persönlichkeit hinein. So … in dein Liebesgefühl, in dein Selbstwertgefühl. Das ist ein totaler Angriff. Und jetzt mein' ich nicht nur diese Frage, ob du leben darfst oder nicht.«*
(…)
»Und das hab ich als das Fiese empfunden. Der hat wirklich versucht, alles zu kriegen. Und auch in Beschlag genommen. Und … ich mein', … das ist auch für mich als Lesbe so gewe-

sen, also daß ich halt nachher – jetzt ist das wieder anders –,
aber am Anfang war das dann so: Ich hab mich von niemandem berühren lassen. Total lang. Überhaupt nicht.«

Am häufigsten berichteten die Frauen, mit denen ich gesprochen habe, über Angstträume. Das Trauma sucht sich den Traum, um verarbeitet zu werden.[25] Die Trauminhalte beziehen sich auf das, was die Frauen am meisten beschäftigt: als offensichtlicher Trauminhalt bei jenen, denen das Gewalterlebnis bewußt war, oder als verschlüsselter Trauminhalt bei Frauen, die es verdrängten.

Verena N. konnte das Gesicht des Täters nicht klar identifizieren, weil die Tat im Halbdunkeln, in der Morgendämmerung, verübt wurde. In ihren Träumen sucht sie nach dem Gesicht des Mannes.

VERENA N.: »Ich hab zum Beispiel andauernd diese Träume, wo ich mich konzentrieren will im Traum auf sein Gesicht und das verschwimmt. Also jetzt im Traum: Es ist, was weiß ich, immer Sonnenschein und es ist hell. Und ich seh aber immer nur schwarz und das Gesicht verschwimmt und ich steh da und versuch mich zu konzentrieren. Ich denk, vielleicht erinnere ich mich im Traum (!) besser. Weil ich hab ihn nicht bei hellem Licht gesehen. Nur im Dunkeln. Also ... fast Dunkeln.«

I.: »Das sind keine Tagträume, sondern das träumst du wirklich?«

VERENA N.: »Nein, das sind richtige Träume. Und das hab ich auch von anderen gehört. Immer diese Schattenträume. Du hast einen schönen Traum und auf einmal ist der Schatten da ... Der Schatten. Immer und überall ist der Schatten dabei.«

Nina H., die sich jetzt noch mit der Frage beschäftigt, warum sie sich in der Vergewaltigungssituation nicht körperlich zur Wehr setzen konnte und sich durch die Vergewaltigung gedemütigt fühlte, hatte lange Zeit Vergewaltigungsträume, in denen sie sich nicht wehren konnte. Der Täter in ihren Träumen machte sich schon lustig über sie, stellte sich provozierend mit vorgebeugtem Unterkörper vor sie hin und lachte, weil sie es nicht schaffte, ihn mit einem Tritt gegen seinen Unterleib zu verletzen.

Auch Silvia T. beschäftigt sich jetzt noch mit der Frage, warum sie sich in der Vergewaltigungssituation nicht vehementer körperlich gewehrt hatte. Die Vergewaltigung verdrängte sie lange Zeit. Bis sie (7 Jahre später) zum ersten Mal mit jemandem darüber sprach, wiederholte sich bei ihr derselbe Traum immer wieder.

SILVIA T.: »*Ich hab jahrelang hindurch denselben Traum gehabt, der dann halt irgendwann einmal weg war. Und ich mich immer gefragt hab, was der Traum soll. Und zwar hab ich geträumt, daß so ein Maxl, ja, das ausschaut wie ... ich weiß nicht, ob du den Film ›Tschitti Tschitti Bäng Bäng‹ kennst. Da kommt so ein Typ vor mit einem Käfig und ... so ein ganz ein schiacher Kerl ... der die Kinder dort einsperrt. Und ich hab immer geträumt, daß der hinter einem Busch sitzt und nur auf mich lauert! Und wenn ich vorbeikomme, wirft er sich auf mich drauf. Und den Traum, den hab ich immer wieder gehabt. Den hab ich erst ... wirklich von dem Tag an nicht mehr gehabt, an dem ich das erste Mal darüber geredet hab – über die Vergewaltigung. Da war der Traum weg.*«

SELBSTZWEIFEL UND LETHARGIE – SINNLOSIGKEIT UND VERZWEIFLUNG

Die erlebte Ohnmacht in der Vergewaltigungssituation hat zur Folge, daß die grundlegende Sicherheit im Leben erschüttert ist. Die Frauen trauen sich kaum noch etwas zu, sondern sind ängstlich und unsicher. Der Verlust des Selbstvertrauens bewirkt, daß Zukunftspläne hinterfragt und verworfen werden. Stattdessen werden Kleinigkeiten wichtig, die das existenzielle Leben absichern sollen. Das Chaos hebt an.

VERENA N.: »*... Ich mein', es hat sich viel verändert. Also wie ich jetzt leb ... (...) Also mir kommt vor, ich bin eben viel älter jetzt (lacht). Also ich hab ... ich hab vorher immer gedacht: Pah ... und ich werde noch einmal berühmt und eine berühmte Journalistin und ich werde so ... tolle Sachen machen und so. (...) Und ich hab jetzt einfach so ... einerseits ist das Selbstvertrauen weg, und auf der anderen Seite ist es im-*

mer so: Du kannst diesen Kampf um's Überleben nicht verges-
sen. Und das ist die ganze Zeit da. (...) Und ... und jetzt ist für
mich einfach diese grundsätzliche Angst da. Und aus dem her-
aus ist mein Sicherheitsbedürfnis ein ganz großes geworden.«
(...)

»Und daß ich mir bei Frauen, die das nicht haben, denk:
Diese Arroganz, ja? Also diese Arroganz, glücklich zu sein.
(lacht) (...) Also da komm' ich mir oft so geschädigt vor. Also
so ... zum Beispiel unbeschwert lustig zu sein oder so. (...) Und
ich bin froh, daß ich da eine Wohnung hab, die nicht so viel ko-
stet, daß mein Hund nicht schon wieder eine Vergiftung hat.
Oder irgend etwas Schlimmes ist. Daß ich am Sparbuch ein
bissel was oben hab – falls was passiert, daß ich ein bissel ein
Geld hab. Und ich mach mir trotzdem noch Sorgen. Und das
hat sich verändert. Also wo ich früher so viel als selbstver-
ständlich gesehen hab und aus dem heraus auch oft gefährliche
Sachen machen hab können ... auch wichtige Sachen. ... Ich
hab die Energien nicht mehr. Und ich bin auch viel ... ruhe-
bedürftiger geworden oder ... ich halte Streß überhaupt nicht
mehr gut aus, ich halte Wickel überhaupt nicht mehr gut aus.
Also so auch harmoniebedürftiger.«

Wie sehr eine Vergewaltigung das seelische Gleichgewicht der
Frauen zerstören kann, bezeugen posttraumatische Depressionen, die zu Selbstmordabsichten führen können. Auch wenn
eine Frau froh darüber ist, mit dem (physischen) Leben davongekommen zu sein, läßt der Gewaltakt Lebensleere und In-
haltslosigkeit zurück.

ANNA B.: *»Ich mein', ich war total gegen Selbstmord. Und in*
der Situation hab ich einfach, ja, ohne nachzudenken, das war
einfach eine gefühlsmäßige Sache ... und ich hab das Gefühl
gehabt, ich muß das jetzt einfach tun. Und ohne daß ich jetzt ir-
gendwie logisch gedacht hätte ... Es war auch kein Grund da.
Weil eigentlich hätte ich ja froh sein müssen, ich mein', eigent-
lich war ich ja froh, daß ich mit dem Leben davongekommen
bin. Und das war eigentlich das Irreale daran: Und dann steig
ich auf das Hochhaus und will mir selber das Leben nehmen,
nicht? Ich bin auf ein Hochhaus gegangen und ohne daß ich's

eigentlich wollte, ... bin ich auf dem Hochhaus gestanden, hab
mich auf's Fenster gesetzt im obersten Stock und wollte runter-
springen. Ich mein', eigentlich wollte ich es gar nicht, aber ich
mein', es war praktisch alles tot in mir.«

SOZIALE FOLGEN

Auf der sozialen Ebene bedeutet eine erlebte Vergewaltigung
eine Stigmatisierung. Frauen fühlen sich nicht zuletzt deshalb
oft »aus dem Leben geworfen«. Die Vergewaltigung macht sie
zu Gezeichneten.

Goffman (1975) definiert die Situation des Individuums, das
von vollständiger sozialer Anerkennung ausgeschlossen ist, als
Stigmatisierung. Der/die Normale und der/die Stigmatisierte
sind dabei nicht Personen, sondern Perspektiven (zit. nach:
Brüggebors-Weigelt 1986, 51).

Alle Frauen, mit denen ich gesprochen habe, fühlten sich
durch die Vergewaltigung mehr oder weniger isoliert und getrennt von der restlichen Welt.

VERENA N.: *»Also ... es ist so eine Erniedrigung in dem Sinn,*
zum Beispiel hab ich immer geglaubt, wenn ich alt bin und to-
tal allein und isoliert, dann nehm ich mir einen Hund. Und daß
ich jetzt quasi mit 26 schon einen Hund brauche, weil ich so
eine Angst hab, also das ist mir als eine totale Erniedrigung
vorgekommen. Also schon da gezwungen zu sein, diese Isolati-
on zu sehen. Obwohl ich noch jung bin, viele Frauen kenne und
so, gell? Aber trotzdem ... Also ich seh mich als isoliert. Auf
eine Art. Und zwar getrennt durch ... durch Männer eigentlich.
Also daß Frauen auch getrennt werden. Und daß diese Mög-
lichkeit die ganze Zeit da ist. Und daß du es zeitweise aufheben
kannst, wenn du zusammen wohnst, wenn du zusammen Sachen
machst oder so. Aber daß es grundsätzlich in der Gesellschaft
die ganze Zeit da ist ... Daß du quasi Maßnahmen machen
mußt dagegen. Wo ich die ganze Zeit total aufpasse, weil sonst
erwischt's dich – die Einsamkeit.«

Frauen haben oft das Gefühl, daß man ihnen die Vergewaltigung ansieht, oder daß ihnen anzusehen ist, wie fertig sie sind. Dies wird zur zusätzlichen Belastung, wenn sie denken, es stehe ihnen nicht zu, daß es ihnen schlecht geht und sie die Verwirrtheit und Trauer auch vor anderen zeigen dürfen. Dazu kommt, daß die Frauen in der Phase extremer Verunsicherung und geringen Selbstwertgefühls verletzbarer sind gegenüber unsensiblen Äußerungen, sodaß das Verbergen ihrer inneren Gefühlswelt zum Selbstschutz werden kann. Es passiert eine Umkehrung: der Gewaltangriff schwächte ihren Selbstwert, sie mag sich selbst nicht mehr – und wer sich selbst nicht mag, glaubt dies in der sozialen Umwelt gespiegelt zu erkennen. Man hat eine Mauer um sich errichtet, aus der kein Lachen und kein Weinen dringt. Dahinter verbirgt sich ein Wust von Gefühlen, die nach außen drängen. Der Spannungszustand wird unerträglich, doch der Schrei verhallt nach innen. Die Speicherung von Schmerz und Leid, die nicht verarbeitet werden können, lähmt die Wahrnehmung, die Gefühle, das Denken. »Ich verliere den Verstand« ist eine geläufige Beschreibung von Personen aus einer massiven psychischen Streßsituation heraus, die ein Bewußtsein vom Verlust der Fähigkeit, mit der Umgebung fertig zu werden, ausdrückt.

ANNA B.: »*Ich hab einfach emotional nichts damit anfangen können. (…) Und hab das an und für sich … Ich mein', ich hab immer irgendwo das Gefühl gehabt: Ich nerv die Leute total – egal mit was ich komme oder so. Ich hab mich nicht wohl gefühlt in meiner Haut. Und ich hab alles … wenn irgend jemand miteinander gesprochen hat, was ich nicht verstanden hab, ich hab das sofort auf mich bezogen. Ich mein', ich tu das normal nicht. Weil … irgendwer hat miteinander gesprochen, ich hab gesehen … zwei aus der Klasse, die sprechen miteinander, ich hab das auf mich bezogen! Ich hab mir gedacht, die reden jetzt über mich. Oder … einfach … ich hab das Gefühl gehabt, daß man mir ansieht, daß ich fertig bin und … Ich hab mir gedacht, ich dreh durch! Ich mein', ich bin im Zug gestanden und hab das Gefühl gehabt, ich muß jetzt schreien! Ich halt das nicht mehr aus, ich dreh durch, jetzt auf der Stelle. Das ist … ja … ich weiß nicht, das ist so schwer zu beschreiben. Ich mein', da war einfach so viel Gefühl in mir, was ich nie rausgelassen*

hab, das war einfach in mir drin. Und das Gefühl: Ich hab
nichts damit anfangen können. Das hat mich nur gelähmt...«

Die betroffenen Frauen sind nach einer *Vergewaltigung* durch
die Folgen erschöpft und überfordert. Gleichzeitig bleiben die
(Leistungs-)Erwartungen an sie konstant. Sie sollten weiterhin
»funktionieren«. Deshalb ziehen sich Frauen aus dem sozialen
Leben oft zurück; weniger aus Freiwilligkeit als aufgrund des
Fehlschlagens ihrer Anpassungsversuche, den Forderungen zu
entsprechen. Godenzi (1989, 73) weist in seiner Untersuchung
nach, daß das Gewalterlebnis bei fast jeder dritten Frau, die erwerbstätig war, berufliche Folgen hatte.

In meiner Untersuchung sprachen die beiden Frauen, denen
das Gewalterlebnis fortwährend bewußt war, über Konzentrationsstörungen in der Schule sowie über berufliche und damit
wirtschaftliche Auswirkungen.

Nach einer Vergewaltigung werden alte Lebensgewohnhei-
ten verworfen, stattdessen wird Verzicht und Einschränkung
geübt. Nur eine der von mir befragten Frauen machte kurze
Zeit nach der Vergewaltigung einen Selbstverteidigungskurs,
um gegen die Einschränkung anzukämpfen. Eine weitere Frau
hat Jahre danach einen solchen Kurs belegt.

Alle Frauen aber wurden vorsichtiger: Sie sind Zufallsbekanntschaften gegenüber mißtrauisch, gehen nicht mehr mit einem ihnen kaum Vertrauten mit, verzichten auf »Kaffeeinla-
dungen« vor allem in einer fremden Wohnung. Sie richten ihre
Sensoren alltäglich auf Gefahren, die sie vorher einschätzen
wollen. Eine Frau hat ihren Wohnort in der Folge mehrmals
gewechselt.

Im Laufe der Zeit veränderten einige Frauen ihre Einstellungen Männern gegenüber. Ihr Verhalten kann nicht mehr losgelöst vom Verhalten des Vergewaltigers gesehen werden –
wozu ihnen der »Alltagschauvinismus« auch allen Grund gibt
–, resümiert Maren Licht (1989). Butzmühlen (1978) bezeichnet diese Auswirkungen als indirekte Unterdrückungsmecha-
nismen (»Vergewaltigungseffekt«) des Patriarchats.

In Freundschaften und Beziehungen kann es zu Krisen und
Trennungen kommen. Denn die Reaktionen der Menschen, de-

nen sich eine betroffene Frau anvertrauen will, erweisen sich zumeist als nicht hilfreich. Frauen stoßen oft auf Unverständnis, Unglauben, Mißtrauen oder werden in allen ihren Handlungen auf die Vergewaltigung reduziert.

Zudem kommt, daß die eigene Autonomie und Sicherheit nach der Vergewaltigung beschädigt ist, was nach sich zieht, daß die Unsicherheit gegenüber anderen groß ist und das (oft ängstliche) Sicherheitsbedüfnis in Beziehungen zu Abhängigkeitsgefühlen, zum »Klammereffekt«, führen kann.

Hildegard K. (Vergewaltigung in den frühen sechziger Jahren) erlebte das Ende ihrer damaligen jugendlichen Liebe, als sie ihrem Freund von der Vergewaltigung erzählte. Er war traurig, weil sie keine Jungfrau mehr war, und trennte sich von ihr. Verena N. trennte sich in der Folge von ihrer Freundin, weil sie sich auf ihre erlebte Vergewaltigung reduziert sah.

VERENA N.: *»Na ja. Aber mir geht's manchmal auch so, daß ich mir denk, daß es auf der anderen Seite eine Reduzierung ist, wenn du eine Frau auf ihre Vergewaltigung reduzierst. Weil sie ist auch alles andere und sie hat alles andere. (…) Es war dann so, daß die Freundin, die ich nach der Vergewaltigung gehabt hab, die hat quasi immer, wenn mit mir irgend etwas war, wenn ich schlechter Laune war oder traurig war, hat sie geglaubt, das ist wegen dem. Und dann hab ich eben gesagt: ›Das ist ein Wahnsinn, du reduzierst mich total. Ich kann genauso sauer sein wegen etwas anderem … oder traurig. Das ist jetzt nicht wegen dem, echt nicht.‹ Also so … ich hab doch genauso das Recht, wenn sie irgend einen Scheiß macht, auf sie sauer zu sein wegen was anderem. Und dann … man kann sich nicht jede meiner Handlungen aus dem heraus erklären. Dann tust du die Vergewaltigung überbewerten. Also so … ich bin ja trotzdem deswegen noch ein eigener Mensch. Also sie nimmt mir … als ob dieser Typ die totale Gewalt über mich erlangt hätte, Geist und Körper. Daß er einen Teil hat, aber nicht alles. Und das ist total wichtig, dieses: nicht alles. Also … es war dann das Ende der Beziehung. (…) Also ich hab mir das nicht länger gefallen lassen. Also ich will nicht, daß sie eine Beziehung zu mir hat, weil ich ein Vergewaltigungsopfer bin, sondern weil ich alles bin, nicht? Und sie hat sich aber nicht davon lösen können …«*

I.: »*Wieso glaubst du, daß sie nur eine Beziehung zu dir gehabt hat, weil du ein Vergewaltigungsopfer bist?*«

VERENA N.: »*Ja, weil mir das eben so vorgekommen ist, daß sie alle meine anderen Sachen nicht akzeptieren kann, oder … also daß sie dann auf dem stecken geblieben ist, sich das zu erklären. Also ich bin so und so wegen dem. Und das mehr bewertet hat als ich selber. Also den Einfluß der Vergewaltigung auf mein Leben höher bewertet hat.*«

SCHULDGEFÜHLE UND WUT

Die Fatalität von Schuldgefühlen, mit denen sich viele nach einer Vergewaltigung plagen, sowie die versteckte Wut auf den Täter sei hier noch kurz beschrieben: Frauen fühlen sich dafür schuldig, daß ihnen etwas angetan wurde. Diese Schuldgefühle haben sehr viel mit der Verinnerlichung gesellschaftlicher Vorurteile zu tun.

Vier der sechs Frauen, mit denen ich gesprochen habe, fühlten sich für kürzere bis längere Zeit dafür schuldig, daß sie vergewaltigt worden waren. Dies waren (bis auf eine Ausnahme) jene Frauen, die mit dem Täter vor der Tat in einem geringeren bis größeren flüchtigen Bekanntschaftsgrad (Kaffeeinladung, Gespräch oder Flirt) gestanden haben. Ihre Schuld- und Schamgefühle waren es auch, die die Frauen daran hinderten, über das Erlebte ausführlicher reden zu können bzw. die Tat bei der Polizei anzuzeigen.

Dieses Ergebnis korreliert positiv mit den Ergebnissen aus viktimologischen Untersuchungen. Besonders die Opfer des »date rape«, der Zufallsbekanntschaften, suchen die Schuld bei sich, resümiert Godenzi seine Untersuchung. Dies steht im Zusammenhang mit den gesellschaftlichen Vorwürfen an die Frauen.

Hedlund und Granö (1986, 54) stellen bei vergewaltigten jugendlichen Frauen fest, daß sie weniger Schuld- und Schamgefühle empfinden als erwachsene Frauen, sondern angemessen mit Ärger und Wut über den Täter reagieren können. Die Autorinnen meinen darin zu erkennen, daß Jugendliche von den Vorurteilen über die weibliche Mitschuld an einer Vergewaltigung noch nicht so stark beeinflußt sind. Diese These konnte ich in meiner Untersuchung nicht bestätigen. Keine Schuldgefühle hatte nur eine der fünf Frauen, die als Jugendliche vergewaltigt worden war.

I.: »*Wie erklärst du dir, daß du kein Schuldgefühl gehabt hast? Also das ist ja nicht so gewöhnlich bei Frauen.*«

SUSANNE S.: »*Na ja, weil ich mir denke, ich hab nichts falsch gemacht. Weil was kann daran falsch sein, wenn ich mit jemandem da harmlos irgendwie mitgehe oder so. Also wenn ich mir da noch den Kopf zermartere, also das hab ich wirklich nicht. Weil ich mein, dann müßte ich ja jedesmal etwas falsch machen. Weil jedesmal, wenn ich mit einem Mann irgendwo in eine Wohnung gehe, mache ich praktisch etwas falsch. Weil das war eh genau die Situation, die zu der Vergewaltigung geführt hat. Weil ich mein, wenn der Mann irgendwie dich vergewaltigen will, dann hat er … Ich mein, dann läuft ja mit ihm was falsch. Weil ich mache ja nichts. (…) Weil ich mein …, das kann dir ja immer passieren, brauchst ja nur irgendwo gehen. Ich mein, ich hab gehört, da fahren Frauen in der Straßenbahn und ein Mann fährt ihr nach und sie steigt aus und er vergewaltigt sie im Stiegenhaus. Ich mein, das ist ja alles unvorstellbar, solche Sachen.*«

Bei den anderen Frauen zeigte sich, daß sie relativ früh schon die Vorurteilsmuster der Gesellschaft und die entsprechende Vorbereitung in der Erziehung verinnerlicht hatten. (Sie bezeichneten ihr Verhalten auch als »jugendlichen Leichtsinn« oder als »naiv«.)

Hildegard K. konnte ihre Schuldgefühle abbauen, weil sie diese nur gegenüber ihren Eltern empfunden hatte, in so eine scheußliche Situation gekommen zu sein. Dabei hatte sie sich wie ein »ausgeborgtes Ding« gefühlt.

Auch Anna B., die die Kaffeeeinladung des Mannes, der sie später vergewaltigte, angenommen hatte, kam bei genauerer Überlegung zum Schluß, daß in ihrem Verhalten kein Grund für eine Vergewaltigung lag.

ANNA B.: »*Ich hab mir alles mögliche überlegt. Ich hab am Anfang die Schuld auch bei mir gesucht. (…) Ich mein, die*

Überlegung ging dorthin: Was hab ich falsch gemacht und wie kann man so leichtsinnig sein ... Und eigentlich ... vielleicht das, was man befürchtet, wenn man zur Polizei geht, daß einem das vorgeworfen wird, nicht? Das war irgendwie das, was in mir eben dann auch gearbeitet hat. So: Hab ich das irgendwie selber herausgefordert? Hab ich den irgendwie gereizt, hab ich da die Situation irgendwo heraufbeschworen? Oder was ist es, was den da verleitet hat, das dann zu tun.« (...)

»Und eigentlich – ich mein, ich hab nachher viel nachgedacht darüber ... Ich mein: Ist es ein Verbrechen, wenn ich mit jemanden auf einen Kaffee mitgeh!? Ich mein, es ist sicher ... es ist in einem gewissen Sinne leichtsinnig, mit einem fremden Menschen in ein Kaffeehaus zu gehen. Aber was im Normalfall kann passieren, wenn ich in ein Kaffeehaus gehe? Mit einem fremden Menschen. Das Schlimmste, was mir passieren kann, ist, daß der ohne zu zahlen abrauscht – denkt man normal. Aber so was hätte ich nie im Leben gedacht, daß mir so was am hellichten Tag passiert.«

Ähnliche Gedanken bezüglich der Mitschuld hatten die beiden Frauen, die mit dem Täter geflirtet hatten, nicht. (Denn *was im Normalfall* soll schon passieren, wenn eine Frau mit einem Mann flirtet?) Ihre Schuldgefühle waren am nachhaltigsten.

Stellt sich bei Hildegard K. nur die Verinnerlichung der elterlichen Vorwürfe und bei Anna B. die Verinnerlichung des polizeilichen Umganges heraus, so haben die beiden anderen Frauen sämtliche Fehler gemacht, die Frauen machen können, damit eine Vergewaltigung keine anerkannte ist. In ihren Selbstbeschuldigungen wird eine komplizierte Verstricktheit aus gesellschaftlichen Vorurteilen, moralischen Erziehungsfaktoren bezüglich weiblicher Rollenerwartungen – vor allem in sexueller Hinsicht – und omnipotenten Einschätzungen der eigenen Einflußkraft deutlich.[26] Gleichermaßen wirken ihre Aussagen unsicher und widersprüchlich – kognitiv dissonant.

I.: *»Und wo hast du deine Schuld gesehen?«*

NINA H.: *»Na daß ich mit ihm mitgegangen bin und mit ihm geschmust hab ... (...) Also wenn man mit einem Mann schmust, dann ladet man ja schon dazu ein, nicht? Also der*

Meinung, also das war damals halt so. Inzwischen ist mir das schon bewußt, daß das überhaupt nichts damit zu tun hat. Daß das einfach auch so ... da wird Frau total in das hineingedrängt. Also wenn ... und das ist vielleicht das, wo sie sich aufführen muß wie eine Heilige, damit sie nicht angegriffen wird. Ist ja auch kein Wunder. (lacht) ...«

(...)

»Und es war nämlich auch so, der ist irgendwie verschrien bei uns im Dorf. (...) Und dann hab ich mir natürlich gedacht: Na ja, wenn da so ein Typ, der eh verschrien ist ... wie kann es da anders kommen? Wenn ich mich mit so einem Typ eh einlaß, der so verschrien ist, dann bin ich auch selber schuld. (leise) Ja, das ist vielleicht ein ganz wichtiger Aspekt. So: Wo ich mich ja so selber verantwortlich gefühlt hab, weil er ja so einen schlechten Ruf gehabt hat.«

Wenn eine Frau mit einem Mann flirtet, von dem sie dann vergewaltigt wird, treffen sie die meisten gesellschaftlichen Vorurteile gleichzeitig: Da der Täter kein Fremder war, der den Frauen auflauert, glaubt sie, die Tat »provoziert« zu haben und stellt sich die Frage, warum sie sich nicht adäquat gewehrt bzw. ob sie ihre Grenze nicht klar signalisiert hat.

Hierin verbirgt sich auch das Klischee vom »schlechten Mädchen«, wenn es sexuell aktiv ist. Dies ist das Bild einer Frau als »Hure«. (Ist doch auch die Vergewaltigung einer Prostituierten in unserer Gesellschaft keine anerkannte.) Entweder sie hat ihn nicht richtig eingeschätzt oder sie hat ihre Grenzen nicht eindeutig signalisiert, also muß sie es auch irgendwie gewollt haben oder es wird schon nicht so schlimm gewesen sein, besagt das gesellschaftliche Vorurteil.[27]

Unter diesen Umständen kann die Entscheidung, das Erlebte lieber zu verschweigen, zur gebräuchlichsten Strategie werden. Denn dadurch vermeiden sie die befürchteten Vorwürfe und Schuldzuschreibungen. Beide Frauen arbeiten daran, eindeutige »Signale« und »Grenzen« setzen zu können, eine »starke Frau« zu sein, die genau weiß, was sie will. Ihre Meinung, daß eine starke Frau nicht vergewaltigt wird, wenn sie flirtet, drückt Silvia T. mit der Bemerkung aus: »Mit meinem heutigen

Selbstverständis als Frau glaube ich nicht, daß die beiden mich ausgesucht hätten«.

Beide Frauen quälen sich mit der Frage, warum sie sich in der Situation nicht besser gewehrt haben. Gleichzeitig wissen beide, daß sie damals keine Chance hatten.

SILVIA T.: *»Wenn ich das so absolut nicht gewollt hätte, warum hab ich mich nicht mehr gewehrt?«*
(...)

I.: *»Jetzt noch einmal zurück zur Situation damals, als du dich am Anfang gewehrt hast? Wie der eine dich festgehalten hat, hast du da nicht signalisiert: Ich will nicht?«*

SILVIA T.: *»Ich glaub, daß es da schon wurscht war.«*

Schuldgefühle dienen auch dazu, uns eine Macht und Freiheit zuzusprechen, die wir nicht haben (Miller 1983, 288). Für Frauen, die vergewaltigt worden sind, werden sie insofern zum Kunstgriff, um die Illusion aufrechtzuerhalten, Einfluß auf die Brutalität des Täters gehabt zu haben. In gleicher Weise werden sie zum äußeren Schutzschild gegen jegliche Veränderung – und damit zum sicheren Schutz des Vergewaltigers (Burgard 1988, 231).

Das Aufgeben der Schuldgefühle aber käme einem Eingeständnis der eigenen Ohnmacht in der Situation gleich, in der der Mann den Willen der Frau völlig eigenmächtig gebrochen hat – unabhängig davon, wie sie sich verhalten hat. Dies würde Gefühle der Trauer um die verlorengegangene Eigenmächtigkeit im Leben, sowie des Schmerzes und der Wut über das, was ihr angetan wurde, zum Vorschein bringen.

Unter den Schuldgefühlen steckt die Wut, behauptet Roswitha Burgard (1988) in ihrer Arbeit über mißhandelte Frauen. Das ist die eine Seite, die sehr viel mit Abhängigkeit in der (frühen) Kindheit (vgl. Psychodynamik der Opfer während der Tat) wie mit Erziehung zu tun hat. Der Täter aber bleibt derjenige, der in der Situation die Macht hatte, ihre Grenzen zu brechen. Das ist ein Faktum. Zudem scheint Frauen ein kulturelles Aggressionstabu anzuhaften (Lerner 1991).

Diese These bestätigte sich in der vorliegenden Untersuchung: Unabhängig davon, ob die Frauen Schuldgefühle hatten oder nicht, fiel es ihnen schwer, aggressive Gefühle zuzugeben. Völlig unmöglich war es ihnen, diese zu leben.

SUSANNE S.: »*Ich mein, wenn ich über meine Vergewaltigung spreche, dann ist das so, als würde ich über eine Vergewaltigung im allgemeinen reden. (…) Das ist mir irgendwie unangenehm, darüber zu sprechen, ist mir aufgefallen. (…) Aber wahrscheinlich, weil ich Angst hab, daß eben dieses Negative, wenn ich darüber nachdenke, daß ich dann wieder diesen Haß empfinde. (…) Ich mein, sicher kommen da die Gefühle wieder hoch.*«

Die gesellschaftlich erwünschten Gefühlsäußerungen von Frauen beinhalten u.a. Sanftmut, Einfühlsamkeit und Bereitschaft zum Verzeihen. Dementsprechend lernen Mädchen von klein auf, aggressive Gefühle an sich nicht zu akzeptieren, sondern diese zu unterdrücken oder umzuwandeln. »Da Frauen sich häufig einen direkten Kontakt zu ihren aggressiven Gefühlen verbieten – Aggressionen jedoch trotzdem ansatzweise entstehen –, müssen sie diese Gefühle umfunktionieren. Sie zahlen für das Verleugnen der Realität und das Verleugnen aggressiver Gefühle mit großen Verunsicherungen im Empfinden und Verhalten und sind dadurch verstärkt den ›erlaubten‹ Gefühlen ausgeliefert: Ihren Ängsten, ihrem Mitleid, ihren Schuldgefühlen« (Burgard, 1988, 231).

Die Aussagen der Frauen in meiner Untersuchung über die Gefühle noch lange nach der Tat – »Ich spür' nichts«, oder »das war nicht ich selbst, sondern etwas, was tot war in mir«, »ich hab nicht lachen und nicht weinen können – einfach keine Gefühle gehabt« oder »ich hab mich lange nicht gespürt« – sind nicht nur Indiz der gewaltvollen Grenzüberschreitung und der Abspaltung in der Tatsituation, der Schockreaktionen oder der Trauer danach, sondern geben auch Hinweis auf die Unmöglichkeit und Nichtakzeptanz des Empfindens aggressiver (weil destruktiver) Anteile. Die erlernte Identität, in der bekannte Gefühle gelebt werden konnten, ist nicht mehr angebracht. Das verunsichert. Die Angst vor den eigenen destruktiven Gefühlen aber kann zur Depression führen. Diese kann

»eine indirekte Form des Protests sein, aber sie bindet die Aggression und verschleiert die Ursachen« (Lerner 1991, 208).

Maren Licht (1989) stellt in ihrer Untersuchung fest, daß bei den meisten Frauen depressive Gefühle im Laufe der Zeit den aggressiven Gefühlen gegenüber dem Täter weichen. Insbesondere dann, wenn sie langsam erkennen müssen, wie nachhaltig der seelische Schaden zu sein scheint, entwickeln sie Aggressionen. Entsteht diese Wut, scheint gleichzeitig die Angst zu weichen.

Wut oder Haß gegenüber dem Täter empfanden die Frauen in der vorliegenden Untersuchung zumeist. (Nur eine Frau hatte keine Phantasien dem Täter gegenüber und eine wollte sich zu der Frage nicht äußern.) Doch ist diese Wut nie eine, die direkt gegen den Täter gerichtet werden könnte. Dazu hatte keine der Frauen die Möglichkeit. Es sind eher Wünsche und Phantasien gegen ihn, die aggressive Gefühle zum Ausdruck bringen. Diese innere Gefühlswelt ist ein Spiegel dessen, wie sehr der Täter sie verletzt hatte. In der Phantasie zeigt sich der Versuch, die Ohnmacht in der Situation zu überwinden und wieder Macht über sich zu erlangen.

So stellten sie sich vor, beim Täter die gleiche Angst zu erzeugen, die sie in der Situation hatten, um ihm dadurch begreiflich machen zu können, was er ihnen eigentlich angetan hatte. Oder sie wünschten sich, den Täter wenigstens anzeigen zu können, um dadurch Mitgefühl und noch einmal eine Chance zu erhalten. Dies wurde mit dem Gefühl: »Das krieg ich wieder«, ausgedrückt. Untermauert von der Phantasie über Zeuginnen, die derselbe Täter auch vergewaltigt hatte, scheinen sie Beistand zu suchen.

In ihrer Phantasie stellten sich die Frauen auch Vergeltung oder Rache vor, die bis zu Kastrations- oder Mordgedanken gingen. »Es leben die kastrierten Männer«, meinte eine Frau. Die Frauen berichteten, daß Wut oder Haß auf den Täter auch dann aufkommt, wenn sie von anderen Vergewaltigungen (in Zeitungen, Filmen …) erfahren.

I.: »*Welche Phantasien hast du? Also ich meine nicht unbedingt etwas, was real umzusetzen ist, sondern reine Phantasien.*«

VERENA N.: *»Ich mein, ich hab mich damals irrsinnig ge-fürchtet. Also das war irgendwie arg … Daß ich genau die gleiche Angst in ihm erzeuge, daß er das vielleicht auch erlebt. Weil vielleicht denkt der sich, das war eh nicht so arg … Aber ich meine … daß er dann auch irgendwie sieht, daß das nicht so eine Lapalie ist für so ein junges Mädchen. Und ich meine, mich würde es auch interessieren, ob der nur mich vergewaltigt hat oder auch andere Mädchen oder so … ob er irgendwie einmal bestraft worden ist. Also ich hab keine Ahnung, was mit ihm passiert ist.«*

Dennoch schien es ihnen nicht leicht zu fallen, die destruktiven Empfindungen der Wut und/oder des Hasses zuzulassen. Wo sollen sie auch hin, wenn sie verspürt werden können? Die Äußerungen der Frauen dazu waren zaghaft, kaum dem Gefühlsausdruck der Wut entsprechend. Ihre Stimmen wurden weinerlich traurig, wenn sie darüber sprachen, oder sie lachten dabei. So, als würde diese innere Aggression selbst nicht ernst genommen werden.

HILDEGARD K.: *»Und darum – wenn ich darüber nachdenke, dann krieg ich ein unheimliches Selbstmitleid. Dann werde ich furchtbar traurig. Und wenn ich genug getrauert hab, dann werde ich fürchterlich wütend. (trauriger Tonfall) Dann werde ich rachsüchtig … Wo ich mir denke, dieser Blödian hat überhaupt nicht kapiert, was er mir angetan hat.«*
(…)

I.: *»Weißt du noch, wie er aussah?«*

HILDEGARD K.: *»Ja. Ich weiß genau, wie der ausgesehen hat. Ganz genau! Ich könnte ihn sofort modellieren und mit hunderttausend Nadelstichen stechen. Das wär mir eine Wonne. Wirklich. Dafür könnte ich Woodoopupperl machen. Daran mag ich gar nicht denken, weil sonst muß ich mich mit meiner Aggression auseinandersetzen. Ich weiß es ganz genau … Bandeln, Mascherln, an den Jeans … Grauslich …«*

I.: *»Wäre dir das wichtig, daß er das verspürt?«*

HILDEGARD K.: *»Nein. Nein.«*

I.: *»Nicht?«*

HILDEGARD K.: *»Eigentlich nicht. Das ist auch, ich meine,*

ich bin an und für sich ein gütiger Mensch ... aber wenn der
mir zum Beispiel über den Weg käme und total verzweifelt ist,
ich würde weitergehen. Wenn ich Ärztin wäre, und der liegt da,
ich würde keine ärztliche Hilfe geben. (leise, weinend)«

Wut auf jemanden, der gegen die eigene Person zutiefst verlet-
zend handelte, erfordert ein bestimmtes Maß an Distanz zu ihm
und seiner Tat. Indem die persönliche Wertschätzung vom
Selbst ausgeht und nicht davon, wie man behandelt wurde,
können Schuldgefühle weichen, um der Aggression und Wut
Raum zu gewähren. Es würde in etwa bedeuten, daß seine Gewalthandlung nichts mit ihr zu tun hat, insofern, als es ihr nicht
zusteht, so behandelt zu werden. Es würde bedeuten, primär die
eigene und nicht die Person des Täters verstehen zu wollen.
Wut könnte sich entladen und gleichfalls hinter sich gelassen
werden.

EINFLUSSFAKTOREN AUF DIE FOLGEN

Viktimologische Untersuchungen gehen davon aus, daß die sozialen Reaktionen die Folgen einer Vergewaltigung beeinflussen und bezeichnen deren negative Auswirkungen als »sekun-
däre Viktimisation« (vgl. Licht 1989).
    Den Ausgang dieses Kapitels bildet demnach die Frage, in-
wieweit die erwarteten, befürchteten oder tatsächlichen sozialen Reaktionen die Folgen und die Möglichkeit, über das Erlebte reden und es verarbeiten zu können, mitbestimmen. Was
schadet einer betroffenen Frau und was hilft ihr?
    Aufgrund der verbreiteten negativen Einstellungen bzw. des
Unverständnisses gegenüber Frauen, die vergewaltigt wurden,
gehe ich von den Vorurteilsmustern in unserer Gesellschaft zu
Vergewaltigung aus, die sowohl bei der betroffenen Frau verinnerlicht sein können (z.B. Einstellungen zum Tätermotiv, Erwartungen hinsichtlich sozialer Reaktionen bzw. Zweifel bezüglich des eigenen Verhaltens), als auch in den Reaktionen
des sozialen Umfeldes zum Ausdruck kommen können.
    Für eine Frau, die eine Vergewaltigung erlebt hat, stellt sich

meist ein Widerspruch zwischen Klischeevorstellungen aus dem Alltagswissen, ausgedrückt in Reaktionen und verinnerlichten Einstellungen, und ihrem subjektiven Wissen und Empfinden bezüglich des Erlebten dar. Der Widerspruch äußerte sich bei den Frauen in den Gesprächen.

GESELLSCHAFTLICHE VORURTEILSMUSTER

»Wenn Menschen über Vergewaltigungssituationen nachdenken, dann tauchen immer wieder ähnliche Bilder auf. Aus diesem Grunde werden solche Deutungsmuster auch häufig ›Mythen‹ genannt« (Godenzi 1989, 28). Mythen, Klischees und Stereotype sind Vorurteile, die zu Alltagstheorien werden können. Sie helfen Personen, stabil zu bleiben. Phänomene, die mitunter zu Vorurteilsmustern führen können, sind Typisierungen des Alltagswissens: »Alle Typisierungen im Alltags-Denken sind als solche integrierende Elemente der konkreten historisch sozio-kulturellen ›Lebenswelt‹ und beherrschen sie, weil sie als gesichert und gesellschaftlich bewährt erlebt werden. Ihre Struktur bestimmt unter anderem die gesellschaftliche ›Distribution‹ von Wissen und dessen – beziehungsweise deren – Relevanz und Relativität zur konkreten gesellschaftlichen Umwelt einer konkreten Gruppe in einer konkreten historischen Situation« (Berger/Luckmann 1984, 17).

Da der/die einzelne nicht alles aus der Fülle von Realitäten in einer Gesellschaft wissen kann, etablieren sich bestimmte Ausschnitte oder Verzerrungen über Wahrheiten, die als Allerweltswissen gelten. Somit wird mittels Distributionsmechanismen eine (gesellschaftliche) Wirklichkeit konstruiert, die das Denken und Urteilen des/der einzelnen bestimmt – mit der Erfahrung Betroffener aber nicht übereinstimmen muß.

Kurt Weis (1982) weist in seiner repräsentativen Umfrage über das Meinungsklima zum Thema Vergewaltigung vor allem bei Personengruppen mit rigiden Einstellungen zu Recht und Ordnung und Sexualität sowie bei allgemeiner Frauenfeindlichkeit die stärksten Vorurteile nach. Je stärker Vorurteilsmuster in der Gesellschaft (noch) verankert sind, umso mehr halten diese eine betroffene Frau davon ab, die Tat zur Anzeige zu bringen.

Wie sehr die Erfahrungen der betroffenen Frauen sowie der Täter von den Vorstellungen Unbeteiligter abweichen, zeigt Alberto Godenzi (1989) auf, indem er die Studie von Kurt Weis seinen Untersuchungsergebnissen gegenüberstellt und dabei fünf dominierende Vorurteilsmuster hervorhebt:

1. Frauen provozieren oft sexuelle Gewalt:
In der Untersuchung von Kurt Weis sind 55,8% der Befragten der Ansicht, daß eine Frau den sexuellen Wünschen des Mannes nicht abgeneigt gegenübersteht, wenn sie sich von einem fremden Mann in ein Lokal einladen läßt[28]. Somit mache sie sich mitschuldig, wenn der Mann sie daraufhin vergewaltigt. 87,9% der Befragten sehen einen Hinweis auf die sexuelle Bereitschaft einer Frau, wenn diese mit einem Mann in seine Wohnung mitgeht. Wenn Frauen sich aufreizend kleiden, dann provozieren sie Männer zur Vergewaltigung, meinen 75% in der Umfrage. Fast die Hälfte der Befragten ist der Meinung, daß mehr als eine bloße Unterhaltung mit einem Mann schon eine Vergewaltigung erwarten lassen kann. Nur 11,5% vertreten die Ansicht, daß eine Frau nicht mit einer Vergewaltigung rechnen muß, in welcher Interaktionsform sie auch mit dem Mann stehen mag. Im Vergleich zu diesen Ergebnissen stellt Alberto Godenzi in Gesprächen mit Tätern und betroffenen Frauen fest, daß das Aussehen wie auch das Verhalten der Frauen unwichtig für seine Tat war. Wichtig war vielmehr, daß es eine Frau war.

2. Keine Frau kann gegen ihren Willen vergewaltigt werden:
Denn hätte sie sich gewehrt, hätte sie nicht vergewaltigt werden können ... Der berühmte Vergleich mit dem Faden und dem Nadelöhr wird hierbei oft erwähnt. Jede vierte befragte Person (23,7%) glaubt in der Umfrage von Weis an die technische Unmöglichkeit einer Vergewaltigung. Auch dies trifft nach Aussagen der von Godenzi befragten Männer nicht zu: Ziel seiner Interviewpartner war es, gerade diesen Widerwillen der Frauen zu brechen.

3. Frauen wünschen sich insgeheim, vergewaltigt zu werden:
Daran glauben ca. 7% der Befragten in der Untersuchung von

Kurt Weis. 27,6% vermuten masochistische Tendenzen bei den Frauen, wonach eine Vergewaltigung ja nicht so schlimm sei. Daß eine Vergewaltigung ein angenehmes Erlebnis für Frauen sein kann, die lange keinen Partner hatten, nehmen 23,5% der Befragten an. 39% sind der Meinung, daß für Frauen, die häufigen Partnerwechsel haben, eine Vergewaltigung nicht schlimm sei, ebenso für Prostituierte (34,9%). Daß eine Vergewaltigung bei Frauen auch zum Orgasmus führen könne, glauben 19,3% der Befragten. Das Vorurteil vom heimlichen Wunsch der Frauen, vergewaltigt zu werden, geht mit der Vorstellung einher, daß Frauen »manchmal richtig hart genommen werden wollen«. Die Gespräche mit betroffenen Frauen in der Untersuchung von Alberto Godenzi haben hingegen eindeutig dargelegt, daß sexuelle Gewalt und sexuelle Lust der Frau rein gar nichts miteinander zu tun haben.

4. Vergewaltigung ist ein Triebverbrechen:
An den übermächtigen Sexualtrieb des Mannes glauben 88,7% der in der Untersuchung von Weis befragten Frauen und 78,7% der Männer. Die Ansicht über die »Natur des Mannes«, dessen Geschlechtstrieb auf schnelle Befriedigung dränge, reduziert die eine Hälfte der Menschheit auf ein einfaches Reiz-Reaktions-Schema, schließt der Autor zu diesem Ergebnis an. Alberto Godenzi formuliert zu dieser Ansicht: »Etwas vornehmer klingt es oft aus Psychologenstuben: Vergewaltiger versuchen mit dem Opfer den infantilen Wunsch auszuleben, ihre verführerische, aber abweisende Mutter zu unterwerfen« (1989, 30). Auch die von Godenzi befragten Täter sehen sich zu einem Drittel als Affekttäter. Im Gegensatz dazu ordnen nur fünf der 156 befragten Frauen ihre Täter dieser Kategorie zu. Die Aussagen der Frauen decken sich mit den Untersuchungsergebnissen von Amir (1971), der 71% der Taten als geplante nachweist.

5. Der Täter ist ein Fremder:
71,6% der befragten Personen glauben in der Untersuchung von Weis an dieses Vorurteil. Nimmt der Bekanntheitsgrad zwischen Opfer und Täter zu, so wird eine Vergewaltigungssituation deutlich weniger als Vergewaltigung eingestuft. Im Vergleich dazu weist Godenzi in seiner Untersuchung bei nur

drei von 35 der nicht-angezeigten und bei einem knappen Drittel der angezeigten Täter sowie bei 30 von 156 der befragten Frauen die völlige Unbekanntheit zwischen Täter und Opfer nach.

DIE ÜBERLEBENDE IM KONTEXT DER SOZIALEN UMWELT: REDEN ODER SCHWEIGEN

Nach einer Vergewaltigung treffen die Frauen die Entscheidung, sich jemandem anzuvertrauen bzw. die Tat zur Anzeige zu bringen oder das traumatische Erlebnis zu verschweigen. Diese Entscheidung ist unter anderem abhängig von der Art der Vergewaltigung, von Scham- und Schuldgefühlen, der Angst vor dem Täter und von den erwarteten oder befürchteten Reaktionen der sozialen Umwelt.

Ausgehend vom menschlichen Mitteilungsbedürfnis – vor allem wenn es um massive Probleme geht – nehme ich an, daß es für Frauen nur ein notwendiger Kompromiß sein kann, die Vergewaltigung zu verheimlichen. Da aber die Reaktionen des sozialen Umfeldes von entscheidender Bedeutung für das Befinden der Frauen nach der Tat sind[29], diese aber nach gängigen Vorurteilsmustern stigmatisierend wirken können, bleibt ihnen unter bestimmten Umständen (vor allem, wenn die Tat keine klischeehafte war und sie demnach mit Vorwürfen rechnen) die Vermeidungstaktik durch Verschweigen als einzige Möglichkeit des Umgangs mit dem Erlebnis. (Die Mediendarstellungen und das Wissen um den Umgang der Polizei und des Gerichts mit vergewaltigten Frauen sind dabei von großer Bedeutung.) Das Verschweigen eines solch gravierenden Erlebnisses aber verstärkt das Gefühl der Einsamkeit, nur mit dem entschiedenen Vorteil, daß sie sich dadurch Vorwürfe ersparen.

Die Reaktionen des sozialen Umfeldes hängen auch vom Einfühlungsvermögen und vom Problembewußtsein der AnsprechpartnerInnen ab (vgl. Schlötterer 1982). Einfühlungsvermögen schafft Vertrauen – Vertrauen gibt Sicherheit – Sicherheit schafft Stärke – Stärke stellt das Selbstwertgefühl wieder her – Selbstwertgefühl verringert den psychischen Streß.

Bezüglich der Vergewaltigungsproblematik stecken in jeder/m von uns tief verwurzelte Vorurteilsmuster auf der einen Seite, und auf der anderen die Unfähigkeit, adäquat reagieren zu können, wenn eine Frau über eine erlebte Vergewaltigung zu sprechen beginnt. Entweder wird das Erlebnis überbewertet oder verharmlost. Ein gesellschaftliches Problem, das tabuisiert ist, erzeugt Berührungsängste und Hilflosigkeit bei AnsprechpartnerInnen. Dies erschwert es den Frauen zusätzlich, darüber zu sprechen.

Dadurch wird die gesellschaftliche Tabuisierung der Problematik doppelt abgesichert und beschreibt einen Kreislauf: Die Vorurteile schüren das Schweigen und sichern die Tabuisierung ab. Je stärker das Tabu ist, desto mehr wächst die Unkenntnis Unbeteiligter, sodaß auch jene unsicher oder hilflos sind, die mit Anteilnahme reagieren wollen.

Wie auch immer die Vergewaltigung passierte – ob sie ins Klischee des Täters als Fremder paßte oder nicht –, das subjektive Erleben des Gewaltaktes stimmt nie mit dem überein, was sich Menschen darunter vorstellen (können)! Die hilfesuchende Frau, die mit jemandem darüber reden will, erlebt sich selbst dabei immer ein Stück als Erklärende, Rechtfertigende und Verunsicherte. Andererseits gibt es dennoch durchwegs positiv erlebte soziale Reaktionen, die für betroffene Frauen eine Hilfe nach einer Vergewaltigung sind.

Fünf der von mir befragten Frauen haben innerhalb der nächsten Monate nach der Tat zumindest einmal (mit einer guten Freundin oder einem Freund, mit einem Arzt oder einer Ärztin, einer Fachärztin für Neurologie und Psychiatrie oder mit der Polizei) über das Erlebnis gesprochen. Dabei erlebten drei Frauen die Reaktionen von Freundinnen und Freunden als hilfreich. Eine Frau hat die Vergewaltigung ca. sieben Jahre völlig verschwiegen. Drei Frauen haben mit sozialen Institutionen Kontakt aufgenommen. (Zwei infolge psychosomatischer Beschwerden und eine Frau hat sich an den Notruf für vergewaltigte Frauen gewandt.) Zwei Frauen erstatteten Anzeige, doch bei keiner der beiden kam es je zu einem gerichtlichen Prozeß.

GRÜNDE FÜR DAS VERSCHWEIGEN
DER VERGEWALTIGUNG IN DER FAMILIE

Keine der fünf Frauen, die als Jugendliche vergewaltigt worden war, hat sich den Eltern anvertraut! Für die beiden Frauen, die mit dem Täter vorher geflirtet hatten, kam die Möglichkeit des Gesprächs mit den Eltern überhaupt nicht in Frage. Auch nicht für Hildegard K., die von ihren Eltern Bestrafung statt Hilfe befürchtete.

Anna B. wollte ihre Mutter nicht belasten: *»Ich mein, auch unlogisch, gell? Weil ich hab das packen müssen mit meinen 16/17 Jahren und von meiner Mutter, die 20 Jahre älter ist, hab ich nicht angenommen, daß sie das packen könnte.«*

Susanne S. war sich unsicher, wie die Eltern, vor allem die Mutter, reagieren könnten; sie hatte Angst vor Vorwürfen. Da alles zum Thema Sexualität in der Familie tabu war, befürchtete sie, daß ihr Gewalterlebnis auch noch »peinlich« gewesen wäre.

Die Unsicherheit über die Reaktionen der Eltern hängen auch damit zusammen, daß diese ihre Töchter zwar vor einer Vergewaltigung warnen und ihnen Vermeidungsratschläge für ihr Leben mitgeben, es aber grundsätzlich verabsäumen, Hilfestellung im Falle einer Vergewaltigung a priori anzubieten. Generell ist das Verschweigen des Vorfalles aber als Erwartungshaltung vor negativen Reaktionen zu sehen. Ob diese auch eingetroffen wären oder nicht, kann aus einer Haltung des Verschweigens nicht hervorgehen.

Dennoch sollte die spezielle, entwicklungsbedingte Situation, in der Jugendliche sind, nicht außer acht gelassen werden. Hedlund und Granö (1986) machen aus Erfahrung in ihrer Beratungstätigkeit mit vergewaltigten Frauen und Mädchen darauf aufmerksam: Aus Angst vor einer Freiheitseinschränkung verschweigen Jugendliche ein Vergewaltigungserlebnis vor den Eltern. Dies würde gerade für sie, die entwicklungsbedingt eine Phase der Eigenständigkeit durchleben wollen, eine doppelte Bestrafung bedeuten.

Die befürchteten Reaktionen der Eltern sind vergleichbar mit den befürchteten Reaktionen der Ehe- oder Sexualpartner der

Frauen: Da Eltern ihre Kinder und Sexualpartner ihre Frau oder Freundin als beschützenswürdig betrachten, erleben sie es als Versagen ihrer Verantwortung, in der Meinung, nicht genügend auf die Tochter bzw. Ehefrau oder Freundin aufgepaßt zu haben. Dieses Gefühl wiederum könnten sie projizieren: mittels Vorwurfshaltungen auf die betroffene Frau – und mit Freiheitsentzug bei jugendlichen Frauen.

Diese Befürchtung hatte vor allem Hildegard K., die als Tochter eines der ganzen Stadt bekannten Vaters dafür zu sorgen hatte, kein Aufsehen zu erregen. Die Angst davor, daß die Eltern von der Vergewaltigung erfahren könnten, war größer als die Angst vor dem Täter und ging so weit, daß sie sogar befürchtete, *der Täter* könnte die Vergewaltigung weitererzählen oder damit prahlen. Dies sichert das Vergehen des Täters zu hundert Prozent ab.

HILDEGARD K.: »*Wenn der dann blöd herumredet ... Weil ich Angst gehabt hab, daß meine Eltern da nachforschen und draufkommen, daß das stimmt. Das wär mir unangenehm gewesen. Weil das war für mich vollkommen klar, daß meine Eltern nicht zu mir halten müssen. Weil ich das noch einmal krieg.*«

(...)

I.: »*Kannst du genauer sagen wofür? Also was glaubst du, wie sie reagiert hätten?*«

HILDEGARD K.: »*Sie hätten getobt und gebrüllt. Sie hätten mich einmal eingesperrt, sie hätten mich beschimpft, das heißt, meine Mutter hätte mir gesagt: ›Kind, was tust du mir an.‹ Und wäre stumm leidend aus dem Zimmer gegangen und hätte mit mir nicht geredet. Mein Vater hätte gebrüllt mit mir und mit der Mutter, hätte mich eingesperrt, hätte mich vielleicht geschlagen, hätte mein Selbstwertgefühl – ich mein', das hat er eh dauernd – total vernichtet. Dann hätte er einen Rachefeldzug gegen den Burschen gestartet, ohne Rücksicht auf Verluste in aller Öffentlichkeit, sodaß ich noch einmal bloßgestellt worden wäre. Nein: es wäre ein Vulkanausbruch gekommen! Ein totaler Tobsuchtsausbruch. Und das hab ich so oft gehabt. Du kannst dir gar nicht vorstellen, nach außen hin hat mein Vater Vorträge gehalten über Kindererziehung und daß man Kinder nicht schlagen sollte und was weiß ich. Aber seine Brüllereien und seine Tobereien und das Tage lang nicht mit mir reden und Hausarrest und … Also der Psychoterror total!«*

DAS SOZIALE NETZ DER FREUNDINNEN UND FREUNDE

Ein funktionierendes soziales Netz ersetzt in gewisser Weise eine therapeutische Hilfe. »Je besser die Frau sich in sozialen Gruppen eingebunden fühlt, desto weniger leidet sie unter seelischen Folgen« (Godenzi 1989, 73).

Die Interviews verdeutlichten, daß jene Frauen, die zum Zeitpunkt der Tat noch jugendlich waren, besonders unsicher über die Reaktionen der Freundinnen und Freunde waren und sich sehr gut überlegten, ob sie sich jemanden anvertrauen konnten.[30]

Jugendliche orientieren sich an Gleichaltrigen und wollen in eine Gemeinschaft passen. Durch eine Vergewaltigung aber unterscheidet sich eine Frau von den anderen bzw. hat Befürchtungen, ihre Position in der Clique zu verlieren, wenn jemand vom Vorfall erfährt. Dies wurde für eine Frau in meiner Untersuchung der Grund, die eigene Vergewaltigung nicht nur vor der Gruppe zu verschweigen, sondern auch vor ihrer Freundin, die eine Woche später von denselben Tätern vergewaltigt worden war. Andere Frauen meinten, daß das Thema nicht in eine Gesprächsrunde paßt und daß sie kein Mitleid (etwa: »Du Arme«) hören wollten. Zumeist befürchteten sie, nicht verstanden, sondern noch einmal verurteilt zu werden. Auch die verinnerlichten Vorstellungen davon, wie ein Mensch zu sein hat, um von anderen Menschen angenommen zu werden, beeinflussen die Gesprächsbereitschaft. In einer Zeit, in der man sich selbst nicht annehmen kann, weil man gedemütigt und gebrochen wurde, glaubt man auch, daß man nicht liebenswert ist und anderen nur »auf die Nerven geht«.

ANNA B.: *»Und … ich mein, … er war halt ein richtiger Freund, der immer da ist. Nur ich hab das damals absolut nicht annehmen können. Ich hab mir nur gedacht, ich geh ihm auf die Nerven. Wenn ich irgend etwas sag, ich geh ihm auf die*

Nerven. Ich mein, ich hab mich selber so genervt damit, … weil alles in meinem Denken war auf das ausgerichtet. Und ich hab mir überhaupt nicht vorstellen können, daß irgendwer da ist, der halt … ja … ja … dem das nicht irrsinnig nervt, wenn ich darüber rede. (…)«

I.: *»Mhm. Kannst du dieses: Den anderen auf die Nerven gehen … beschreiben?«*

Anna B.: *»Ich mein, das ist auch meine Einstellung, daß man, um auf andere zugehen zu können, um andere annehmen zu können, daß man sich selber gegenüber auch die Liebe entgegenbringen muß. Und das hab ich überhaupt nicht können. Ich mein, ich hab mit mir nichts mehr anfangen können. Ich mein, ich war mir selber so zuwider, daß ich das Gefühl gehabt hab, ich bin den anderen genauso zuwider.«*

Treffen befürchtete Reaktionen nicht ein, hat die betroffene Frau das Gefühl, verstanden und akzeptiert zu werden, dann kann ein Gespräch auch als sehr hilfreich gewertet werden. Das Gegenüber wird zum/zur moralischen SchiedsrichterIn.

I.: *»Hast du mit jemandem darüber geredet?«*

Nina H.: *»Mhm … Mit der S. (Name der Freundin verändert, Anm. d. Verf.). Und die hat mich total und sofort verstanden. Und das war auch irgendwie so, die S. war nämlich ganz anders. Also die hat sich total zurückgehalten bei Männern. Die hat sehr lang nicht mit einem Mann geschlafen. Sie hat sehr oft Freunde gehabt, hat immer wieder Freunde gehabt, aber nie etwas mit ihnen sexuell gehabt. Und sie war für mich auch irgendwie so das erreichbare Ziel oder so. Also sie war so ganz anders. Also ich hab auch irgendwie Angst gehabt vor ihr, daß sie mich dann verurteilt. Und das war dann total schön, daß sie das total begriffen hat, was da gelaufen ist. Und da ist es mir selber erst so richtig klar geworden. Und wo sie sofort gesagt hat, das ist ein Schwein. Und ich hab mir nämlich gedacht, sie gibt mir jetzt auch irgendwie die Schuld. Aber es war eben nicht so und da war ich total erleichtert. Und da war's eigentlich das erste Mal, daß ich irgendwie aufgeatmet hab und … es war irrsinnig toll.«*

(…)

I.: »*Wieso warst du dir unsicher, wie sie darauf reagiert?
Also hast du vermutet, sie gibt dir jetzt auch die Schuld?*«

NINA H.: »*Ja ... Nicht die Schuld, aber daß sie halt sagt: Na
ja, Nina, warum bist du denn mit dem mitgegangen. Oder so irgendwas. Und sie hat aber überhaupt nicht an mir gezweifelt.
Weil sie da halt sehr vorsichtig ist, nicht? Zu der Zeit eben ...
Das heißt nicht, daß ihr so etwas nicht passieren hätte können.*«

Besonders schwierig ist es für Frauen, wenn sie ihrem Partner
(der sie nicht vergewaltigt hat) von der Vergewaltigung erzählen wollen. Die Sorge, daß der Freund oder Partner der Frau
die Schuld geben oder mit Unverständnis reagieren könnte, ist
groß. Dies stellen auch Hedlund und Granö (1986) in der Praxis der schwedischen Beratungsstelle (RFSU) fest.

Die besonderen moralischen Umstände der frühen sechziger
Jahre, gepaart mit einer wesentlich geringeren Aufklärung über
die gesetzlichen Möglichkeiten einer strafrechtlichen Verfolgung eines Vergewaltigungsdeliktes und die noch nicht vorhandene neue Frauenbewegung ließen einer Frau gar keine andere Wahl, als über das Erlebte zu schweigen.

HILDEGARD K.: »*Meinem Freund hab ich's erzählt. Daraufhin hat er mich sitzen lassen. Weil ich keine Jungfrau Maria
mehr war. Er hat bitter geweint. (leise, brüchige Stimme) ...
Da hatte ich die Vorstellung, daß der mir helfen wird. Aber
das war ein Irrtum ... Das ist so, weißt, das ist so ein Gefühl,
wenn ich daran denke, du fragst mich, ob ich's jemandem erzählt hab, ... dann ist das so, wie wenn ich geträumt hab, daß
ich es nicht einmal rüberbringe. (...) Wenn ich mich reinlaß
in das Gefühl, dann werde ich furchtbar traurig. (...) Ich war
total verzweifelt, weil ich mich so unverstanden gefühlt habe.
Wieder einmal einer, der das nicht versteht, wie es mir geht.
Der heult, weil ich keine Jungfrau Maria mehr bin. (...) Also
ich weiß nur, ich bin mir vorgekommen wie der letzte
Mensch. Ich denke mir, ich bin hilfsbedürftig, ich bin schwer
verletzt, psychisch schwer verletzt, ... ich habe Angst, ich bin
konfus. Aber ich mein, vielleicht ist so ein 16-/17jähriger irgendwie auch überfordert damit. Der war ja auch nicht viel*

älter als ich. Der hat das eben nicht gepackt ... Den hab ich
auch aus den Augen verloren. Den würde ich gerne wieder
einmal sehen. Zum Beispiel würde ich ihm sagen, daß er sich
damals arsch verhalten hat. Weil ich denke, der war ein senti-
mentaler Romantiker. Der war ... also der hat eine Illusion zu
Grabe getragen. Und ich denke mir, der hat eine Wut gehabt,
weil er sich gedacht hat, er hat sich zurückgehalten bei mir
oder was weiß ich, und ein anderer bedient sich sozusagen.«

Doch auch in jüngerer Zeit scheint es besonders für Männer
schwierig zu sein, adäquat zu reagieren, wenn die Freundin ihnen erzählt, daß sie einmal vergewaltigt wurde. Susanne S., die
nach drei Jahren ihrem (späteren) Freund von der Vergewaltigung erzählte, fühlte sich von ihm keineswegs verstanden.
Ihrem jetzigen Freund erzählt sie davon schon sehr zaghaft,
weil sie sicher gehen will, ob ihn das überhaupt interessiert. So,
als würde sie nicht über ihre erlebte Vergewaltigung, sondern
über einen Film sprechen wollen.

SUSANNE S.: *»Aber ich hab irgendwie das Gefühl gehabt, er*
versteht das irgendwie nicht. Weil, ich meine, es ist wahr-
scheinlich auch schwierig, wenn man selber noch nie so eine
Todesangst empfunden hat, wie soll man das beschreiben? (...)
Aber ich hab mir irgendwie gedacht, der kann sich das irgend-
wie nicht vorstellen, wie das wirklich war, weil ich hab mir ge-
dacht, wenn er das wüßte, dann würde er wahrscheinlich auch
gleich in Tränen ausbrechen oder so was. Wie furchtbar und
so. Weil ich hab dabei geweint und der hat mich halt getröstet
oder so, aber er hat sich das sicher nicht vorstellen können.
Weil er dann gesagt hat: ›Na ja, hättest du ...‹ Ich weiß nicht,
nein das hat er eigentlich nicht gesagt: hättest du dich nicht
wehren können. Oder hat er es gesagt? Ich weiß gar nicht
mehr. Er wollte das halt genau wissen, ob ich keine Chance ge-
habt hätte, das irgendwie zu verhindern oder so.«

Verena N. (die bereits erwachsen war, als sie vergewaltigt wurde), hatte den Vorteil, von einem sozialen Netz aus Freundinnen aufgefangen und geschützt zu werden. Insofern sieht sie
sich selbst auch als privilegiert gegenüber anderen Frauen, die

vergewaltigt worden sind. In der ersten Zeit nach der Vergewaltigung konnte sie in der Wohnung der Freundinnen wohnen und wurde nie allein gelassen. Durch die Auseinandersetzung mit den Frauen konnte sie das Erlebte und die sozialen Reaktionen diskutieren und reflektieren.

Doch auch bei den Frauen, die eine Vergewaltigung nicht mehr mit Vorurteilen in Verbindung bringen wollen, war sie konfrontiert mit Äußerungen, die auf Klischeevorstellungen hinweisen. (Im Vergleich zu den anderen Frauen, die auch über Gesprächserfahrungen mit Männern sprachen, war Verena N. sensibilisiert darauf, zwischen den Reaktionen der Frauen zu unterscheiden.)

VERENA N.: *»Und ... da hab ich das Glück gehabt, daß ich so einen Freundinnenkreis hab ... die total zu mir gestanden sind. Und zwar die ganze Zeit. Und daß wir uns wirklich so ... zusammen was erarbeitet haben in der Zeit, was jetzt auch noch da ist ... Also ... ich weiß nicht, ich finde, daß das eine sehr intensive Zeit dann auch war. (...) Und wo die Frauen auch viel gemacht haben. Also jetzt fühle ich mich endlich auch durch meine Freundinnen geschützt.«*
(...)

»Ich hab eigentlich recht gute Erfahrungen gemacht mit ... eigentlich allen Frauen, mit denen ich geredet hab. Obwohl es auch wichtig ist, daß du die Kraft hast zu sagen: ›Nein, he, da sind meine Grenzen.‹ Ja? Also: Da kannst du nichts sagen, weißt? Also so ... daß du dich auch abgrenzt. Also daß du selber genau weißt, das und das hab ich gemacht in der Situation, und daß du dich auch auf dein Gefühl verläßt. Und auch wenn die anderen ... ich mein, die wissen das nicht. Und die sagen dann Sachen, ich mein, da stellt's dir die Haare auf. (lacht) Ich mein, zum Beispiel, eine Lesbe hat dann gesagt: Ja wenn ich selbstbewußt auf der Straße gegangen wär und eine starke Ausstrahlung gehabt hätte, dann wär mir das nicht passiert. Und das ist halt ein totaler Scheiß, weil ich mein, in jeder Stunde und überall, weißt? Wurscht welche gell? 86jährige ... alle alle alle. Da geht es nicht um stark oder schwach. Das ist für alle. Und manchen reizt gerade, eine starke Frau zu vergewaltigen. Weil da ist dann dieser Machtgewinn für den Mann

größer, den er durch die Vergewaltigung bekommt. (...) Und dann hat eine gemeint: ›Was? Geredet hast du mit dem auch noch?‹ ... Und ich mein, was sollst du denn ... verstehst? Geht nicht ... Also auch so Vorwürfe an mich waren teilweise da. Wo ich schon versucht hab, immer diese Kraft aufzubringen, mich auseinanderzusetzen. Also auch wenn ich am Anfang verletzt war, wenn eine was gesagt hat, daß ich ein paar Tage später hingegangen bin und gesagt hab: ›Du hallo, was war das?‹«

Worum geht es den Frauen bei sozialen Reaktionen? Was wollen sie? Und woran scheint es zu mangeln? Um es neutraler auszudrücken: Was braucht eine Person von ihrer sozialen Umwelt, nachdem sie von jemandem gedemütigt und in ihrer Würde zutiefst verletzt wurde? Nachdem die Angst in der Situation zudem psychische Abwehrmechanismen in Gang gesetzt hat?

NINA H.: *»... Also ich glaube, wenn man sie darin unterstützt, daß sie sich klar ausdrücken kann und daß man ihr hilft, zu einer Sprache zu kommen. Weil das schafft man alleine kaum. ... Und wenn man das verbalisieren und artikulieren kann, dann glaube ich, kann man viel kreativer damit umgehen.«*

Hildegard K. weiß, welche Hilfestellung ihr nach der ersten Vergewaltigung gefehlt hatte, nachdem sie (Jahre später) eine zweite erlebte.

I.: *»Wenn du dich zurückerinnerst: Kannst du dir vorstellen, was dir in der Situation danach geholfen hätte?«*

HILDEGARD K.: *»Ja. Das habe ich bei der zweiten Vergewaltigung erlebt, die für mich im nachhinein, im Kontext, nicht so arg war. Damals bin ich total verzweifelt ins Studentenheim zurückgekommen und da war eine Frau, die sofort gesehen hat, was mit mir los war und mich in ihr Zimmer mitgenommen hat. Ich hab mich bei ihr ausreden und ausweinen können solange ich es gebraucht hab ... Und ich denke, das hat mir geholfen. Also dieses Sich-ausreden-Können bei jemandem, der nicht moralisiert und der mir glaubt, der spürt, wie es mir geht und der mir hilft, die ganze Wut und Verzweiflung auszudrücken. Das hat mir geholfen.«*

I.: »*Mhm.*«

Hildegard K.: »*Also das hat mir sehr geholfen. Während mein damaliger Freund sozusagen auch sagte: ›Du mußt den anzeigen‹ und so ... das hat mir nicht geholfen. Weil da habe ich mich unter Druck gefühlt. Der war auf Polizei und Anzeige und: ›Was? Du willst nicht zur Polizei gehen? Also hast du mich am Schmäh gehalten, vielleicht ist es gar nicht so passiert, wahrscheinlich warst du auch noch beteiligt‹ und so ... Das waren seine Rachegefühle, das hat nichts mit mir zu tun gehabt. Das waren seine Kastrationsbedürfnisse an den anderen Mann. Und das finde ich ganz fies. Und das ist etwas, was mir aufgefallen ist: Also die Männer ... die haben das Gefühl, jemand hat ihnen ihr Häferl weggenommen. Die bilden sich ein, Frau gehört mir, da darf kein anderer ran. Und das ist aber nicht so. Dann sollen ... dann müssen sie ja ununterbrochen wie ein Schäferhund um die Frau herumkreisen und schauen, daß ja keiner herankommt. Tun sie eh zum Teil.*« (...)*

»Also ich denke, ich hab sehr genau gespürt, ob jemand bei mir ist oder bei sich selbst. Bei meinen Freunden hab ich immer gespürt, die waren bei sich selber: bei ihrer eigenen Wehleidigkeit, bei ihrer eigenen Rivalität und Rachsucht. Und das hat mich eher behindert.«

INSTITUTIONELLE HILFSMASSNAHMEN

Drei Frauen haben institutionelle Hilfe von ÄrztInnen in Anspruch genommen. Nur eine Frau hat sich zudem an den Verein »Notruf für vergewaltigte Frauen« gewendet. (Dies steht auch in Zusammenhang damit, daß die meisten Vergewaltigungen länger zurückliegen als es den Verein Notruf gibt bzw. dieser weitreichend bekannt ist.)

Aus den Interviews ging hervor, daß das Personal in (nicht-spezialisierten) Sozialeinrichtungen zumeist unwissend und unverständig, manchmal sogar mit gehörigen Vorurteilen, den betroffenen hilfesuchenden Frauen gegenübersteht.

Verena N. hatte, weil sie die Tat gleich zur Anzeige brachte und durch die Vergewaltigung einige Krankheiten und Wun-

den behandeln lassen mußte, mit mehreren Gesundheitsein-
richtungen zu tun. Als sie sich über die abschätzige Art der
Krankenschwestern beschwerte, erhielt sie folgende Erklärung:

VERENA N.: »*Weil ich bin auch im Krankenhaus total oft behandelt worden. Dort waren Krankenschwestern, die gemeint
haben, sie wissen doch nicht, ob ich schuld daran bin, nicht?
... das war auf der Frauenklinik.*«

Anna B. ging auf Empfehlung ihres Hausarztes zu einer
Fachärztin für Neurologie und Psychiatrie, nachdem sich Ein-
schlaf- und Schlafstörungen, Konzentrationsstörungen in der
Schule und Kopfschmerzen infolge der Vergewaltigung ein-
stellten. Die Fachärztin diagnostizierte eine *endogene* Depression[31], deren Vorteil es sei, daß diese durch *exogene* Faktoren
(die Vergewaltigung) ausgelöst worden sei. Sie verschrieb daher eine Behandlung mit Antidepressiva. Dieses Unverständnis
bewirkte bei Anna B., daß sich ihre Isoliertheit zu Selbstmordabsichten verdichtete.

ANNA B.: »*Die hat mich angehört und hat mir Tabletten verschrieben, also ziemlich starke Antidepressiva. (...) Eine für
die Nacht und eine für den Tag. Und dann etwas, wenn es ganz
schlimm ist. Für solche Fälle hat sie mir dann auch Tabletten
verschrieben, aber die darf ich nur nehmen, wenn es mir ganz
schlecht geht. (Sagt dies ziemlich schnell.) Also (lacht) ... also
das ganze hat ... was weiß ich ... also so Fließbandabferti-
gung.*«
(...)
I.: »*Hast du die Tabletten genommen?*«
ANNA B.: »*Anfangs schon, aber ich hab dann gemerkt ... daß
ich dann auf das Hochhaus hinaufgestiegen bin. Und dann hab
ich noch einmal Tabletten von ihr bekommen.*«
I.: »*Hast du ihr den Vorfall mit dem Hochhaus erzählt?*«
ANNA B.: »*Hab ich ihr erzählt, ja. Und dann hat sie mir eben
die anderen Tabletten gegeben. Und falls ich wieder in so eine
Situation komme, dann soll ich die nehmen. (etwas zynischer
Tonfall, lacht) ... Ja, ganz eine wilde Geschichte ...*«

Nur zwei Frauen zeigten die Vergewaltigung an – bei keiner der beiden Frauen kam es je zu einem Gerichtsprozeß. Die Gründe der anderen vier (jugendlichen) Frauen, von einer Anzeige bei der Polizei abzusehen, waren Schuldgefühle, Angst vor den Eltern, die mit einer Anzeige verbundenen »Scherereien« (auch weil die Schule davon erfahren hätte) und die Angst vor der befürchteten Umgangsform der Polizei und des Gerichts. Daß der Täter aber gerade dadurch nicht verurteilt werden konnte, löste bei ihnen parallel dazu das Gefühl mangelnder Gerechtigkeit und mangelnder Partizipationschancen in diesem Rechtsstaat aus. Es fehlt ihnen etwas, was sie dadurch nicht wiederbekommen können, und verunmöglicht eine vollständige Bewältigung des Erlebten. Auch wenn der Täter nicht verstehen sollte, was er ihnen angetan hatte oder sie diesem mittlerweile völlig gleichgültig gegenüberstehen, so wünschten sich die Frauen doch, zumindest den Rechtsstaat auf ihrer Seite zu haben.

NINA H.: *»Bestrafen wäre … ja, es wäre eine Chance, so … ein Mitgefühl zu kriegen. (…) Oder ja, irgendwie das Gefühl: Das krieg ich wieder … Obwohl ich weiß, daß das im Prozeß in der Praxis nicht so läuft.«*

SUSANNE S.: *»… weil so fehlt mir irgend etwas. Ich denke mir nur: Schweinerei! Und kann nichts machen – sozusagen.«*

Das Mißtrauen unseres Rechtswesens (Polizei, Gericht …) gegenüber den vergewaltigten Frauen ist besonders groß. Die Frauen werden nicht nur durch den Täter erniedrigt, die gesellschaftlichen Institutionen setzen die Unterdrückung fort. In der Umfrage von Kurt Weis (1982) gehen 51% der Befragten davon aus, daß ein Teil der Vergewaltigungsanzeigen bei der Polizei in Wirklichkeit *Falschanzeigen* sind.[32] Diese Vorstellung wird auch von der Polizei produziert bzw. wieder reproduziert und mit verschiedenen Begründungen untermauert:

Ist die Frau eine Jugendliche, macht sie die Anzeige vielleicht nur deshalb, weil sie zu spät nach Hause gekommen ist und die Sanktionen der Eltern befürchtet oder weil sie einen

156

Hang zur Phantasie hat. Ist die Frau von ihrem geschiedenen Ehemann oder Freund, von dem sie sich getrennt hat, vergewaltigt worden, dann will sie ihm wahrscheinlich nur »eins auswischen«. Ist die Frau von ihrem Ehemann vergewaltigt worden, gilt dies überhaupt nur als »angebliche Vergewaltigung«. Ist die Frau mit einem Mann der Kategorie »Zufallsbekanntschaft« mitgegangen, dann hat sie sich vermutlich nur verführen lassen und/oder will jetzt ihr schlechtes Gewissen über ihren »Seitensprung« dem eigenen Freund oder Ehemann gegenüber mit einer Anzeige auflösen. Das Mißtrauen der Polizei ist einerseits dann groß, wenn die Frau die Tat nicht gleich zur Anzeige bringt bzw. sie keine gravierenden Verletzungen hat, andererseits wächst das Mißtrauen der Polizei auch dann, wenn die Vergewaltigung gleich nach der Tat angezeigt wird und die Frauen nach außen hin ruhig scheinen.[33] Zudem steht die Frau zumeist unter den Schockreaktionen kurz nach der Tat. Unter diesen Umständen kann sie in Rechtfertigungszwänge und Beweisnöte geraten.

Eine geläufige Einstellung, mit der die Polizei an die Protokollaufnahme herangeht, ist die Auffassung, daß Frauen sexuelle Gewalt »provozieren« – wodurch die Verantwortung für die Tat bei ihnen bleibt, sie also *Schuld* bzw. *Mitschuld* an der Tat tragen. Fragen nach ihrer Kleidung und ihrem Verhalten, z.B., warum sie sich mit dem Täter in eine Situation gebracht hat, in der er seinen »Geschlechtstrieb nicht mehr unter Kontrolle haben konnte«, werden gestellt.

Dost (1963) umschreibt diese Einstellung mit der Metapher: »Sie hat mit dem Feuer gespielt und sich dabei verbrannt!« (zit. nach: Butzmühlen 1978, 91). Die Annahme vom unkontrollierbaren Geschlechtstrieb des Mannes basiert auf der Triebtheorie. Ein zynischer Widerspruch liegt dem zugrunde: Die Auffassung über die Natur des Mannes, dessen Geschlechtstrieb auf sofortige Befriedigung drängt und unkontrollierbar ist, reduziert gerade die Hälfte der Menschheit, die scheinbar keinerlei Schwierigkeiten bei der Aufrechterhaltung der gesellschaftlichen Machtposition hat, auf ein einfaches Reiz-Reaktions-Schema. Oder solche Argumente dienen einer bewußten Entpolitisierung macht- und herrschaftsorientierter sozialer Bestimmungen, meinen Cheryl Benard und Edit Schlaffer (1980, 53).

Auch das frühere sexuelle Verhalten (der Ruf) der Frauen spielt bei Polizei und Gericht eine Rolle. Dies weist auf die Aufspaltung der Frauen in »Heilige« und »Huren« hin. Denn ein »leichtfertiges« (sexuell aktives) Mädchen ist selbst schuld an einer Vergewaltigung. Auch Vorurteile im Falle von Alkohol- und Drogeneinflüssen sind bekannt, die seltsamerweise beim Täter als Entschuldigungsgrund, bei der vergewaltigten Frau im Gegensatz dazu als Grund für ihre Mitschuld gewertet werden (vgl. Schlötterer 1982, 118; BMJFG 1983, 83f).

Die Schuldfrage wird so zum manifesten Bestandteil ständiger Reproduktion gesellschaftlicher Vorurteile und Ideologien, welcher sich auch Täter bedienen, wie Godenzi in seinen Gesprächen mit Vergewaltigern erkennen konnte: Sie interpretieren eine Nichtanzeige ihrer verübten Vergewaltigung dahingehend, daß die Frauen sich ihrer Eigenbeteiligung und Schuld wohl im klaren seien (Godenzi 1989, 47f). So beseitige die Unterlassung einer Anzeige die letzten Reste männlicher Selbstzweifel an der Tat. Auch vertreten die von Godenzi befragten Täter häufig die Ansicht, die Frau habe sie »provoziert, um Männer abhängig zu machen oder sie zu demütigen mit dem Wissen darüber, daß Männer eben Sexualität brauchen!« Nach dieser Auffassung ist Gewalt nur ein Mittel zur Notwehr.

Auch in meiner Untersuchung stellte sich heraus, daß der Umgang der Polizei den Frauen mehr geschadet als genützt hat.

Anna B. zeigte die Tat auf Anraten eines Freundes nach drei oder vier Wochen an. Sie tat dies nicht für sich selbst, sondern weil ihr das Argument des Freundes (der ihr Ansprechpartner nach der Vergewaltigung war) plausibel erschien, mit einer Anzeige könnten andere Frauen vor einer möglichen neuerlichen Tat des Mannes vielleicht geschützt werden. Nach Ermittlungen der Polizei wurde der Täter ausfindig gemacht. Es kam aber nie zu einem Gerichtsprozeß, weil der Täter sich ins Ausland absetzte.

Anna B. konnte sich gegen die Fragen der Polizei, die sie als unverschämt empfand, in der damaligen Phase emotionaler Zerrüttung nicht wehren. Dies zeigt die Machtposition von Institutionen gegenüber Personen, die in einer Situation der Schwäche und Verunsicherung auf Hilfe und Unterstützung angewiesen wären.

In diesem Zusammenhang ist auch auf die besondere Situation von vergewaltigten Jugendlichen hinzuweisen, weil sie unter derartigen polizeilichen Bedingungen auf eine Unterstützung durch eine in der Rechtspraxis erfahrene Fachkraft angewiesen wären.

I.: »*Welche Fragen waren das?*«

ANNA B.: »*Ja eben: ob ich ihn nicht aufgereizt habe und so quasi, warum ich so blöd sein kann und wie ich mit jemandem mitgehen kann. Und ich mein', ich hab nachher viel nachgedacht darüber und eigentlich ... Ich mein': Ist es ein Verbrechen, wenn ich mit jemandem auf einen Kaffee mitgehe?*«
(...)

»*Ich hab relativ mechanisch geantwortet, ohne mich genau zu erinnern, welchen Wortlaut die verwendet haben. (...) Ich hab mir das Protokoll zwar durchgelesen, wie ich's unterschrieben habe, aber ... ja ... ich hab's halt getan, ohne eine Beziehung dazu zu haben. Darum hat mich das auch weniger gestört, daß die eigentlich sehr unverschämt gefragt haben. (...) Ich mein', es war einfach so leer. Ich bin an und für sich ein Mensch, der gegen Ungerechtigkeiten und Dummheiten eingestellt ist, gerade in solchen Amtssachen. Und ich muß sagen, wenn mir das jetzt passiert, mit meinem normalen Empfinden, versuche ich etwas dagegen zu tun bzw. werde irgend einen Weg finden, mich dagegen zu wehren. Aber damals war mir das wurscht, ich hab's ja nicht gespürt. Das war alles so mechanisch. Ich hab das alles so runtergeleiert, die hat irgendwas gesagt und ich hab' wieder weitergeleiert.*«

Verena N. benachrichtigte gleich nach der Vergewaltigung die Polizei, allein schon deshalb, weil sie Schutz suchte. Im Zuge der darauffolgenden polizeilichen Maßnahmen hatte sie auch mit einer Kriminalbeamtin zu tun. Im Falle von Verena N. fällt auf, daß eine Kriminalbeamtin, nur weil sie eine Frau ist, nicht unbedingt einen frauenfreundlicheren Umgang mit der Hilfesuchenden gewährleistet. Das mag auch daran liegen, daß das polizeiliche System ein männliches ist, in dem vorwiegend Männer arbeiten. Gerade eine Frau kann, um sich in einer solchen Institution zu behaupten, noch »strenger« sein, wodurch sie sich in gleicher Weise gegen die Vergewaltigte stellt wie ihre männlichen Kollegen.

Die Suche nach dem Täter, die Aufnahmen der Kriminalpolizei, die Protokollaufnahmen und die Gegenüberstellungen mit angezeigten Männern dauerten eine Woche. Danach hat sie sich von der Polizei distanziert – wie viele andere Frauen auch.

Verena N. kommt auf das Kommissariat, um die Anzeige zu machen:

VERENA N.: »... *Ja das war so komisch auch, ... ich mein', wir sind hingekommen – also ich mit einer Freundin – und ... ein Beamter kommt raus und fragt: ›Weswegen sind sie da?‹ Und ich sag: ›Wegen Vergewaltigung.‹ Und er greift sich auf den Schwanz.*«

I.: »*So völlig unbewußt oder was?*«

VERENA N.: »*Ja. Und dann hab ich zu meiner Freundin gesagt: ›Na Wahnsinn! Ich komme her und sag' Vergewaltigung und er greift sich sofort auf den Schwanz‹. Und er ist hineingangen und hat die Tür zugeklescht. Und nachher ist eben ein anderer gekommen ...*«

(...)

»*Na ja. Und dann der Kriminalpolizist, ich mein', es war ein Witz. Der Kriminalpolizist kommt auf einmal daher und erklärt mir, daß das nicht stimmt, daß der die Tür aufgebrochen hat, weil so wie ich das beschreibe, kann man die Tür nicht aufbrechen. Und nachher hat mir jemand anderer erklärt, daß der die Tür mit einem Gashaxn aufbrochen hat, daß das ein ganz normales Einbrecherwerkzeug ist, wo man eh die Spur an der Tür gesehen hat. Jetzt weiß ich nicht, entweder wollte er mich verunsichern, oder hat selber nichts gesehen. Ich hab jedenfalls gesagt: ›Also bitte, das ist wohl wirklich nicht mein Kaffee, wie der da reingekommen ist. Ich mein, was wollen Sie denn?‹ Weil er wollte wahrscheinlich wissen, ob ich selbst aufgemacht habe. Ich mein', ich hab das halt als so eine Frechheit empfunden. Sie sagen, der hat eingebrochen, das kann gar nicht sein.*

160

Und er hat es genau gesehen an der Tür: aufgebrochen.«
Der Umgang der Polizei mit Frauen, die eine Vergewaltigung
zur Anzeige bringen, wird als Taktik wie »Zuckerbrot und Peit-
sche« empfunden. Auch die Frauen, mit denen Verena N. in
der Selbsthilfegruppe sprach, hatten zu Beginn das Gefühl, daß
ihnen geholfen wird, doch bald stellte sich heraus, daß dem
nicht so war. Die Frauen hatten die polizeilichen Ermittlungen
so arg in Erinnerung, daß sie über die Vergewaltigung lieber
nicht mehr reden, sondern sie vergessen wollen.

WENN ES ZUM PROZESS KOMMT

Selber schuld !

Als der Bankräuber aussagte,
die Bank habe ihn durch ihr Geld
zum Bankraub gereizt,
wurde seine Strafe selbstverständlich
von den beantragten 6 auf 4 Jahre vermindert.
Als er dann noch behauptete,
die Bankangestellten hätten
sich nicht gewehrt, setzte
man die Strafe von 4 auf 2 Jahre herab
(er konnte schließlich das stillschweigende
Einverständnis der Angestellten voraussetzen).
Schließlich gab er noch an,
er habe vor der Tat, früher,
mehrmals mit der Bank verkehrt.
Da sprachen ihn die Richter frei.
Warum sollten sie hier auch anders
verfahren als bei Vergewaltigungen?

(Aus »Streit«, Heft 1, 1983; zit. nach: Abel 1988)

Henriette Abel hat die gesetzlichen Freiräume in der Rechtspraxis des Gerichts in Vergewaltigungsprozessen wissenschaftlich untersucht und nachgewiesen, daß die Klischeevorstellun-

gen als außerrechtliche Vorstellungen in Urteilsbegründungen legitimiert werden. Die außerrechtlichen Vorstellungen beziehen sich auf das geschlechtsrollenkonforme Verhalten und seine stereotypen Vorstellungen darüber: Klischeevorstellungen von der männlichen Triebhaftigkeit, der männlichen Aktivität und weiblichen Passivität und dem weiblichen Masochismus finden sich mehr oder weniger verschlüsselt in der Rechtspraxis wieder.[34]

In einer schon aufgrund des Erlebnisses geschwächten Situation (ein nahender Verhandlungstag belebt Gefühle, die die Frau in und nach der Vergewaltigung erlebt hat: Angst und Unsicherheit lösen wieder Schlafstörungen, Appetitlosigkeit etc. aus ...[35]) wird sie üblicherweise als Zeugin einvernommen. Als solche steht sie vor Gericht oft Fragen gegenüber, die den Eindruck entstehen lassen, *sie* sei die Angeklagte.

Für Gerichtsverhandlungen über Vergewaltigungsdelikte ist deshalb die Nebenklagemöglichkeit bzw. Privatbeteiligung für Frauen auszubauen: Die Anklage wird durch eine/einen Rechtsanwältin/-anwalt vertreten. Allerdings ist eine Privatbeteiligung mit Rechtsanwaltskosten verbunden, die die betroffene Frau zu tragen hat. Ein weiterer Nachteil von Privatbeteiligung (im österreichischen Rechtssystem) ist, daß diese keine Berufungsmöglichkeit vorsieht.

Da im Österreichischen Strafgesetzbuch, § 201 Vergewaltigung, der Gewaltbegriff nicht definiert ist, existiert in der gerichtlichen Praxis Vergewaltigung als solche nicht, kritisieren die Mitarbeiterinnen des Vereins »Notruf für vergewaltigte Frauen« aus ihrer Praxis. Was zähle, sind die Delikte rund um die Vergewaltigung, die an sich schon strafbare Delikte sind (wie etwa Bedrohungen und Beeinträchtigungen durch Waffengewalt und andere Körperverletzungen). Fehlen diese zusätzlichen Delikte, so gelte die Tat nicht als Vergewaltigung. In der Rechtspraxis existieren zwei Hauptargumentationslinien, nach denen Vergewaltigung legitimiert oder verurteilt würde: Handelt es sich *nur* um eine *bloße* Vergewaltigung, so sei es kein Delikt. Andernfalls würden Vergewaltiger, vor allem wenn ihnen die mehrfache Wiederholung und der Einsatz von Waffen nachgewiesen werden kann, zumeist als *geistig abnorm* (auch gegen ein psychiatrisches Gutachten) verurteilt (Vergeßt Vergewaltigung. Regina Trotz. In: Stimme der Frau 1992/4, 6f).

»Das Mißtrauen, das den betroffenen Frauen im Gerichtssaal von seiten der Richter, Staatsanwälte und Verteidiger entgegenschlägt, ist ein bloßes Spiegelbild der Meinungen in der Bevölkerung« (Flothmann/Dilling 1990, 72).

Gesetz und Rechtssetzung – Rechtspraxis und Rechtsempfinden stehen im stärksten Widerspruch zueinander. Das ist das Dilemma: Einerseits steht der Rechtsstaat nicht auf Seiten der vergewaltigten Frauen – zum anderen herrscht der Spruch: »Wo kein Kläger – da kein Richter.«

DIE VERARBEITUNG DES TRAUMAS

Verarbeitung bedeutet wirklich Arbeit, die Zeit und Energie abverlangt. Das Trauma bewirkt einen langanhaltenden psychischen Streß, dessen Bewältigung problemlindernd oder problemlösend sein kann.

In der Copingforschung (der Streßforschung) wird die Kombination von einerseits schützender Wirkung der Abwehrmechanismen und einer gleichzeitig einsetzenden Befähigung zur aktiven Auseinandersetzung als optimales Coping (als optimale Streß- bzw. Krisenbewältigung) bezeichnet (Nusko 1986, 89).

Ziel der Verarbeitung ist die Integration des Vergewaltigungserlebnisses in das Selbst- und Umweltkonzept der geschädigten Frau. Eine gelungene Verarbeitung scheint dann gegeben, wenn sich die Überlebende wieder neue Ziele in ihrem Leben setzen und die Vergewaltigung (und ihre Folgen) als einen Lebensabschnitt integrieren kann.

Aus psychotherapeutischer und beratender Sicht ist das Ziel der Verarbeitung auch dann erreicht, wenn die Frau dahin kommt, für sich selbst eintreten und sich wehren zu können, wodurch sie wieder Selbstsicherheit und Selbstwertgefühl erlangen kann. Wenn die Frau ihre Reaktionen während der Krise dazu benutzt, sich besser verstehen zu können, kann die Tat als tragischer, aber akzeptierter Teil in ihrem Leben integriert werden (vgl. Hedlund 1986, 51; Flothmann/Dilling 1990, 168f).

Der Vorgang der Verarbeitung erfolgt in Abschnitten. Theoretisch gibt es Phasenmodelle (zeitlich gegliederter Bewältigungsvorgang) und Prozeßmodelle (psychische Vorgänge als Interaktionen oder Transaktionen verschiedener Systeme entlang einer physikalischen, psychologischen oder historischen Zeitachse).

Phasenmodelle werden – je nach AutorInnengruppe – in zwei bis fünf Phasen eingeteilt, die die Zeit der Verarbeitung gliedern.[36]

Prozeßmodelle orientieren sich nach tiefenpsychologischen und kognitiven Kriterien und beschreiben Interaktionen und Transaktionen zwischen Individuum und Umwelt in einer Dynamik, die zu Reaktionen führen, die ihrerseits rückwirken auf die beeinflussenden Faktoren und diese ebenso beeinflussen können. Alle Variablen sind wechselseitig abhängig voneinander: Die Gesamtsituation wirkt auf die Person und umgekehrt.

Wird ein Erlebnis nun als schwerwiegend (als streßreich) eingeschätzt, so beginnt ein Prozeß der Bewältigung. Die Copingforschung macht die determinierenden Faktoren, in welcher Weise die Verarbeitung geschehen soll, von *Personmerkmalen* (Alter, Geschlecht, Selbstwertgefühl, Erfahrung ...), *Kontextmerkmalen* (Gesamtheit der dinglichen und sozialen Umwelt, in der die Person lebt) und *Ereignismerkmalen* (Problemsituation, Schweregrad, Form des Erlebten ...) abhängig (vgl. Nusko 1986). Die Entscheidung über die Bewältigungsform richtet sich nach den positiven Gegebenheiten und der Kombination dieser Merkmale.

In meiner Untersuchung zeigen sich folgende Korrelationen: Ein starkes Selbstwertgefühl und Selbstbewußtsein (daher Glaube an die eigenen Wahrnehmungen und Empfindungen), auch in bezug auf die positive Einstellung dem eigenen Frausein gegenüber, erwiesen sich als vorteilhaft für eine Verarbeitung. Die Frauen konnten vor allem ihre Schuldgefühle (falls vorhanden) abbauen, konnten besser mit anderen über die Vergewaltigung sprechen bzw. sich auch gegen Klischees oder Vorwürfe zur Wehr setzen. Hingegen wirkten persönliche Unsicherheit und eine streng moralische Erziehung negativ auf die Verarbeitung, weil sie den Abbau der Scham- und Schuldgefühle erschwerten (vor allem bei Vergewaltigungen aus Zufallsbekanntschaften, die als schwerst demütigend empfunden wurden) und das Reden darüber großteils verunmöglichten.

Bei allen wirkten sich die gesetzlichen (Un-)möglichkeiten negativ auf eine Verarbeitung aus. Als entscheidendes Kontextmerkmal einer Verarbeitung stellte sich bei allen die Art der Zuwendung des sozialen Umfeldes heraus. Ein verständnisvolles Gespräch wirkte heilsam.

Zu den Erschwernisfaktoren einer Verarbeitung zählt das besonders brutale Vorgehen eines Täters, die Todesangst der Frau in der Situation. Hat eine Frau sich in der Situation der Vergewaltigung nicht gänzlich aufgegeben, wenn sie etwa zumindest noch mitdachte, so wirkte dies auch bei einer schwerwiegenden Vergewaltigung positiv auf die Verarbeitung. Die Amnesien sind geringer und der Betroffenen bleibt dadurch ein Maß an (gedanklicher) Eigenmächtigkeit, der Täter konnte nicht ganz von ihr Besitz ergreifen.

BEWUSSTE AUSEINANDERSETZUNG UND DIE WIEDERKEHR DES VERDRÄNGTEN

Nicht das Trauma, sondern die unbewußte, verdrängte, hoffnungslose Verzweiflung darüber, daß man sich über das, was man erlitten hat, nicht äußern darf und daß man Gefühle von Wut, Zorn, Erniedrigung, Verzweiflung, Ohnmacht, Traurigkeit nicht zeigen und auch nicht erleben darf, behindern die eigene Wahrheit und verunmöglichen die Verarbeitung.

»(...) Nicht das Leiden an Frustrationen führt zur psychischen Krankheit, sondern das Verbot, dieses Leiden, den Schmerz über die erlittene Frustration zu erleben und zu artikulieren« (Miller 1983, 293).

Wenn Frauen über ihr Vergewaltigungserlebnis jahrelang großteils schweigen müssen, mit den Gefühlen der erlebten Demütigung aber nicht umgehen können, sondern sie verdrängen wollen, dann sind sie sich nicht nur unsicher über die Folgen, sondern auch die Verarbeitung wird dadurch erschwert. Die Isoliertheit des Umgangs mit dem Erlebten verunmöglicht die Rückeroberung der Empfindungen aus der Situation. Die Verdrängung aber gelingt nicht vollständig. Mit der Tatsache der erlebten Vergewaltigung werden alle Frauen in anderen Lebenszusammenhängen und in assoziativen Verknüpfungen konfrontiert – bis sie das Erlebte in ihrer Erinnerung wiederfinden. (z.B. während einer persönlichen Krise oder bei Schwierigkeiten und Trennungen von Freundschaften und Beziehungen, wenn ein Mann sie an den Täter oder wenn ein Ort oder eine Situation sie an die Vergewaltigung erinnert.) Häufig sind es »parallele Gefühle«, die das Gewalterlebnis aktualisieren.

I.: »*Hast du irgendwie versucht, mit dem ganzen umzugehen, oder hast du das Gefühl gehabt: Das möchte ich bewältigen, oder irgend etwas möchte ich damit machen oder so?*«

HILDEGARD K.: »*Nein. Ich hab nur das Gefühl gehabt: Das ist etwas, was verschwiegen und versteckt gehört. Das war halt die Zeit damals.*«

I.: »*Hast du es vergessen?*«

HILDEGARD K.: »*Nein, vergessen hab ich es nicht. Ich bin ja immer daran erinnert worden, wenn es wieder eine Wiederholung gegeben hat. (lacht) Und ich mir gedacht hab: Teufel, schon wieder! Das ist wirklich so etwas, wo du das Gefühl hast, du greifst dauernd in Scheiße. Daß du dir denkst: Wieso passiert mir das schon wieder? Was hab ich denn schon wieder getan? Ich hab doch nichts getan. Und wirklich, ich hab immer die Schuld bei mir gesucht. Also halt gut programmiert auf Opfer, nicht?*«

Silvia T. wurde an die Vergewaltigung erinnert, als sie über ihre gescheiterten Beziehungen nachzudenken begann. Dabei stieß sie immer wieder auf ähnliche Assoziationen: Sie fühlt sich bedrängt, die Sexualität mit den Männern läßt sie kalt, sie spürt nichts, es ist ihr egal, sie macht etwas, was sie nicht will, das hoffentlich bald vorbei ist … Der gemeinsame Nenner, der bei ihr parallele Gefühle zum Vergewaltiger weckte, scheint entweder im Feingefühl für eine ausgesprochene Egozentrik ihres jeweiligen männlichen Gegenübers zu liegen, in dessen System sie als Person nicht vorkam, weil es nur um seine Bestätigung zu gehen schien. Oder es fand eine Projektion ihrerseits statt. Denn eine Erfahrung, die (unbewußt) zu stark an eine frühere gravierende Schmerzerfahrung erinnert, kann nicht für sich wahrgenommen und bewertet werden. Im Prozeß der Übertragung genügen Ähnlichkeiten; etwa Farben, Stimmen, Gerüche oder andere Kennzeichen, um gegenwärtige sowie Gefühle aus vergangener Schmerzerfahrung vermengt zu empfinden. Es scheint dann wie ein Versuch einer Neuinszenierung der speziellen verdrängten Gefühlslage.

SILVIA T.: *»Ich kann mich erinnern, ich hab meiner Mutter einmal erzählt, der W. (Name des damaligen Partners geändert, Anm. d. Verf.) vergewaltigt mich fast ... Und in Wirklichkeit war es nicht so. Er hat mich nicht vergewaltigt, das stimmt nicht. Aber mein Empfinden war dem gleich. Mein Empfinden war es, daß es ihm jetzt wurscht ist, ob ich etwas davon habe oder nicht, obwohl er das im nachhinein bedauert hat. Aber für mich dann nur da war: da ist seine Männlichkeit gekränkt, wenn ich nichts davon habe, weil er das als Mann nicht schafft, mich mehr zu reizen, aber es vordergründig gar nicht um meine Sexualität geht, sondern nur um seine Bestätigung. Und dieses Gefühl: Ich spüre nichts – ja – das war auch irgendwie da, ja. Wo es dann nur noch im Kopf oben gearbeitet hat: Hoffentlich ist es bald vorbei, es wird schon vorbei gehen ...«*

»Wenn die Frau dazu gebracht wird, sich zu überlegen und auszudrücken, was am schlimmsten war, so hilft es ihr, mit ihren Gefühlen umzugehen, und sie kann dann versuchen, sie zu bewältigen« (Hedlund 1986, 48).

Aus Arbeiten über die Thematik geht hervor, daß das Schlimmste für vergewaltigte Frauen nicht das eigentliche sexuelle Erlebnis ist, sondern die Angst, die Demütigung und das Brechen ihres Willens, die Fremdbestimmung und Degradierung ihrer Person zum Objekt fremder Bedürfnisse – welcher Art auch immer (vgl. Schlötterer 1982; Fiegl 1990, 15; Flothmann/Dilling 1990, 69).

Jene Frauen in meiner Untersuchung, die zwar massive Angst, nicht aber Todesangst in der Tatsituation verspürten, bezeichneten vor allem Enttäuschung (etwa über seinen Vertrauensmißbrauch), Demütigung (auch die demütigende Haltung des Täters nach der eigentlichen Tat), Selbstvorwürfe und Scham, Angst vor den Eltern und die Verdrängung des Erlebten in der Folge als schwere Beeinträchtigung.

I.: *»Was war für dich das Schlimmste an der ganzen Geschichte, die du erlebt hast?«*

NINA H.: *»... Einmal die Enttäuschung, mit was er mich da plötzlich konfrontiert. Also von so etwas ganz Harmlosem zu etwas ... ganz Gewalttätigem, Eklatantem. Und ... und das mag ich nicht, also daß ich deshalb ganz schockiert bin darüber, also vor den Kopf gestoßen bin ... Was er mir da auch mitgibt von sich. Eine Frechheit, nicht? Ich meine, womit er mich da von seiner Geschichte her konfrontiert. Was er auf mich abladet jetzt. Und ... ja eben das Wehrlose. (...) Und die extremen Selbstvorwürfe im nachhinein. Und ... ja ... das Verdrängen. Wo ist das alles hin?«*

Für Frauen aber, die in der Tatsituation (aufgrund von Waffeneinsatz oder weil der Täter sie gewürgt hatte) unter Todesangst gestanden sind, wurden Fragen über Tod und Leben sowie der Ausgeliefertheit und Ohnmacht, damit umzugehen, zum primären Problem.

SUSANNE S.: *»Ich meine – jetzt überhaupt – daß ich mit einem Messer bedroht worden bin, das war für mich vielleicht noch ärger als die Vergewaltigung selbst. Weißt, was ich meine? Ich meine, diese Machtlosigkeit, in der jemand jetzt irgendwie mein Leben bedroht sozusagen. Ich weiß nicht. Ich meine, das ist für mich so arg. Ich meine, ich weiß zwar nicht, ob man das überhaupt so trennen kann. (...) Aber bei einer Vergewaltigung, das Arge ist ja ... irgendwie, daß man dem Mann so ausgeliefert ist. Weil es geht ja um die Angst, die man um sein Leben hat. Weil ich meine, sonst könnte man ja eh irgendwie, wenn man mit jemandem nicht schlafen will, dann macht man es eben nicht. Aber ich meine, da ist ja eigentlich immer die Todesangst, die man hat. Oder daß man ... daß der dich irgendwie verletzt oder so ... Das hab ich so arg gefunden. Und daß der wirklich – der hat wirklich gesehen, daß ich irre Angst habe, weil ich hab so geweint oder so – und das war*

dem wurscht! Also das hab ich irgendwo so gemein gefunden.
Das! Daß das dem voll wurscht war oder so.«

Die erlebte Todesangst bewirkte bei Anna B., daß sie lange Zeit massive Schwierigkeiten hatte (und in abgeschwächter Form noch hat), wenn sie jemand von hinten am Hals anfaßte.

Verena N. setzte sich seit der Vergewaltigung mit Fragen des Überlebens als Frau auseinander. Sich gegenseitig oder selbst Schutz zu geben, wurde für sie im Alltag notwendig. Daß sich die Vergewaltigung bei ihr (und bei anderen Frauen) täglich wiederholen könnte, und daß sie auch mit dem physischen Tod enden kann, ist ihr seit ihrem Erlebnis bewußt. Ihr Alltag hat sich grundlegend verändert.

VERENA N.: *»Ich mein, sich mit dem Tod auseinanderzusetzen und dem, (seufzt) das ist in dem Zusammenhang ziemlich wichtig. (…) Und daß du checkst, daß es darum geht. So: Leben oder nicht leben. Und das ist die größte Macht. Und die Macht haben Männer in der Hand. Und damit setze ich mich auseinander. Und es gibt eben diesen Unterschied, so: daß es allgemein gegen alle geht und bei mir ist anscheinend schon ein Bestimmter da, der das bestimmt … also der auf mich gezielt hat … es auf mich abgesehen hat. So. Ich weiß nicht, wie ich mich da noch schützen … also so … das weiß ich nicht.«*

DIE BERECHTIGUNG ZUR TRAUER

Die Fähigkeit zu trauern ist »der Schmerz darüber, daß es so geschehen ist und daß die Vergangenheit durch nichts zu ändern ist« (Miller 1983, 288). Die Trauer löst Gefühle aus der Erstarrung und ist das Gegenteil der Schuldgefühle.

Während für die einen in der vorliegenden Untersuchung das Hinterfragen ihrer Schuld- und Schamgefühle, die Erkenntnis der Ohnmacht in der demütigenden Situation und das Anerkennen ihrer Reaktionen in der Situation einen Sinn ergab, um mit dem Erlebten umgehen zu können, kann für andere die Erkenntnis der Eigenbeteiligung an der Tat diesen Sinn ergeben. (Dies war bei einer Frau der Fall, wobei sie Eigenbeteiligung nicht mit Schuldgefühlen in Zusammenhang brachte.)

Die Frauen machten Unterschiedliches, um mit dem Erlebnis umgehen zu lernen: Eine Frau ging in eine Selbsthilfegruppe, andere begannen eine Therapie oder entschieden sich für alternative Heilmethoden. Eine Frau begann sich in der Folge beruflich mit Tätern zu beschäftigen und interpretierte dies als unbewußtes Kontrollbedürfnis. Für einige war die Teilnahme an einem Interview für diese Untersuchung eine Form, sich wieder mit dem Erlebten auseinanderzusetzen. Alle sind gegenüber Männern vorsichtiger geworden – ein bestimmter Grad an Mißtrauen blieb. Auch die Sensibilisierung ihrer eigenen Bedürfnisse, Wünsche, Wahrnehmungen und Grenzen wurde allen wichtiger als zuvor.

Häufig ist es so, daß Spätzeitfolgen phasenhaft oder verknüpft mit neuen streßhaften Situationen wiederkehren und wieder ein Stück Verarbeitung erfordern.

VERENA N.: »*Aber ich sehe es nicht so, daß du das verarbeitest und daß das dann weg ist, sondern ... mehr halt damit zu leben. Also sich danach einrichten, daß du halbwegs gut damit lebst ...*«

(...)

»*Also ich glaub, jetzt langsam, daß ich so von der Beziehung, die ich hab ... also daß das da ... in meinem Verhalten fast nicht mehr drin ist. Daß ich mich da schon ziemlich befreit hab.*«

I.: »*Von der Vergewaltigung?*«

VERENA N.: »*Ja. Also weißt, so ..., ich weiß nicht, ob das jetzt auf Dauer ist, aber so ... was es jetzt vom Emotionalen, Körperlichen und von der Liebe her heißt. Und das andere ist, bei Kleinigkeiten habe ich nicht mehr solche Angst.*«

I.: »*Jetzt?*«

VERENA N.: »*Ja. Also ... zum Beispiel wenn mich einer anmacht oder was, da fürchte ich mich nicht mehr.*«

(...)

»*Ich meine, du kommst immer wieder auf neue Wunden drauf. Immer wieder. (...) Da waren Sachen, an die du selber nicht mehr denkst, daß da was ist, und auf einmal kommt wie-*

der etwas. Das haben mir auch die Notrufffrauen gesagt, das ist so phasenweise. Total. Daß das wieder raufkommt. Also zeitweise ist das vorbei ... und dann kommt es wieder zurück. Und dann geht es dir wieder besser.«

(...)

I.: »Hast du das Gefühl, daß du das wieder kriegst?«

VERENA N.: »Also so ganz sicher nie wieder wie früher. Aber so Teile erarbeite ich mir wieder. Also zum Beispiel mit meiner Freundin jetzt. Also da war halt wieder so eine Nacht, wo ich mir gedacht hab, das wäre wie früher gewesen, ja? Ohne Angst zum Beispiel. Aber ich hab das auch mit ihr ... zum Beispiel Luftängste oder so. Also daß du keine Luft kriegst. Oder totale Platzängste. Und ... und da weiß ich nicht ... Also du kannst es nachher so situationsmäßig wegbringen, aber grundsätzlich kann es dich immer wieder reinreißen.«

Susanne S., die das Gewalterlebnis nicht bewußt und fortlaufend verarbeiten konnte, lebt mit der Unsicherheit, ob ihre Platzängste (in beengten Situationen, z.B. im Kino) von der Vergewaltigung herrühren. Nach dem Interview begann sie, sich dieser Frage zu stellen.

I.: »Glaubst du, daß diese Vergewaltigung Auswirkungen auf dein Leben gehabt hat?«

SUSANNE S.: »Ja das ist schwer zu sagen. Ich weiß wirklich nicht. Ich mein, wenn man sich irgendwie mit Psychologie näher beschäftigt oder so, dann kann das durchaus sein, daß ich ... Ich mein, ich hab zum Beispiel – weiß ich nicht, ob das eine Zwangsneurose oder sonst was ist – ja? Das ist so, wenn ich in einem Kino oder so was bin, ja, oder wenn ich weiß, ich kann jetzt nicht auf's Klo gehen zum Beispiel, dann krieg ich irgendwie total so einen Drang, jetzt muß ich unbedingt auf's Klo. Ja? Also das ist oft irrsinnig arg. (...) Also ... ich hab keine Ahnung, ob das irgendwie mit der Vergewaltigung oder was zu tun hat. Aber, ich mein, ich schließe es nicht aus, daß das irgendwie zusammenhängt, daß ich jetzt die Angst hab, ich bin ausgeliefert und was weiß ich und deshalb hab ich irgendwie das Gefühl, jetzt muß ich sofort aufs Klo rennen. Also das ist auch in Situationen, in denen ich nervös bin ...«

Allen Frauen aber war es vor allem wichtig, mit jemandem über die Vergewaltigung reden zu können und dabei mit ihren Gefühlen und ihrer subjektiven Wirklichkeit angenommen zu werden! Die Möglichkeit, mit ihrem Freund darüber reden zu können, löste etwa bei Silvia T. die Angstträume und ihr stetes Gefühl, bedrängt zu werden, auf.

Der Prozeß der Heilung funktioniert nicht gut bei einer Person allein. Er erfordert die bewußte Gegenwart eines anderen Menschen. Dies ist ein ureigenstes menschliches Bedürfnis.

Für die Verarbeitung eines traumatischen Erlebnisses ist es gleichermaßen wichtig, sich verstanden und akzeptiert zu fühlen wie sich selbst zu verstehen und ernst zu nehmen. Die Gefühle in Worte kleiden zu können bedeutet, ihnen Würde zu verleihen. Die Person beginnt sich wieder als »real« zu empfinden – die Wiedererlangung der Vergangenheit bedeutet, sich als Person zurückzugewinnen.

Doch die Wahrnehmung der Gefühle aus der Vergangenheit erfordert, einen tiefgehenden Schmerz ertragen zu müssen, den eine psychische Mauer (des Selbstschutzes, etwa durch Verdrängung) verschüttet hält. Und deshalb erlangt ein verständnisvolles Gespräch und ein wohlwollendes Gegenüber enorme Wichtigkeit: weil eine Person den Schmerz alleine nicht ertragen und sich nur in der vertrauten Atmosphäre des Gegenübers aufgehoben fühlen kann.

Sich dem Schmerz langsam annähern und ihn annehmen zu können, darüber trauern zu können, bildet einen Anfang einer Entwicklung, an deren Ende es wieder möglich ist, sich als Person anzunehmen und zu lieben. Verarbeitung bedeutet, die Gefühle so lange durchleben und bereden zu können, bis sie als integraler Bestandteil wahrgenommen werden. Erst dann können sie losgelassen und müssen nicht mehr »mitgeschleppt« werden. Die Befreiung aus der Vergangenheit bringt die Fähigkeit zur Wahrnehmung der Gegenwart wieder. Das ist Vergangenheitsbewältigung – die Wiedererlangung des Selbstwertgefühls.

Die Erfahrung, daß die soziale Umwelt sie auch annehmen kann, wenn es ihr nicht gut geht, bildet für die betroffene Frau auch ein positives Erlebnis innerhalb der gesamten schwierigen Zeit.

Anna B. ging zu einem Naturheiler, den sie damals als letzte Chance sah. Daß dieser ihre Depression und ihre Trauer zur Kenntnis nehmen konnte (sie »spiegelte«), ermöglichte ihr erst, daß ihre verschütteten Gefühle wieder zum Vorschein kamen, wodurch sie sich wieder als Mensch fühlen konnte. Auch ihr Versprechen, die Dinge positiv sehen zu wollen (»*Vielleicht hab ich auf jemanden gewartet, der so etwas von mir verlangt*«) wurde für sie zum neuen Leitfaden im Leben und sie konnte beginnen, die Vergewaltigung zu bewältigen.

ANNA B.: »*Na, er hat mich nur angeschaut und hat gesagt: ›Sie sind momentan in einer sehr depressiven Phase.‹ (...) Ja, das war wie ein Stichwort. Dann ist es aus mir herausgebrochen und ich hab geweint und gelacht gleichzeitig. Ich mein', seit der Vergewaltigung hab ich nicht mehr geweint und gelacht, und plötzlich war das ganze Gefühl da und ist rausgebrochen. Das war so richtig vulkanartig. (...) Und vor allem ... ich mein', ich hab mich so gefreut, daß ich weinen kann. Ich mein', daran hab ich einfach geglaubt ... und ... da war einfach wieder Gefühl da.*«
(...)

»*Und das war einfach irgendwo das Ausschlaggebende für mich, daß ich dann angefangen hab, das zu verarbeiten. Weil ich mich dann wirklich damit auseinandersetzen hab können.*
(...)

Und ... ich mein', ich hab dann auch wieder angefangen zu schlafen. Und das Bild ist immer weniger geworden, also vorher hatte ich's die ganze Nacht hindurch, immer den gleichen Film hindurch. Also das war dauernd da. Ich mein', wenn ich die Augen zugemacht hab, hab ich's wieder gesehen.«

Die Spiegelung ihrer inneren Gefühlswelt hatte kathartische Wirkung. Der Prozeß der Heilung psychischen Schmerzes, dessen äußerliche Anzeichen zumeist Tränen oder Worte sind, setzte ein. Der Effekt ist vorerst der, daß das seelische Innenleben wahrgenommen und empfunden werden kann, indem es nach außen dringt und von außen betrachtet einen Sinn erhält; das heißt bewußt gemacht, verstanden und bewertet wird. Hier setzt gleichsam die Loslösung aus der Vergangenheit an, die den Beginn der Wahrnehmung der Gegenwart ermöglicht.

Anna B. begann, wieder nach außen zu gehen, was nach der langen Zeit der ängstlichen und depressiven Phase bewirkte, daß sie sich wieder über Kleinigkeiten freuen und die positiven Reaktionen ihres sozialen Umfeldes erkennen konnte. (Man darf nicht vergessen, daß eine Person, so lange sie sich »einmauert«, auch keine positiven Dinge annehmen und auch selbst nicht empathiefähig sein kann.)

ANNA B.: »*Und einfach, es gab so viele Dinge, die dann wieder wichtig geworden sind. Und durch das neuerliche Wichtigwerden noch wichtiger geworden sind, als sie es vorher waren. (…) Das sind so Kleinigkeiten, was weiß ich, wenn'st spazieren gehst und … ich mein', vielleicht der Vergleich: Wenn man jetzt, was weiß ich, drei Monate in einem dunklen Zimmer eingesperrt ist und vorher einfach viel in der Natur war, und plötzlich nach den drei Monaten aus dem dunklen Zimmer rausgeht, dann ist die Natur wie ein Wunder. Und so ähnlich war das für mich, aber mit all dem, was rund um mich war. Das war … ja … das war plötzlich alles wieder wie neu.*«

(…)

»… *Ich mein', die positive Seite daraus zu ziehen, das war sicher ein Prozeß, der länger gedauert hat. Also das ist nicht von heute auf morgen gegangen. Der Versuch war eben … wer sind meine Freunde? Ich mein', der P. (Name des Freundes geändert; Anm. d. Verf.) zum Beispiel, der nicht nur – wenn es dir gut geht hast immer viele Freunde – … der auch dann zu mir gestanden ist und für mich da war. Und eigentlich, daß ich viel Leute gehabt hab, die, trotzdem ich wirklich fertig war und einfach die Leute wirklich vor den Kopf gestoßen habe, weil ich ja einfach keine Beziehung … ja … ich hab überhaupt keine Beziehung mehr zur Umwelt gehabt, auch nicht zu mir selber. Und von daher … daß ich einfach ein relativ positives Entgegenkommen gehabt hab. Das heißt, ich mein', im Normalfall, wenn du denkst, daß du eigentlich von heute auf morgen … jemanden nicht mehr so behandelst, wie du ihn vorher behandelt hast, oder so … Einfach mit einem total veränderten Menschsein lebst wieder. Ich weiß nicht … Also das waren ei-*

gentlich die ersten Schritte, wo ich das als positiv empfunden habe.«

I.: »Daß es Leute gibt, die trotzdem zu dir stehen?«

ANNA B.: »Ja.«

Die Integration des Erlebten konnte Anna B. als Reifungsprozeß verzeichnen, der ihr das Gefühl von Stärke und neuer Sicherheit gab. Sie konnte sich ihres Lebens wieder freuen und sich neue Ziele stecken.

ANNA B.: »Und dann eben mit diesem Aufarbeiten, eben diese Sicherheit: Ich hab das erlebt, es hat mich in gewisser Weise geprägt, ich hab viel dadurch erfahren, was ich wahrscheinlich anders ... ich mein', die Erfahrung hätte ich sonst nie gemacht. (lacht) Und das ist eine Erfahrung, mit der ich dann leben konnte, mit der ich wieder gelernt hab zu leben und die mir in gewisser Weise geholfen hat, die Dinge anders zu sehen. Auch im Zusammenhang mit Weggehen und so, oder mit Beziehungen mit Männern oder so. Ich mein', ich hab dann versucht, oder ich hab es darauf ausgerichtet, mich jetzt nicht irgendwo einzusperren aus Angst davor, neuerlich vergewaltigt werden zu können, weil ich hab gesehen, das geht am hellichten Tag, wo rundherum Leute sind ... Und ich mein', in dem Sinn, du bist nirgends sicher. Und ich mein', ich könnte mich vor Angst einsperren und nicht mehr aus dem Haus gehen, oder versuchen, ein normales Leben zu führen. Und ich hab eben das normale Leben gewählt, weil das mit dem Einsperren ... ja ... eh eine blöde Sache ist. (lacht) Ich mein', auch mit dem Bewußtsein: Es ist mir passiert, ich bin vergewaltigt worden, mehr kann mir nicht mehr passieren. Ich mein', es kann mich jemand umbringen. Aber dann spür' ich es eh nicht mehr.«

(...)

»Und ... ich hab sehr viel dadurch gelernt für mich.«

I.: »Was?«

ANNA B.: »Ich mein', das ist passiert, wo ich sowieso noch nicht ganz fertig mit der Pubertät war, wo ich eigentlich noch nicht ganz mit mir im Klaren war und eigentlich noch sehr suchend, nicht? Und in dem Sinn, um meine Persönlichkeit, um mich selber besser kennenzulernen, auf das ist das ›viel ge-

lernt‹ bezogen. Das heißt, ich hab mich dadurch besser selber kennengelernt. Weil es ist, nur ein Beispiel: In Extremsituationen wissen die meisten Menschen nicht, wie sie sich selbst verhalten. Und ich hab eben eine Extremsituation erlebt und hab anhand dieser Extremsituation, ja, eigentlich einen Teil von meinem Ich erlebt, den sehr wenige erleben, nicht?«

I.: *»Und wie geht's dir jetzt mit der Geschichte?«*

ANNA B.: *»Du ... ja ... jetzt geht's mir einfach so, daß ich das als einen Punkt in meinem Leben betrachte, der zwar nicht angenehm war, aber aus dem ich sehr viel gelernt habe. (...) Ich mein', wenn ich darüber rede ... es vergegenwärtigt sich die Situation dadurch schon. Aber es fällt mir heute nicht mehr schwer.«*

WAS ALS FOLGE BLEIBT: NICHT ALLES KANN VERARBEITET WERDEN

Es gibt Folgen aus einer Vergewaltigung, wo die heilende Kraft der Zeit ihre Wirkung offensichtlich verfehlt. (Die Vergewaltigungen in der vorliegenden Untersuchung liegen ein bis 32 Jahre zurück.)

Allen Frauen bleibt etwa das Gefühl, daß dieser Staat kein Rechtsstaat für ihre Rechte ist. Bei allen Frauen gibt es gegenwärtig Situationen, in denen sie an die Vergewaltigung in einer beeinträchtigenden Weise erinnert werden: Wenn sie am Tatort sind oder sie etwas an den Tatort erinnert; wenn sie von einer anderen Vergewaltigung erfahren; wenn sie merken, jemand zieht seinen Plan durch; wenn ein Mann dem Täter ähnlich sieht ...

Diese Erinnerungen oder Assoziationen zum eigenen Erlebnis geben auch Aufschluß über die Gefühle der Frauen in der Tatsituation. Ein Jahr nach der Tat noch hatte etwa Verena N. Angst, der Täter könnte ihre neue Adresse ausfindig machen.

Anna B. (Vergewaltigung vor sechs/sieben Jahren), die vom Täter gewürgt wurde, hat jetzt noch Schwierigkeiten, wenn ihr jemand von hinten an den Hals faßt. (Auch wenn sie das Ertragen dieser Situation in der Phase der Verarbeitung »bewußt«

geübt hat.) Auch an dem Ort, an dem sie den Täter kennengelernt hatte, fühlt sie sich unwohl.

I.: »*Gibt es Situationen, in denen dir das Erlebnis einfällt?
Beziehungsweise so parallele Gefühle dazu?*«

ANNA B.: »*Ich mein', es ist mit der Zeit immer weniger geworden. Es sind schon manchmal ... ich weiß nicht, wenn ich
am L. (Platz, an dem sie angesprochen wurde geändert; Anm.
d. Verf.) gehe, dann ... ich weiß nicht, also das war am L. (...)
Also am L., da hat er mich in der U-Bahnstation angesprochen
und auf einen Kaffee eingeladen. Und es fällt mir heute noch
schwer, einfach durchzugehen, ohne mich dauernd umzudre-
hen. Und ich gehe heute noch nicht gerne durch. (lacht) Ich
mein', eh irreal irgendwie ... Ich weiß ja, daß das mit dem L.
nichts zu tun hat, (lacht) aber das war ein Platz, wo ich ungern
durchgehe bzw. sehr schnell durchgehe.*«

I.: »*Wie ist das für dich? Also jetzt das Gefühl, wenn du am
L. bist?*«

ANNA B.: »*... Also das hab ich lang gehabt, daß ich, wenn
ich durchgehe, mich immer umgeschaut hab und ein ungutes
Gefühl gehabt hab. Obwohl mir bewußt war, daß das mit dem
L. überhaupt nichts zu tun gehabt hat und auch nichts zu tun
hat und daß das überall anders auch passiert. Aber eben am L.
hat der mich angesprochen und darum hab ich das so. Ich weiß
nicht, das war so, ich hab das halt mit dem L., dem Platz, in
Verbindung gebracht. ... ja.*«

I.: »*Hast du das Gefühl gehabt, der sieht dich jetzt? Der ist
da?*«

ANNA B.: »*Du, ich hab die ersten paar Mal, also wie ich
dann nachher gegangen bin, also ich bin mir vorgekommen ...
ich mein', ich hab mich dann selber abgestoppt, daß ich da
durchgehe wie ein gehetztes Tier und mich dauernd links und
rechts umblicke und ... Ich mein', das ist einfach ... ja ... unbe-
schreibbar, nicht? Und dumm vor allem, weil es ja eigentlich
mit dem überhaupt keinen Zusammenhang gehabt hat, nicht?*«

I.: »*Hast du irgendwie das Gefühl gehabt, seine Augen sind
im Raum? Oder ›er‹ ist im Raum?*«

ANNA B.: »*Nein, ich hab das Gefühl gehabt, wenn irgendwer
... wenn ich irgend einen Schritt gehört hab, hab ich mich dau-*

ernd umgeschaut, ob das eh nicht der ist oder so. Oder ob der jetzt auf mich lauert ... Ich mein', ein total, ein dummes Gefühl, ich mein', eigentlich ... ja ... unrealistisch. Ich mein', daß der dort auf mich wartet (lacht), das ist ja eigentlich ... sehr unwahrscheinlich, nicht?«

I.: *»Mhm... Das hast du jetzt teilweise noch?»*

ANNA B.: *»Mhm. Also ich gehe jetzt noch sehr sehr zügig durch.«*

Auf einen Zusammenhang zwischen Wehrlosigkeit in der Vergewaltigungssituation, dem Gefühl zum Täter nach der Tat (*»hochirritiert angespannt, mit extremer Vorsicht, alle Sinne zum Zerreißen gespannt«*) und ihrem späteren Aufbau von Mißtrauen und Vorsicht weisen die Aussage von Hildegard K. hin (Vergewaltigung vor 32 Jahren). Die darauffolgenden Vergewaltigungen, die sie noch erlebt hat, scheinen ihre große Vorsicht wohl mit ausgelöst oder verstärkt zu haben. Für Hildegard K. bleibt die Unmöglichkeit, Vertrauen in körperliche Berührungen zu finden.

HILDEGARD K.: *»Wenn mich heute ein Mann angreift, also ich laß mich nicht angreifen, ja? Manche Leute glauben, ich hab eine Berührungsphobie. Das stimmt überhaupt nicht, ich hab keine Berührungsphobie, sondern ich will gefragt werden! Mein eigener Mann muß mich fragen, ob er mich angreifen darf. Wenn ich angegriffen werden will, sag ich es ihm, wenn er mich angreifen will, muß er mich fragen. Dann erlaube ich es ihm oder auch nicht. Weil wenn man mich ohne zu fragen angreift, fang ich zu brüllen an und schlage. Das habe ich mir mühselig erarbeitet. Ich dulde es nicht, daß man mich angreift! Das ist für mich ganz ganz wichtig! Also da laß ich mich zum Beispiel gehen.«*

I.: *»Mhm.«*

HILDEGARD K.: *»Weil ich weiß, wenn ich sage: ›Nein! Greif mich nicht an!‹ wird das nicht respektiert. Da ist zu wenig Kraft drinnen.«*

An die erlebte Vergewaltigung werden Frauen vor allem auch erinnert, wenn sie in Zeitungen Berichte über Vergewaltigung lesen. Manche Frauen können sich vor allem Filme, in denen Vergewaltigungsszenen vorkommen, nicht ansehen. Denn das ist ihr Leben – das kennen sie.

I.: *»Gibt es heute ... oder damals und später noch Situationen, wo dir dieses Erlebnis eingefallen ist ... so etwas wie ein paralleles Gefühl dazu?«*

HILDEGARD K.: *»... Im Gesamtkontext ... Ich schau mir ungern Filme an ...«*

I.: *»Du schaust dir ungern Filme an?«*

HILDEGARD K.: *»Ja, also Filme, von denen ich weiß, daß solche Szenen vorkommen.«*

I.: *»Mhm.«*

HILDEGARD K.: *»Was weiß ich, Jodie Foster[37] zum Beispiel. Ich gehe nicht. Brauche ich nicht, hab ich alles selber erlebt. Brauche ich nicht. Ich bin mit einer Pistole einmal aufgehalten worden auf der Straße. Ich weiß wie das ist, wenn man eine Pistole zwischen den Schulterblättern hat. Ich brauche diese Filme nicht. Ich hab zu viel Angst in meinem Leben ausgestanden. Ich brauche das nicht. Ich schaue mir nur Filme an wie: Dracula, Omen und solche Sachen, ganz irreale Filme. Ghostbusters ... das schaue ich mir gerne an, aber ... das andere, das ist mein Leben.«*

I.: *»Gibt's Situationen, in denen dir das Erlebnis einfällt?«*

NINA H.: *»Ja, in ganz konkreten Gewaltdarstellungen oder Vergewaltigungsdarstellungen. Es gibt einen Film, den ich mir zum Beispiel nicht anschauen habe können. Und zwar ... du weißt sicher, ein ganz bekannter: Orange ... oder wie heißt der? Clockwork Orange[38]. Den hab ich mir nicht anschauen können, weil ziemlich am Anfang im Film ist eine Szene, wo irgend welche Typen in eine Wohnung einbrechen ... oder in eine Bar, ... auf jeden Fall eine Frau vergewaltigen und ihr zuerst einmal die ganzen Kleider runterreißen. Zum Beispiel, das war für mich etwas. Also, da hab ich aus dem Kino rausgehen müssen. Weil ich mir echt gedacht hab, nein, daß muß ich mir jetzt nicht anschauen. Das kenne ich. Also das sind zum Beispiel so ganz konkrete Dinge ... Aber die Angst, die ich damals gehabt hab, hab ich eigentlich nicht mehr gehabt. Also ich hab* *schon Angstsituationen erlebt, manchmal auf der Straße oder so, wenn ich angemacht worden bin, oder wenn ich mir nicht sicher war, ob das ein Trottel war oder so, oder wenn es eine ungute Gegend war. Aber nicht in dem Ausmaß, also total ... daß ich nichts mehr unternommen hätte. Also nicht diese Angst um mein Leben jetzt in der Situation.«*

SCHLUSSFOLGERUNGEN
UND AUSBLICK

Wie bei jedem gesellschaftlichen Problem, so geht es auch bei dem der Vergewaltigung um zweierlei Maßnahmenstränge, die gleichzeitig erarbeitet und umgesetzt werden müßten, um verändernd wirken zu können: Die Schaffung konkreter Hilfsangebote für von einem Problem Betroffene ist die eine Seite. Auf der anderen sind aber Überlegungen notwendig, die den indirekten Zusammenhang bzw. den Nährboden eines Phänomens beleuchten, um Reflexion und somit Prävention zu ermöglichen.

Vergewaltigung ist ein sehr komplexes Thema. Ansätze für Veränderungen zu finden, ist nicht einfach, denn es tun sich vorerst mehr Fragen als Antworten auf. Denn das Phänomen ist ein historisch gewachsenes, das – wie wenige andere Ausnahmen – keinen Prozeß der Zivilisation durchgemacht hat. Das hat weitgehend mit der Geschlechtsrollenperpetuierung und ihrer Selbstverständlichkeit zu tun. Ein Veränderungsansatz läge in der Erziehung künftiger Generationen. Das ist aber nur möglich, wenn Erwachsene eine eindeutige Identität vorleben und nicht bloß Verhaltensanweisungen vorgeben. Eine humanere Geschlechtsidentität wiederum kann nur gelebt werden, wenn die Gesellschaft in gleicher Weise Strukturen zur Verfügung stellt, die diese fördern. Individuelle und strukturelle Faktoren bedingen einander. Festgefahrene Meinungen und Selbstverständlichkeiten sind schwer auflösbar. Reflexion scheint vonnöten zu sein.

Eine Voraussetzung für einen gesellschaftlichen Wandel wäre der Versuch, eine Sensibilisierung für die Bedeutung einer erlebten Vergewaltigung zu erreichen und damit die Kluft zwischen Vorurteil und Wirklichkeit zu verkleinern. Denn Klischees und Vorurteile entstehen überall dort, wo in aller Ignoranz und Berührungsangst nicht hingehört oder hingesehen wird auf das, *was* ein Problem für jemanden ist. Um festgefahrene Meinungen und Urteile zu ändern, versucht man häufig, ihnen mit statistischen Beweisen entgegenzutreten. Das gewährleistet aber nicht, daß ein Phänomen auch verstanden wird. »Es ist nicht wichtig, ein Problem zu beziffern, sondern es zu benennen«, erklärte die Psychotherapeutin Rotraud Perner in einem Interview (Judy Michaela im Gespräch mit Rotraud Perner, in: Stimme der Frau 1992/7/8, 4-6). Das war auch die Intention meiner Arbeit: Indem betroffene Frauen ausführlich zu Wort kamen, sollte ein Blick hinter Häufigkeitszahlen gewagt werden, um Verstehen zu ermöglichen. Denn das Brechen des Schweigens von Geschädigten ist der Beginn einer Enttabuisierung und der Aufkündigung der Opferrolle.

HILFEN FÜR ÜBERLEBENDE EINER VERGEWALTIGUNG: EINIGE ANREGUNGEN

Obwohl eine kognitive Sensibilisierung gegenüber Vergewaltigungen bei Frauen von Kindheit an vorhanden ist, treffen die Überfälle individuell unvorbereitet. In einer Vergewaltigungssituation steht eine Frau den entschiedenen Aktionen des Angreifers gegenüber, die sie aus ihrer defensiven Position heraus – wobei ihre geschlechtsspezifische Sozialisation einen zusätzlichen Erschwernisfaktor bildet – zu überleben versucht. Ihre (Todes-)Angst setzt eine psychosomatische Blockade in Gang, die Abwehrmechanismen als Antwort auf den Schock bewirken: die Wahrnehmung wird selektiert, die Abspaltung hinterläßt Amnesien und das Unvermögen, den Übergriff vorerst emotional zu begreifen. Entschließen sich Frauen nun dazu, bei der Polizei Anzeige zu erstatten, so kann es vorkommen, daß sie den Täter nicht genau beschreiben können, den Tatort nicht mehr wissen oder sich an andere Einzelheiten nicht mehr erinnern. Dabei können sie gefaßt, lethargisch oder zerrüttet wirken. Schockreaktionen[1] bewirken unterschiedliche Verhaltensweisen – sie sind Abwehrmechanismen.

Das Unverständnis von PolizistInnen (wie auch von Personen in anderen sozialen Einrichtungen) diesen psychischen Vorgängen gegenüber, gepaart mit häufigem Mißtrauen oder Vorurteilen, bringt hilfesuchende Frauen in keine günstige

Lage: sie geraten in eine Rechtfertigungsposition, in der sie zur Verhörten werden. Die Angst, so ein zweites Mal zum Opfer zu werden, schreckt viele Frauen vor einer Anzeige ab.

Diese Mängel gehören behoben, zumal unter den gegebenen Umständen Frauen kaum eine Chance haben, ihre gesetzlich garantierten Rechte durchzusetzen. Ein Ausbau fachspezifischer sozialer Einrichtungen in folgenden Bereichen wäre erforderlich:

Intervention
Wie bereits das Modell des Notrufs, so sollten weitere Einrichtungen geschaffen werden, die unbürokratisch erste Hilfe (Beratung) über rechtliche Möglichkeiten und psychische Folgen erteilen. Auch die Vermittlung an andere soziale Einrichtungen (Vernetzungsarbeit), an die sich die betroffene Frau richten kann, könnte von hier aus getroffen werden.

Psychologische oder psychotherapeutische Kontaktpersonen in Polizeirevieren und Gerichten
Aufgrund des besonders großen Unverständnisses von Seiten der Polizei und der Justiz gegenüber den psychosozialen Auswirkungen einer Vergewaltigung wäre die Beiziehung von Fachkräften notwendig. Geschultes Personal innerhalb des Polizei- und Justizapparates selbst – etwa KonsiliarpsychologInnen oder -therapeutInnen –, hätte die Möglichkeit, den PolizistInnen oder RichterInnen die psychische Situation vergewaltigter Frauen nahezubringen.

Kostenlose Gewährung von Rechtshilfe für die Geschädigte
Während des Strafverfahrens ist die geschädigte Frau normalerweise Zeugin. Um diese Position zu verbessern, also auch »Partei« werden zu können, steht der betroffenen Frau die Möglichkeit offen, sich mittels Antrag privat zu beteiligen. Die Privatbeteiligung bzw. Nebenklage bringt ihr den Vorteil der Akteneinsicht und schiebt die Verjährung des Deliktes auf. Die Nachteile liegen in den Rechtsanwalts- bzw. Rechtsanwältinnenkosten, die die betroffene Frau trägt und nur im Falle der Verurteilung des Täters über zivilgerichtlichen Weg (als Scha-

denersatzanspruch bzw. Schmerzensgeld) vom Täter wieder einfordern kann.

Ein erheblicher Nachteil von Privatbeteiligung ist, daß es im Falle eines negativen Freispruchs des Täters für die Privatbeteiligte bzw. ihrer bevollmächtigten Juristin (oder des Juristen) keine Möglichkeit der Berufung gibt. Diese liegt beim Staatsanwalt. Praxiskundige Rechtsanwältinnen fordern daher den Ausbau dieses Gesetzes um ihre Berufungsmöglichkeit.

Ausbau von Koordination und Fortbildungen
Nicht nur Personen des Justizbereiches, sondern auch Personen in anderen sozialen Einrichtungen wissen um die psychischen Phänomene nach einer Vergewaltigung kaum Bescheid. Fortbildungskurse für ÄrztInnen, Krankenschwestern und -pfleger, LehrerInnen, SozialarbeiterInnen und SozialpädagogInnen sowie die Vernetzungsarbeit mit ihnen müßten aufgebaut werden, um Hilfestellung mit Breitenwirkung zu gewährleisten.

Aufklärung der Bevölkerung
Wenn eine Frau nach einer Vergewaltigung auf Unverständnis stößt bzw. dieses befürchtet, sieht sie sich zumeist gezwungen, das Trauma zu verschweigen, längerfristig es zu verdrängen. Dies macht die individuelle Verarbeitung unmöglich. Der Faktor der Reaktionen des sozialen Umfeldes ist ein eklatant wichtiger! Dabei gilt als gesichert, daß sich die Frauen keineswegs Mitleid wünschen, sondern Anteilnahme und Hilfe. Es ist wichtig, daß man sie dabei unterstützt, sich ausdrücken zu können, damit sie zu ihrer eigenen Wahrnehmung und damit Wahrheit kommen können. Es geht also darum, Betroffene ernst zu nehmen. Diese Möglichkeit steht auch Menschen zur Verfügung, die keine geschulte Ausbildung haben.

Kostenlose Therapie
Ein funktionierendes soziales Netz könnte eine Therapie ersetzen. Dem ist aber nicht so; Vergewaltigung liegt unterhalb der Tabugrenze, löst Unverständnis oder Berührungsängste aus. Solange dieser Zustand besteht, bleibt für die notwendige Wiederherstellung der psychosozialen Gesundheit nur die Forde-

rung nach kostenloser Therapie – als Wiedergutmachungsleistung nach Verletzung eines elementaren Menschenrechtes: der Gewährleistung körperlicher Unversehrtheit.

PRÄVENTION

Die entscheidendste Maßnahme gegen geschlechtsspezifische Gewaltauswüchse liegt in der konsequenten Gleichstellung von Mann und Frau auf allen gesellschaftlichen Ebenen: Egalität in sozioökonomischen, rechtlichen und politischen Bereichen, objektive Chancengleichheit im Berufs- und Privatleben inklusive Quotenregelung, Reproduktionsaufgaben einschließlich der Kindererziehung! Denn sexuelle Gewalt ist vor allem Ausdruck ungleicher Machtverhältnisse bzw. Positionen, die – gepaart mit Empathielosigkeit und Erotisierung von Macht – … zu Machtmißbrauch, sprich sexueller Gewalt führen kann. Solange das nicht erkannt und versucht wird, wird sich gar nichts ändern! Die Reflexion auf dieser Ebene ist dürftig und findet selten statt. Informations- und Aufklärungsarbeit müßte ihr eine Basis schaffen.

IM VORFELD DER GEWALT: EINE ERZIEHUNGSSACHE

In der Erziehung von Kindern läge ein wichtiger Ansatz zur Veränderung der Gewaltproblematik. »Warum werden die Männer so komisch?« fragte dazu eine Interviewpartnerin. Die Notwendigkeit, die Erziehung zu verändern, ist einigen klar. Nicht rollenkonforme, sondern egalitäre Erziehung ist vonnöten! Kindern sollte vermittelt werden, daß Frauen nicht Objekte sind, sondern Personen mit eigenem Willen und eigener Meinung. Mädchen sollten zur Autonomie und zum Selbstbewußtsein erzogen werden, und nicht dazu, sanft und brav auf den Märchenprinzen zu warten, an dessen Durchsetzungsvermögen sie indirekt partizipieren können. Die Attraktivität gleicher Berufschancen wäre auszubauen. Nicht mit Vermeidungsratschlägen hinsichtlich sexueller Gewalt, sondern mit Menschenrecht-serziehung könnte argumentiert werden. Selbstverteidigungs-kurse sollten vermehrt angeboten werden ... Die Liste ließe sich unendlich fortsetzen.

Die zweite Ebene ist, daß Gewalt als Gewalt angeprangert und nicht unter allen möglichen Verschiebungen verherrlicht werden soll. Hiermit wird auch der Bereich der tertiären Sozia-lisationsinstanzen, der Medien, angesprochen, die jungen »Hel-den« immer brutaler werdende Identifikationsfiguren a la Ram-bo liefern. »Es bedarf der pädagogischen Hilfe, sich einzu-fühlen in die Gegenseite, in die Personen, denen Gewalt passiert. Wir neigen doch alle dazu, uns mit den Helden und Siegern zu identifizieren. Weil's angenehmer ist. Daher brau-chen wir eine Hilfe – und manche Filme können das auch«, be-merkte eine Interviewpartnerin.

Ein wesentlicher Ansatz zur Veränderung läge in der Äch-tung von Gewalt als Erziehungsinstrument. Dies betrifft alle Sozialisationsinstanzen, in erster Linie aber die Eltern. Denn durch autoritäre Gewalt als Mittel der Durchsetzung wird ein Reflex eingeübt: Ein Schwächerer wird »zu seinem Besten« gewaltsam bestraft oder zu etwas gezwungen. Die (in Öster-reich mittlerweile verbotene) »g'sunde Watschn« etwa, für die der Sohn, die Tochter im erwähnten Argumentationsstil letzt-lich noch einmal dankbar sein würde. Hierin wird eine Inter-pretation von Stärke weiter transportiert, die mit Macht bzw. Machtmißbrauch gleichzusetzen ist: sich durchsetzen können bedeutet im Recht sein. Diese Denkschiene hat fatale Folgen für das zwischenmenschliche Zusammenleben.

Die Wichtigkeit einer veränderten Erziehung innerhalb des primären Sozialisationsfeldes – der Familie wie der Alleiner-zieherInnen – will ich nicht negieren. Deren Umsetzung ver-langt aber veränderte personelle wie gesellschaftliche Bedin-gungen, bedarf der Problembewußtwerdung seitens der Eltern. Elternbildung und Aufklärung sind dabei die eine Seite. We-sentlich ist aber vor allem auch, welches Bild von Mann oder Frau sie den Kindern vorleben.

Konkrete Maßnahmen ließen sich vielleicht rascher in sekun-dären Sozialisationsinstanzen umsetzen: im Kindergarten und in der Schule. Dazu bedarf es wiederum reflektierter KindergärtnerInnen, LehrerInnen, SozialpädagogInnen, SozialarbeiterInnen. Schon in der Kindergartenarbeit kann Stärke und Selbstbestimmung gefördert werden.[2]

* Sensibilisierung der Gefühle
Schon im Kindergarten sollten Kinder dazu ermutigt werden, eigene Gefühle wahrnehmen und einschätzen zu lernen. Die Sensibilisierung für »komische« und ambivalente Gefühle kann vor allem (aber nicht nur) Mädchen helfen, Gewalt bzw. Vergewaltigung – auch im späteren Leben – zu erkennen.

* Nein-Sagen lernen
Ein zentraler Aspekt einer präventiven Erziehung liegt darin, die Bedeutung von Grenzen des anderen zu vermitteln: Burschen müßten lernen, das Nein eines Mädchens als Grenze zu respektieren – Mädchen sollten lernen, Grenzen zu setzen, wenn sie etwas nicht wollen. Vor allem geht es hierbei um die Stärkung der Mädchen, sich gegen die übliche Territoriumsvereinnahmung von Burschen selbstbewußt zur Wehr setzen zu lernen. In diesem Zusammenhang ist wieder daran zu erinnern, wie wesentlich es auch wäre, daß Kinder Erwachsenen gegenüber Nein sagen dürfen. Denn wie die Untersuchung schon zeigte, hat eine autoritäre und angstvolle Erziehung Auswirkungen auf die Situation und die Folgen einer Vergewaltigung.

* Sexuelle Gewalt als Geheimnis
Kinder sollten sensibilisiert werden, sogenannte »gute« von »schlechten« Geheimnissen unterscheiden zu lernen. Gisela Braun (1990, 262) stellt in Hinsicht auf Präventionsarbeit gegen sexuellen Kindesmißbrauch einen Zungenreim für die Kindergartenarbeit vor: »Wenn du sagst, ich soll nicht fragen, soll mich nichts zu sagen wagen, sagt mir mein Gefühl im Magen, ich werd's trotzdem weitersagen« (Braun 1990, 262).

* Zur Mediatisierung des Geschlechtsspezifischen
Zu den präventiven Maßnahmen gegen geschlechtsspezifische Gewalt zählt der Abbau geschlechtsspezifischer Spiele sowie

Kinder- und Schulbücher und Berufsvorbereitungen. In der herkömmlichen Literatur werden nach wie vor Rollenmuster perpetuiert und Alternativen verschwiegen.

Gleichwohl wie politische Bildung oder sexuelle Aufklärung in der Schule vermittelt wird, könnte Gewalt gegen Frauen zum Thema im Unterricht werden. Schulische Sozialisation und Bildung hätte die Möglichkeit, Problembewußtsein zu schaffen.

* Soziales Lernen in der Schule
Das Thema Vergewaltigung im Zusammenhang mit anderen geschlechtsspezifischen Gewaltformen kann in sämtliche Unterrichtsfächer einbezogen werden. Spätestens im Sexualunterricht sollte die Thematik nicht mehr verschwiegen werden. Aufklärung statt Vermeidungsratschläge ist wesentlich.

* Egalitärer Werk-, Turn- und sonstiger Unterricht
Hinsichtlich einer gleichberechtigten körperlichen Geschicklichkeit und Kraft (sowie der Einschätzung derselben) sollten geschlechtsspezifische Tätigkeiten nicht zusätzlich gefördert werden. Selbstverteidigungsprogramme für Mädchen könnten in den Turnunterricht eingebaut werden. Hinsichtlich der Chancengleichheit und des Selbstbewußtseins sollte die Bevorzugung von Burschen im Unterricht (aus Untersuchungen geht hervor, daß sie sich mehr Aufmerksamkeit und demnach Förderung verschaffen können, während Mädchen meist stillschweigend strebsam und brav bleiben) hinterfragt werden.

Die Verantwortung für eine gelungene veränderte Kindererziehung aber stellen reflektierte und eindeutige Erwachsene dar: das Hinterfragen der Geschlechterrollen kann nur bei ihnen ansetzen.

Was sagt man Eltern, die sich darüber beklagen, daß trotz antisexistischen Erziehungsstils eine »typische Tochter«, die sich alles gefallen läßt, sich nicht durchsetzen kann und bei jeder Gelegenheit weint, und ein »typischer Sohn«, der sich aufführt wie ein Macho und einen unbändigen Bewegungsdrang hat, vor ihnen steht? Dieter Schnack und Rainer Neutzling (1990), die ein positives Konzept der Jungenerziehung vorstellen, geben dazu folgenden Rat: Kinder haben ein seismographisches Gespür für die Widersprüche ihrer Eltern. Eltern sollten sich daher davor hüten, Kindern idealtypische Lebensentwürfe aufzupfropfen, mit denen sie selbst mehr Schwierigkeiten haben, als ihnen lieb ist. Abgesehen davon müssen Kinder ihren eigenen Weg der Identitätsfindung gehen. Letztlich ist auch zu bedenken, daß nicht nur die Eltern, sondern die gesamte Gesellschaft Identifikationsmodelle bietet: die Schule, die Medien ... Die Relativierung ihrer Möglichkeiten muß Eltern klar sein.

DAS UMFELD DER GEWALT: ÜBER DAS SELBSTVERSTÄNDNIS DER GESCHLECHTERROLLEN

Die Wege aus der Gewalt führen über Umwege: Vergewaltigung wird nur als Phänomen sichtbar, ihre komplexe Verwobenheit aber bleibt auf den ersten Blick verschleiert.
Wenn die Polarität der Geschlechter Verhältnisse hervorbringt, die Vergewaltigung ermöglichen, dann läge das effizienteste Mittel gegen Gewalt an Frauen darin, das bestehende Geschlechterverhältnis von den staatlichen und staatsübergreifenden Strukturen bis in die persönliche Ebene überall dort zu verändern, wo immer Frauen den Männern nicht gleichgestellt sind. Dazu müßten Männer den Kopfstand, Frauen den Aufstand und die Gesellschaft den Beistand leisten, umschreibt dies Alberto Godenzi (1989).

Daß die Ebene der Geschlechterpolarität entlang der Stark-Schwach-Dichotomie die Basis der Gewalt bietet, kann als gesichert angenommen werden. Es sind schließlich keine Vergewaltigungen von Frauen an Männern in unserem Kulturkreis bekannt. Demnach ist fraglich, wo hier Veränderungen ansetzen können. In gleicher Weise ist zu fragen, was es Personen verunmöglicht, die Schienen zu erkennen, die zur Gewalt führen (können). Denn gegen Vergewaltigung als Norm-Abweichung stellen sich mehr Menschen als gegen die Formen jener Geschlechterpolarität, deren Aufrechterhaltung auch die Gewalt perpetuiert.

Ich nehme an, daß die Schwierigkeit der Nachvollziehbarkeit

der Zusammenhänge nicht nur in der Ignoranz und Halbherzigkeit dem (isolierten) Problem gegenüber liegt, sondern auch in der Selbstverständlichkeit einer historisch-kulturellen »Normalität«, die erst reflektiert werden müßte. Ein Erkenntnisprozeß über die Zusammenhänge würde wohl einen längeren Weg in Anspruch nehmen (und mehr Entbehrungen mit sich bringen), als es der Wunsch nach Veränderung eines Problems in einer monokausalen Sichtweise tut. Wie weit kann hier persönliche Verantwortung – auch in größeren Zusammenhängen um ein Problem herum – zugemutet oder gefordert werden? Wo produzieren wir Verhältnisse in unserem Alltag und werden auf struktureller Ebene dadurch zu »Mittätern« an der Gewalt?

Ein wesentlicher Lösungsansatz auf gesellschaftlichem Niveau liegt mit Sicherheit darin, die gesetzliche Gleichstellung von Frauen in allen Ebenen zu ermöglichen. In bezug auf das Berufsleben ist die Durchsetzung der Quotenregelung so lange zu praktizieren, bis das Gleichbehandlungsgesetz[3] (das es in Österreich seit 1979, in der BRD seit 1980 gibt) nicht mehr nötig scheint. Gesetze sind dazu da, in einer Gesellschaft Gerechtigkeit überall dort zu schaffen, wo immer im losen Zusammenleben diese fehlt. Denn derselbe Mann, der einer Frau gegenüber verständnislos fordert: »Finde dich endlich damit ab, daß Männer mehr verdienen als Frauen«, findet sich vermutlich in seinem Berufsalltag mit einer unadäquaten Aufgabe und Entlohnung gar nicht gerne ab. Gleichzeitigkeiten wie diese sind in unserer Gesellschaft durchaus gängig. Logik wie Abstraktionsvermögen scheinen vorwiegend im argumentativen Dienst des eigenen Ego zu stehen. Agnes Büchele (Mitarbeiterin der Frauenberatungsstelle und Lehrbeauftragte an der Universität Wien) erhielt heftigen Applaus, als sie bei einer Podiumsdiskussion ein Phänomen auf den Punkt brachte: Ihr falle auf, daß Männer sehr schnell merkten, wann es gegen sie gehe. »Das heißt, wenn Frauen so schnell merken würden, wann es gegen sie geht, dann hätten wir so etwas wie Bürgerkrieg«. Was die Quotendiskussion mit Gewalt gegen Frauen oder Vergewaltigung zu tun hat, scheint auf den ersten Blick vielleicht nicht klar. Alberto Godenzi (1989) erklärt dazu: Das Bild der

Frau und des Mannes in einer Gesellschaft würde sich ändern.
Damit der Umgang zwischen den Geschlechtern. Wenn beide
gleichberechtigte Berufspartner sind, werden sie es vielleicht
auch in der Reproduktionsarbeit – gleichwohl wie auf der gesamten persönlichen Ebene. Godenzi sieht darin einen kreati-
ven Ansatz, befürchtet aber, daß Männer nicht freiwillig und in
aufrechter Haltung auf ihre Vorrechte verzichten werden: »Der
zunehmende Geschlechterkampf, die Verdammungsreden ›auf-
geklärter Männer‹ gegen zähe Feministinnen sind Ausdruck einer Verschärfung im ältesten Verteilungsstreit. Männer müssen
durch Gesetze, durch Druck, aber eben auch mittels attraktiver
Motive dazu gebracht werden, den Schritt zur Gleichstellung
zu vollziehen« (1989, 161).

Es bedürfe – und das betrifft Männer ebenso wie Frauen –
des Überdenkens der historisch gewachsenen Geschlechterrollen. Ein Anspruch, ein Wunsch, der heutzutage kaum mehr gefragt scheint.

Auf der personellen Ebene wird es schwierig. Ich möchte noch
einmal an die Frage erinnern: Woher kommt die Aggressi-
vitäts- und Gewaltbereitschaft eines Mannes? Dieter Schnack
und Rainer Neutzling (1990) beschreiben, wie sich kleine Jungen schon sehr früh gezwungen sehen, ihr Geschlecht über das
andere zu erhöhen. Ein Junge müsse in jedem Fall besser und
stärker sein als jedes Mädchen, unabhängig von seinen tatsächlichen Möglichkeiten. Auch im Umgang mit Geschlechtsgenossen lernten Jungen bald nach der Parole »Angriff ist die beste Verteidigung« zu handeln. »Hätten Männer (Vergewaltiger
im besonderen) als Junge mehr und differenziertere Möglichkeiten gehabt, männliche Identität auch außerhalb von Abgrenzung, Härte und Schwächeverleugnung zu entwickeln, stünden
sie vermutlich weit weniger unter Zugzwang, mit aller Gewalt
den Eindruck zu vermeiden, sie seien keine richtigen, allen er-
denklichen Erfordernissen genügenden Männer. Wer sich als
Traummann und Traumerfüller die Existenzberechtigung als
Mann zugestehen kann, droht zuzuschlagen, sobald jemand an
diesem fragilen Gerüst rüttelt. Frauen werden geschlagen – und
vergewaltigt – aus Panik, weil sie den Männern am nächsten

kommen und am ehesten einen Finger in die Identitätswunden legen können. Männer schlagen aus Vorsorge, um einer Entlarvung im wörtlichen Sinn zuvorzukommen, und sie vergewaltigen aus Rache, wenn die letzte, die sie retten könnte, sich verweigert. Das ›Zauberschwert‹ ist vor allem anderen eine Waffe« (1990, 244).

Um wieviel glücklicher, friedlicher und stärker wären Jungen und Männer, fühlten sie sich nicht ständig in ihrer Männlichkeit bedroht!

Vergewaltigung ist nicht nur ein Frauenproblem, sondern eines, das die gesamte Menschheit – im Sinne der Auswirkungen auf ihr Miteinander – betrifft. Es geht hierbei um die Aufkündigung des Bündnisses mit der Gewalt. Die Loslösung von festgefahrenen Rollen. Ein starker Mann zeichnet sich nicht durch Macho-Gehabe und aggressives Verhalten aus, sondern durch Persönlichkeit! Das hat sehr viel mit der Emanzipation der Gefühle zu tun – auch bei Frauen!

Die Arbeit von Männern an der geschlechtsspezifischen Gewaltfrage steht großteils noch aus. Die Arbeit mit Tätern auf der einen und die Reflexion der historisch gewachsenen Geschlechtsrollendebatte auf der anderen Seite. Inhaftierung von Tätern ist eine Möglichkeit. Eine andere – und dabei gebe ich Rotraud Perner (1992) recht – ist Therapie. Wenn auch lange nicht bei allen, so doch bei einigen Tätern könnten therapeutische Sitzungen bewirken, daß eigenes Fehlverhalten eingesehen und zugegeben wird. Damit schont man zumindest auch einige Frauen vor einer eventuellen Wiederholungstat.

Die zweite Seite ist die Frage der Geschlechtsrollenselbstverständnisse. Diese betrifft Frauen gleich wie Männer. Frauen, die bei vergewaltigten Frauen die Schuld an der erlittenen Gewalttat suchen und das Problem der Vergewaltigung individualisieren, spalten nicht nur ihre Betroffenheit ab, sondern machen mit, ein historisch-kulturelles Legitimationsmuster zu perpetuieren. Wenn Frauen ihre Söhne bevorzugt behandeln oder ihren Kindern drohen: »Wart nur, bis der Papa nach Hause kommt, dann kriegst du's aber«, wirken sie an der Heroisierung des Mannes mit. Nicht mit Gewalt, sondern mit Autonomie sollten Frauen sozusagen das Zepter selbst in die Hand nehmen, aktiv und selbstbewußt eigene Wünsche zu verwirklichen trachten, Verantwortung für ihr Leben übernehmen. Das betrifft die leidliche Frage der Emanzipation.

Und Männer? Ohne Vorbehalte müßten sie sich gegen die Gewalttätigkeit ihrer Geschlechtsgenossen und gegen die Asymmetrie der gesellschaftlichen Machtverteilung engagieren, fordert Godenzi (1989). Denn ein Mann, der zwar gegen Vergewaltiger ist, seiner Freundin oder Frau aber seine Interessen aufzwingt, während er ihren Belangen gegenüber intolerant und verständnislos gegenübersteht und sie nur dann »liebt«, wenn sie nachgiebig, sanftmütig und fürsorglich ist, reproduziert in seinem Alltag die Egozentrik und Beziehungslosigkeit, die herrschenden Verhältnisse zur Gewalt. Viele Männer fühlen sich viel zu schnell angegriffen und schlagen zurück – auch mit Worten. Dabei wäre es an der Zeit, daß sie Frauen zuzuhören begännen, sie ernst nehmen bei dem, was ihnen wichtig ist. Es bedürfte des Respekts ihrer Erfahrungen und Sichtweisen. An der Arbeit auf das Ziel der Gleichberechtigung hin sich zu beteiligen hieße ferner, sich als Vater in gleicher Weise um die Kinder zu kümmern wie die Frau, Beziehungsarbeit zu leisten zu beginnen, die Frau als eigenwillige Person und nicht als Objekt, das *zu ihm passen soll* zu würdigen. Nicht das einzige, aber ein sehr wichtiges Gegenüber zu gewalttätigen Männern bilden liebevolle Männer.

Vergewaltigung effektiv beseitigen zu wollen hieße ferner, gegen den Mißbrauch von Macht vorzugehen. Denn Machtmißbrauch, wenn er erotisiert wird, endet in sexuellem Mißbrauch und ist überall dort anzutreffen, wo eine Person ihr Selbstwertgefühl auf Kosten einer anderen (sozial schwächeren) aufbauen will. Ich erinnere daran, daß es auch Frauen gibt, die Kinder sexuell mißbrauchen, wenn auch nicht in einem Ausmaß, wie es Männer tun. Das hat mit Position, mit Hierarchie zu tun.

Wenn Vergewaltigung ein Machtproblem ist, dann verändern vereinzelte Selbstverteidigungskurse nur wenig. Denn je stärker der Widerstand auf der einen Seite, desto stärker werden Gewalt oder Ausweichmöglichkeiten auf der anderen: Das Fortschreiten des Feminismus steht proportional zur härteren

Gewalt gegen Frauen sowie zu Ausweichmöglichkeiten – zum Frauenhandel mit Trikont-Ländern und in jüngster Zeit mit Ländern des ehemaligen Ostblocks. »Handliche« Frauen, über einen Katalog bestellbar. Vielfältige Formen sexuellen Kindesmißbrauchs und die steigende Nachfrage nach immer härter werdenden Pornos und Kinderpornos, die zu beobachten sind, beweisen dasselbe.

Zudem kommt, daß Gewalt im allgemeinen massiver wird: unter Kindern und Jugendlichen, in den Medien ... Das Phänomen der Gewalt verlangt die Erforschung von Zusammenhängen. Die These von Thea Bauriedl (1986, 166): »Gewalt und Verantwortungslosigkeit nehmen zu, je entfremdeter, distanzierter, technischer, unpersönlicher unsere Beziehungen zu uns selbst und zu unseren Mitmenschen werden«, gewinnt an Bedeutung. Im Verlust des Gefühls zwischen Person und Handlung liegt der Verlust des Gefühls, persönlich verantwortlich zu sein. Wenn man sich über jemanden stellt, spürt man ihn nicht. Eine allgemeine Beziehungslosigkeit greift um sich und wird gefördert. Leistungsdenken und beruflicher Erfolg anstatt Beziehungswille oder Solidarität setzen seit Jahren den neuen Trend.

Auch wenn sich in den letzten 20 Jahren hinsichtlich der Geichstellungsfrage schon viel verbessert hat, eines ist mittlerweile auf der Strecke geblieben: der Dialog. Ihn zwischen Frauen und Männern wieder gesellschaftsfähig zu machen, scheint eine der wesentlichen Aufgaben der Zukunft zu werden.

ANHANG

GESETZE ZU VERGEWALTIGUNG UND ANLIEGENDE PARAGRAPHEN

ÖSTERREICH

Österreichisches Strafgesetzbuch – StGB
Bundesgesetz ab 1. Juli 1989 (Foregger-Serini 1990/10)
Zehnter Abschnitt
Strafbare Handlungen gegen die Sittlichkeit

Vergewaltigung
§ 201. (1) Wer eine Person mit schwerer, gegen sie gerichtete Gewalt oder durch eine gegen sie gerichtete Drohung mit gegenwärtiger schwerer Gefahr für Leib oder Leben zur Vornahme oder Duldung des Beischlafes oder einer dem Beischlaf gleichzusetzenden geschlechtlichen Handlung nötigt, ist mit Freiheitsstrafe von einem bis zu zehn Jahren zu bestrafen. Als schwere Gewalt ist auch eine Betäubung anzusehen.
(2) Wer außer dem Fall des Abs. 1 eine Person mit Gewalt, durch Entziehung der persönlichen Freiheit oder durch Drohung mit gegenwärtiger Gefahr für Leib oder Leben zur Vornahme oder Duldung des Beischlafes oder einer dem Beischlaf gleichzusetzenden geschlechtlichen Handlung nötigt, ist mit Freiheitsstrafe von sechs Monaten bis zu fünf Jahren zu bestrafen.
(3) Hat die Tat eine schwere Körperverletzung (§ 84 Abs. 1) zur Folge oder wird die vergewaltigte Person durch die Tat längere Zeit hindurch in einen qualvollen Zustand versetzt oder in besonderer Weise erniedrigt, so ist der Täter im Fall des Abs. 1 mit Freiheitsstrafe von fünf bis zu fünfzehn Jahren, im Fall des Abs. 2 mit Freiheitsstrafe von einem bis zu zehn Jahren zu bestrafen. Hat die Tat den Tod der vergewaltigten Person zur Folge, so ist der Täter im Fall des Abs. 1 mit Freiheitsstrafe von zehn Jahren bis zu zwanzig Jahren, im Fall des Abs. 2 mit Freiheitsstrafe von fünf bis zu fünfzehn Jahren zu bestrafen.

Geschlechtliche Nötigung
§ 202. (1) Wer außer den Fällen des § 201 eine Person mit Gewalt oder durch gefährliche Drohung zur Vornahme oder Duldung einer geschlechtlichen Handlung nötigt, ist mit Freiheitsstrafe bis zu drei Jahren zu bestrafen.
(2) Hat die Tat eine schwere Körperverletzung (§ 84 Abs. 1) zur Folge

oder wird die genötigte Person durch die Tat längere Zeit hindurch in einen qualvollen Zustand versetzt oder in besonderer Weise erniedrigt, so ist der Täter mit Freiheitsstrafe von sechs Monaten bis zu fünf Jahren, hat die Tat aber den Tod der genötigten Person zur Folge, mit Freiheitsstrafe von einem bis zu zehn Jahren zu bestrafen.

Begehung in Ehe oder Lebensgemeinschaft
§ 203. (1) Wer eine der in den §§ 201 Abs. 2 und 202 mit Strafe bedrohten Taten an seinem Ehegatten oder an der Person begeht, mit der er in außerehelicher Lebensgemeinschaft lebt, ist nur auf Antrag der verletzten Person zu verfolgen, sofern keine der im § 201 Abs. 3 oder im § 202 Abs. 2 bezeichneten Folgen eingetreten ist und die Tat von keinem der dort genannten Umstände begleitet war.
(2) Wurde eine der im § 201 oder im § 202 mit Strafe bedrohten Taten am Ehegatten oder an der Person begangen, mit der der Täter in außerehelicher Lebensgemeinschaft lebt, so kann von der außerordentlichen Strafmilderung nach § 41 auch ohne die dort genannten Voraussetzungen Gebrauch gemacht werden, wenn die verletzte Person erklärt, weiter mit dem Täter leben zu wollen, und nach der Person des Täters sowie unter Berücksichtigung der Interessen der verletzten Person eine Aufrechterhaltung der Gemeinschaft erwartet werden kann.

Schändung
§ 205. (1) Wer eine Person weiblichen Geschlechtes, die sich in einem Zustand befindet, der sie zum Widerstand unfähig macht, oder die wegen einer Geisteskrankheit, wegen Schwachsinns, wegen einer tiefgreifenden Bewußtseinsstörung oder wegen einer anderen schweren, einem dieser Zustände gleichwertigen seelischen Störung unfähig ist, die Bedeutung des Vorgangs einzusehen oder nach dieser Einsicht zu handeln, zum außerehelichen Beischlaf mißbraucht, ist mit Freiheitsstrafe von sechs Monaten bis zu fünf Jahren zu bestrafen.
(2) Wer eine Person, die sich in einem Zustand befindet, der sie zum Widerstand unfähig macht, oder die wegen einer Geisteskrankheit, wegen Schwachsinns, wegen einer tiefgreifenden Bewußtseinsstörung oder wegen einer anderen schweren, einem dieser Zustände gleichwertigen seelischen Störung unfähig ist, die Bedeutung des Vorgangs einzusehen oder nach dieser Einsicht zu handeln, außer dem Fall des Abs. 1 zur Unzucht mißbraucht oder zu einer unzüchtigen Handlung mit einer anderen Person oder, um sich oder einen Dritten geschlechtlich zu erregen oder zu befriedigen, dazu verleitet, eine unzüchtige Handlung an sich selbst vorzunehmen, ist mit Freiheitsstrafe bis zu drei Jahren zu bestrafen.
(3) Hat die Tat eine schwere Körperverletzung (§ 84 Abs. 1) oder eine Schwangerschaft zur Folge, so ist der Täter in den Fällen des Abs. 1 mit Freiheitsstrafe von einem bis zu zehn Jahren, in den Fällen des

Abs. 2 mit Freiheitsstrafe von sechs Monaten bis zu fünf Jahren zu bestrafen. Hat die Tat jedoch den Tod der mißbrauchten Person zur Folge, so ist der Täter in den Fällen des Abs. 1 mit Freiheitsstrafe von fünf bis zu fünfzehn Jahren, in den Fällen des Abs. 2 mit Freiheitsstrafe von einem bis zu zehn Jahren zu bestrafen.

(Sexuelle Gewalt an Unmündigen regeln die §§ 206 und 207 des StGB.)

DEUTSCHLAND

Deutsches Strafgesetzbuch – StrRG
(Dreher/Tröndle 1988/44)
Dreizehnter Abschnitt
Straftaten gegen die sexuelle Selbstbestimmung

Vergewaltigung
§ 177. I Wer eine Frau mit Gewalt oder durch Drohung mit gegenwärtiger Gefahr für Leib oder Leben zum außerehelichen Beischlaf mit ihm oder einem Dritten nötigt, wird mit Freiheitsstrafe nicht unter zwei Jahren bestraft.
II In minder schweren Fällen ist die Strafe Freiheitsstrafe von sechs Monaten bis zu fünf Jahren.
III Verursacht der Täter durch die Tat leichtfertig den Tod des Opfers, so ist die Strafe Freiheitsstrafe nicht unter fünf Jahren.

Sexuelle Nötigung
§ 178. I Wer einen anderen mit Gewalt oder durch Drohung mit gegenwärtiger Gefahr für Leib oder Leben nötigt, außereheliche sexuelle Handlungen des Täters oder eines Dritten an sich zu dulden oder an dem Täter oder einem Dritten vorzunehmen, wird mit Freiheitsstrafe von einem Jahr bis zu zehn Jahren bestraft.
II In minder schweren Fällen ist die Strafe Freiheitsstrafe von drei Monaten bis zu fünf Jahren.
III Verursacht der Täter durch die Tat leichtfertig den Tod des Opfers, so ist die Strafe Freiheitsstrafe nicht unter fünf Jahren.

Sexueller Mißbrauch Widerstandsunfähiger
§ 179. I Wer einen anderen, der
1. wegen einer krankhaften seelischen Störung, wegen einer tiefgreifenden Bewußtseinsstörung oder wegen Schwachsinns oder einer schweren anderen seelischen Abartigkeit zum Widerstand unfähig ist oder
2. körperlich widerstandsunfähig ist,

dadurch mißbraucht, daß er unter Ausnutzung der Widerstandsunfähigkeit außereheliche sexuelle Handlungen an ihm vornimmt oder an sich von dem Opfer vornehmen läßt, wird mit Freiheitsstrafe bis zu fünf Jahren oder mit Geldstrafe bestraft.

II Wird die Tat durch Mißbrauch einer Frau zum außerehelichen Beischlaf begangen, so ist die Strafe Freiheitsstrafe von einem Jahr bis zu zehn Jahren, in minder schweren Fällen Freiheitsstrafe von drei Monaten bis zu fünf Jahren.

(Bei Vergewaltigung von Ehefrauen tritt der § 240, Nötigung, des STrRG in Kraft, subsumiert unter »Straftaten gegen die persönliche Freiheit«, die nicht wie bei den anderen Vergewaltigungsparagraphen als Verbrechen, sondern als Vergehen gewertet werden. Sexuelle Gewalthandlungen an unter 14jährigen fallen unter § 176; Sexueller Mißbrauch an unter 16jährigen unter § 174)

SCHWEIZ

Schweizerisches Strafgesetzbuch – StGB
(Hauser/Rehberg 1993)
5. Titel
Strafbare Handlungen gegen die sexuelle Integrität
2. Angriffe auf die sexuelle Freiheit und Ehre

Sexuelle Nötigung
Art. 198. 1 Wer eine Person zur Duldung einer beischlafähnlichen oder einer anderen sexuellen Handlung nötigt, namentlich indem er sie bedroht, Gewalt anwendet, sie unter psychischen Druck setzt oder zum Widerstand unfähig macht, wird mit Zuchthaus bis zu zehn Jahren oder mit Gefängnis bestraft.

2 Ist der Täter der Ehegatte des Opfers und lebt er mit diesem in einer Lebensgemeinschaft, wird die Tat auf Antrag verfolgt. Das Antragsrecht erlischt nach sechs Monaten. (...)

3 Handelt der Täter grausam, verwendet er namentlich eine gefährliche Waffe oder einen anderen gefährlichen Gegenstand, so ist die Strafe Zuchthaus nicht unter drei Jahren. Die Tat wird in jedem Fall von Amtes wegen verfolgt.

Vergewaltigung
Art. 190. 1 Wer eine Person weiblichen Geschlechts zur Duldung des Beischlafs nötigt, namentlich indem er sie bedroht, Gewalt anwendet, sie unter psychischen Druck setzt oder zum Widerstand unfähig macht, wird mit Zuchthaus bis zu zehn Jahren bestraft.

2 Ist der Täter der Ehegatte des Opfers und lebt er mit diesem in einer

Lebensgemeinschaft, wird die Tat auf Antrag verfolgt. Das Antragsrecht erlischt nach sechs Monaten. (...)

3 Handelt der Täter grausam, verwendet er namentlich eine gefährliche Waffe oder einen anderen gefährlichen Gegenstand, so ist die Strafe Zuchthaus nicht unter drei Jahren. Die Tat wird in jedem Fall von Amtes wegen verfolgt.

Schändung
Art. 191. Wer eine urteilsunfähige oder eine zum Widerstand unfähige Person in Kenntnis ihres Zustandes zum Beischlaf, zu einer beischlafähnlichen oder einer anderen sexuellen Handlung mißbraucht, wird mit Zuchthaus bis zu zehn Jahren oder mit Gefängnis bestraft.

Sexuelle Handlungen mit Anstaltspfleglingen, Gefangenen, Beschuldigten
Art. 192. 1 Wer unter Ausnützung der Abhängigkeit einen Anstaltspflegling, Anstaltsinsassen, Gefangenen, Verhafteten oder Beschuldigten veranlaßt, eine sexuelle Handlung vorzunehmen oder zu dulden, wird mit Gefängnis bestraft.

2 Hat die verletzte Person mit dem Täter die Ehe geschlossen, so kann die zuständige Behörde von der Strafverfolgung, der Überweisung an das Gericht oder der Bestrafung absehen.

Ausnützung der Notlage
Art. 193. 1 Wer eine Person veranlaßt, eine sexuelle Handlung vorzunehmen oder zu dulden, indem er eine Notlage oder eine durch ein Arbeitsverhältnis oder in anderer Weise begründete Abhängigkeit ausnützt, wird mit Gefängnis bestraft.

2 Hat die verletzte Person mit dem Täter die Ehe geschlossen, so kann die zuständige Behörde von der Strafverfolgung, der Überweisung an das Gericht oder der Bestrafung absehen.

EINIGE BEDEUTENDE PSYCHISCHE ABWEHRMECHANISMEN[1]

Psychische Abwehrmechanismen sind Ich-Leistungen als Antwort auf einen Konflikt durch die Unvereinbarkeit von Triebregungen[2] mit den Forderungen der Umwelt oder des Über-Ichs. Abwehrmechanismen leisten einen Verzicht durch Motivabwehr (Energieentbindung und Bewußtseinsentzug), die die entstandene Angst, welche einen starken Unlustcharakter hat, reduzieren (Nusko 1986, 62f).

Das Ich kann sich dabei aller möglichen psychischen Elemente bedienen, um die Triebansprüche in Schach zu halten; »jede Wahrnehmung, jedes Gefühl, jede Haltung, oder etwa die Veränderung der Aufmerksamkeit oder des Bewußtseinsgrades können vom Ich zu Abwehrzwecken verwendet werden« (Schuster/Springer-Kremser 1991, 42).

Spaltung:
Bei der Abspaltung werden Affektdispositionen getrennt voneinander gehalten. (z.B. gut-böse, positiv-negativ)
»Wird die Spaltung als zentraler Organisationskern von Abwehrstrukturen nicht durch die Fähigkeit zur Verdrängung ersetzt, hat dies eine schwere Persönlichkeitsstörung zur Folge (Borderline-Persönlichkeitsstörungen)« (Schuster/Springer-Kremser 1991, 43.)

Nach den AutorInnen bedienen sich Spaltungsmechanismen zusätzlicher Hilfsmaßnahmen, etwa der Idealisierung, Identifizierung oder Verleugnung.

Verleugnung:
Die Verleugnung richtet sich gegen die Wahrnehmung und gegen das Gedächtnis. Verleugnung ermöglicht, eine unangenehme äußere Realität in ihrer traumatischen Bedeutung (z.B. als traumatische Wahrnehmung) durch Phantasien oder äußeres Verhalten abzuwehren.

Dieser Mechanismus ist ein elementarer Bestandteil der Bewältigung von Streßsituationen. (In herabgesetzter Form wird der Mechanismus alltäglich eingesetzt. So verleugnen wir etwa die Gefahren des Straßenverkehrs.)

An Bedeutung gewinnt die Verleugnung bei der Entstehung von somatisierenden Reaktionen.

Wenn der Mechanismus bei Erwachsenen in den Vordergrund tritt, so kann dies zu schweren Einbußen der Funktion der Realitätsprüfung (Psychosen) führen, oder das Ich spaltet sich in einen Teil, der die Realität kennt, und einen, der etwas vergessen hat.

Die Verleugnung wird oft von anderen Abwehrmechanismen begleitet, etwa von der Isolierung, der Projektion, der Introjektion, der Reaktionsbildung, der Verkehrung ins Gegenteil und der Verdrängung.

Isolierung oder Ungeschehen-Machen:
Eine Isolierung – bei der Vorstellungen und Erlebniswelten von den
dazugehörigen Affekten getrennt werden – läßt seelische Zusammenhänge unverständlich erscheinen. Es geschieht eine Trennung von
Selbst und den nicht-akzeptablen Handlungen.

Beim Ungeschehen-Machen werden Aktionen der Wiedergutma-
chung gesetzt, die etwas – meist Verbotenes – ungeschehen machen
sollen. Als typisches Beispiel dafür gilt der Waschzwang, der die seelische Reinheit des/der Person, die vorher beschmutzt wurde, wieder
herstellen soll.

Regression:
Eine bereits erreichte Entwicklungsstufe wird zugunsten einer früheren Entwicklungsstufe aufgegeben, damit die Entstehung der Angst
vermieden werden kann. Dies geschieht dadurch, indem man psychisch in die Zeit vor das Angsterlebnis zurückgeht.

Verdrängung:
Die Verdrängung ist eine Tätigkeit des Ichs, »durch die die mit einem
bestimmten Triebwunsch zusammenhängenden seelischen Inhalte
(Vorstellungen, Gefühle, Ideen, Phantasien etc.) in das Unbewußte
zurückgestoßen oder vom Bewußtsein fern gehalten werden. Als Kon-
sequenz ist im bewußten Erleben von diesen Inhalten nichts nachzuweisen, im subjekten Erleben ist es so, als ob diese Inhalte nicht existieren« (Schuster/Springer-Kremser 1991, 45).
Eine verdrängte Erinnerung ist für die Personen gleichbedeutend einer
vergessenen Erinnerung.

Wendung gegen die eigene Person:
Ein Trieb, der auf ein Objekt gerichtet ist, wird gegen die eigene Person gewendet. Wenn etwa Gefühle des Zorns oder der Wut nicht leb-
bar sind, werden sie gegen die eigene Person gewendet. (Bsp. Autoag-
gression, Schuldgefühle und Selbstzweifel)

So ist auch ein Selbstmordversuch als Versuch zu deuten, durch
diese Handlung jemand anderem Leid zuzufügen.

Projektion:
Psychischer Abwehrvorgang, in dessen Verlauf Gefühle, Wünsche
oder »innere Objekte«, die Anstoß erregten, aus dem subjektiven psychischen Raum eines Menschen und damit auch aus seinem Bewußtsein ausgeschlossen werden, um dann einer anderen Person oder einem nichtbelebten Objekt der Außenwelt zugeschrieben zu werden.

Introjektion und Identifizierung:
Objekte oder deren Eigenschaften von »außen« gelangen ins »Innere«
des betreffenden Menschen (Introjektion), um dort zu Eigenschaften

dieses Menschen umgewandelt zu werden (Identifizierung). Die Introjektion kann vereinfacht als Spiegelbild der Projektion (eigene Gefühle, Wünsche ... werden einer anderen Person der Außenwelt zugeschrieben) gesehen werden.

*Kompensation, Sublimierung, Rationalisierung und Intellektualisie-
rung:*
Die Kompensation dient dem Ausgleich von Defekten, Versagungen
oder Enttäuschungen, indem sie durch besondere Anstrengungs- und
Leistungsbereitschaft von der Person ausgeglichen werden wollen.
   Durch die Sublimierung werden Triebimpulse auf andere Ziele oder
Objekte gelenkt.
   Bei der Rationalisierung wird die Realität umgedeutet, um sie zu er-
tragen.
   Die Intellektualisierung ist eine Motivabwehr, die Affekte von den
Vorstellungen abtrennt. Die sachlichen Inhalte werden dabei aus-
schließlich intellektuell, also ohne ihre zugehörigen Gefühlsregungen
betrachtet.

Reaktionsbildung:
Diese dient als Sicherungsmechanismus für Verdrängtes. Eine Haltung wird dabei zuungunsten einer anderen derartig überbetont, daß
von der anderen dabei im Bewußtsein nichts mehr übrig bleibt.

Symptombildung:
Als Symptom bezeichnet man die Abänderung einer Funktion. Psychosomatische Erscheinungen können als Symptombildung infolge
der Abwehrvorgänge bezeichnet werden. Sie sind eine Form der psychischen Bearbeitung einer Angst. Symptome werden geschaffen, um
die Gefahrensituation zu vermeiden, welche Angst und Unlust erzeugt
(hat). Sie haben dann Erfolg, wenn sie die Gefahrensituation aufzuhe-
ben vermögen mittels Ersatzbildung.
In gewisser Weise kann die Symptombildung als Wiederkehr des Ab-
gewehrten (nach Freud des Verdrängten) auf Umwegen beschrieben
werden, die sich verschiedenen Abwehrtechniken (z.B. Ungeschehen-
machen oder Isolieren) bedient (Freud 1926).

ANMERKUNGEN

WAS IST EINE VERGEWALTIGUNG?

1 Die Gesetzestexte zu Vergewaltigung sowie zu den anliegenden Paragraphen für die Bundesstaaten Deutschland, Österreich und die Schweiz finden sich ab Seite 195. Ich beschränke mich in der rechtlichen Definition auf strafbare Handlungen an über 14jährigen Personen. Sexuelle Gewalt an Unmündigen regeln eigene Paragraphen, für Österreich sind dies die §§ 206 und 207 des StGB.

VERGEWALTIGUNG ALS SOZIALES PROBLEM

1 Die früheste Form permanenter Schutzbeziehung, jener Verbindung zum Zwecke der Paarung, die wir heute Ehe nennen, könnte die gewaltsamste Entführung und Vergewaltigung der Frau institutionalisiert haben.

2 Siehe dazu auch: Die Bedeutung einer Vergewaltigung für Frauen, Abschnitt »Tathergang«.

3 Genauer nachzulesen bei Brownmiller 1990.

4 Detailliertere Daten sind u.a. nachzulesen bei Barry (1983); Brownmiller (1990); Fiegl (1990) und in Berichten von Amnesty International (1992).

5 Genauer nachzulesen bei Brownmiller 1990, 42, 52f, 62-66, 90.

6 Vgl. dazu auch Mörth & Vanis-Ossege (1992).

7 Vgl. Theweleit, 1986.

8 Zurückgesendete Fragebögen = 14,1% Rücklaufquote.

9 Vgl. u.a. Butzmühlen 1978, Brownmiller 1990, Godenzi 1989, Wagner 1991.

10 Genauer nachzulesen und zit. nach: Butzmühlen (1978, 19-28) und Wagner (1991, 83-94).

11 Nancy Friday (1978, 133) betont in ihrer Abhandlung über die sexuellen Phantasien von Frauen ausdrücklich, daß Vergewaltigungsphantasien mit dem Wunsch nach einer realen Vergewaltigung rein gar nichts gemein haben.

12 Genauer nachzulesen und zit. nach: Butzmühlen (1978, 29-35) und Wagner (1991, 97-115).

13 Genauer nachzulesen und zit. nach: Wagner (1991, 94-97). Die Frage, die sich mir in diesem Zusammenhang aber stellt ist: Was macht es möglich, daß Männer Frustrationen aggressiv bis gewalttätig nach außen gerichtet ausagieren, Frauen hingegen eher gegenteilig. Denn auch Frauen erlebten Unterdrückung in der Kindheit, erleben sie im Beruf ...

14 Vgl. dazu: In Österreich beträgt laut Sozialbericht 1989 das mittle-

re monatliche Bruttoeinkommen der Männer ÖS 17.200,--, das der Frauen ÖS 11.800,--. Demnach verdienen Männer durchschnittlich um 45 Prozent mehr als Frauen (zit. nach: Feigl, 1991, 14).

15 Das Wort »Sklaverei« ist nicht rhetorisch zu sehen, sondern ist ein objektiver gesellschaftlicher Zustand sexueller Ausbeutung und Gewalt, der in allen patriarchalischen Gesellschaften verbreitet ist (Barry 1983, 52).

16 Vgl. dazu auch eine in Wien durchgeführte (Angst-)Befragung von Buchegger/Vollmeier (1991).

17 Das Rollenlernen selbst vollzieht sich auch entlang der Rollenzuschreibungen. In der Theorie des Symbolischen Interaktionismus wird unter sozialer Rolle »eine situationsübergreifende, in relevanten Situationen aktualisierte, erlernte Verhaltensfigur verstanden, die in der Gesellschaft bekannt und anerkannt ist. (…) Durch ihre Aktualisierung entspricht es typisierten Erwartungen, die an es als Inhaber einer sozialen Position in Situationen eines bestimmten Typs herangetragen werden.« (zit. nach: Bahrdt 1987, 73).
Unter Sozialisation versteht man im allgemeinen jenen Vorgang, durch den ein Individuum in eine soziale Gruppe eingegliedert wird. »Nach einer Phase, in der das Kleinkind das ›Rollenlernen‹ erlernt (Claessens nennt diese Phase ›Soziabilisierung‹), besteht der Sozialisationsprozeß zu einem großen Teil aus ›Rollenlernen‹. (...) Im sozialen Agieren als soziales Wesen begegnet der Mensch dann seinem Selbst. (...) Dieses ›Selbst‹ wird uns gewiß, indem wir uns weitgehend mit den Augen der anderen bzw. durch die Augen des ›signifikanten Anderen‹ (G.H. Mead) sehen. Es gibt aber noch eine andere Komponente der menschlichen Person, ein Ich-Zentrum bzw. ein Vermögen, das inhaltlich nicht gefüllt ist, uns jedoch befähigt, der Welt und unserem Selbst gegenüberzutreten und Identität herzustellen« (zit. nach: Bahrdt 1987, 78).

18 Die Vergesellschaftung von Personen verläuft nicht in einer einfachen linearen Prägung, wonach die Erziehung von Mädchen gleichzusetzen ist mit ihrem späteren Frausein, bzw. die Erziehung von Burschen mit ihrem Mannsein, sondern verlangt (v.a. ab dem Erwachsenenstadium) auf jeder Stufe Einwilligung (vgl. Haug 1991). Trotzdem ist die (früh-)kindliche Entwicklung in Einklang mit gesellschaftlichen Bedingungen wesentlich, weil gerade diese Prägung es uns so schwer macht, gewisse Umstände zu reflektieren bzw. etwas dagegen zu tun.

19 Diese eingeschriebene Normiertheit verfolgt uns seit der niedergeschriebenen Genesis, wie sie etwa in der Bibel zu lesen ist: Der Mann ist Mensch, ist Norm. Die Frau ist seine Gehilfin, über die beliebig verfügt wird.

20 Olivier geht dabei von einem heterosexuellen Beziehungskonzept aus, wonach eine Person im Laufe der (frühen) Kindheit vom gegengeschlechtlichen Elternteil begehrt (im Sinne von geachtet, re-

spektiert und bewundert) werden will (was als symbiotische Liebesbeziehung zu verstehen ist) und sich mit dem gleichgeschlechtlichen Elternteil zu identifizieren beginnt.

21 Die ödipale Phase ist die zentrale Theorie von Freud, auf der er die Persönlichkeitsentwicklung eines Menschen aufbaut. Der sogenannte »Ödipuskomplex« dieser Phase, die Gesamtheit der liebes- und feindseligen Wünsche gegenüber dem symbiotischen Liebesobjekt, findet zwischen dem dritten und fünften Lebensjahr seinen Höhepunkt, zur Zeit der phallischen Phase (Laplanche/Pontalis 1980, 351-376).

22 Die Entlastung und Unterbrechung dieses symbiotischen Kampfes des Jungen gegen die Mutter – gegen alle Frauen –, der Ausweg aus diesem Erziehungsdilemma läge für Olivier in der Einbeziehung der Väter in die Erziehung ihrer Kinder. Ein Vater, der sich (nicht nur am Wochenende oder wenn es sein Beruf zuläßt) fürsorglich um seine Kinder kümmert, würde dem Jungen eine liebevollere Identitätsfigur bieten und dem Mädchen die Symbiose sowie die spätere Identifikation mit der Mutter.

AUSMASSE UND FORMEN VON VERGEWALTIGUNGEN

1 Die statistischen Aussagen dieser Untersuchung über 646 Vergewaltigungsfälle sind unter Berücksichtigung der Einschränkung des Untersuchungsgebietes auf Fälle, die bei der Polizei angezeigt wurden, zu sehen.

2 Butzmühlen (1978, 32) errechnete den Prozentsatz der Vergewaltigungsphantasien von Frauen aus den 7.789 von Kinsey (1967) befragten Frauen. Er bezog die Zahl derer, die jemals Vergewaltigungsträume hatten auf die Gesamtzahl der befragten weiblichen Personen und kam dabei auf ca. 0,7% Frauen mit Vergewaltigungsträumen. Abgesehen von diesem geringen Prozentsatz haben Vergewaltigungsphantasien prinzipiell nichts mit der Realität einer Vergewaltigung gemein. Denn Phantasien im hier gemeinten Sinn unterstehen immer der Kontrolle und Freiwilligkeit der Person, die sie phantasiert. Eine reale Vergewaltigung aber ist ein Erlebnis, bei dem das Opfer gegen den eigenen Willen oft unter Todesangst zu etwas gezwungen wird. Um die Lust am Schmerz bei Frauen nachzuweisen, bediente man sich auch der Theorie vom weiblichen Masochismus (etwa von Sigmund Freud und Helene Deutsch). Bornemann (zit. nach: Burgard 1989, 60) weist darauf hin, daß die weibliche Lust am Leiden ein Wunschprodukt der männlichen Phantasien ist, die »zur Stigmatisierung von Frauen mit dem Ziel, die Passivität der Frauenrolle zu manifestieren und männliche Gewalttätigkeit jeder Art zu legitimieren«, dient.

3 Der Autor fordert aus diesem Grund die gesetzliche Anerkennung

von Vergewaltigungen in der Ehe auch ohne das Tatbestandsmerkmal der physischen Gewalt oder Drohung.

4 Vgl. u.a. Burgard (1988), Brückner (1990), Benard/Schlaffer (1987).

5 In seiner »Psychologie der Notzucht« kam Paul Dost (1963) auf ca. 70% (zit. nach: BMJFG 1983, 37).

DER FORSCHUNGSPROZESS

1 Ich gehe davon aus, daß jede Person ein gewisses Interesse an gesellschaftlicher Eingebundenheit und Anerkennung hat. Im Falle einer Vergewaltigung können sich daraus Ungereimtheiten, kognitive Dissonanzen, ergeben: ihr subjektives Erleben steht der vorgefaßten Meinung des sozialen Umfeldes hinderlich im Wege. Unabhängig von den erwarteten Reaktionen des Umfeldes zum Zeitpunkt des Gewalterlebnisses ergeben sich außerdem Gemeinsamkeiten wie Verschiedenheiten bezüglich der Bedeutung einer Vergewaltigung: auch wenn es ähnliche Gefühle gibt, die das Trauma nach sich zieht, so ist doch jede Vergewaltigungssituation wie jede persönliche Konstitution eine andere – jede Frau hat ihre eigene Geschichte.

2 Margit Brückner (1990) bemerkt in ihrer Arbeit über mißhandelte Frauen, daß das Einbeziehen des Subjektiven in den Forschungsprozeß, verstanden als Selbstreflexion, vorerst den Grenzen der eigenen Verdrängung unterliegt und deshalb gleichfalls Teil des Erkenntnisprozesses werden muß. Die Angst vor dem »Forschungsobjekt« ist gleichsam die Angst vor der Spiegelung eigener verdrängter Persönlichkeitsinhalte. Doch während die objektive Denkweise die Gefahr enthält, die Frauen, über die geschrieben wird, als lebendige Menschen hinter abstrakte Kategorien zu verlieren, bringt die subjektive Denkweise die Gefahr, ziellos in den eigenen Gedanken und Phantasien zu schwelgen und damit ihre Kommunizierbarkeit aufs Spiel zu setzen. Subjektivität und Objektivität müssen einander gegenseitig durchdringen.

3 Die Interviews wurden in Österreich im Zeitraum von November 1991 bis März 1992 durchgeführt.

ZUR BEDEUTUNG EINER VERGEWALTIGUNG

1 Menachim Amir (1971, 341) weist in seiner repräsentativen Untersuchung 71% der Vergewaltigungen als von den Tätern geplant nach. Dabei wurden entweder der Ort, die Überwindungsstrategie und/oder die Auswahl des Opfers geplant. Auch Rye Wyre (1991, 41-46) bestätigt aus seiner therapeutischen Arbeit mit inhaftierten

Tätern deren Planung. Er verifiziert in seiner Arbeit zudem die These, daß Vergewaltigung vor allem eine Wiederholungstat ist.

2 Vgl. u.a. Butzmühlen 1978; Schlötterer 1982 und Licht 1989.

3 Dies steht mit der Verinnerlichung eines der vorherrschenden Klischees vom Täter als Unbekannter in Zusammenhang, wonach eine Vergewaltigung nicht als solche anerkannt werden kann, wenn der Täter ein Bekannter war.

4 Vgl. dazu u.a. Schlötterer 1982; BMJFG 1983; Granö 1986; Licht 1989.

5 Siehe Anhang 2.

6 Zitat eines Journalbeamten bei einer Vergewaltigungsanzeige: »Hean S', wie woa des mit dem Geschlechtsverkehr no amoi?« (Er kam wie ein Geist. Ein Wiener Beispiel zeigt, wie kurz der Weg vom Vergewaltigungsopfer zur Beschuldigten sein kann. Roland Bettschart. In: profil 1992/22, 36).

7 Siehe Anhang 2.

8 Maren Licht (1989) hat in ihrer viktimologischen Studie über psychosoziale Folgen und Verarbeitungsprozesse von vergewaltigten Frauen (21 Telefoninterviews) das Phänomen der »Identifikation mit dem Aggressor« in diesen Zusammenhang gestellt. Anna Freud (1984, 85-94) bezeichnet die Identifizierung mit dem Angreifer als Abwehrmechanismus des bedrohten Ich, das durch Verkehrung das eigene Leiden (und/oder die Schuldgefühle) erträglicher zu machen versucht. Da der Mechanismus oft im Zusammenhang mit Autoritäten vorkommt, vermutet Maren Licht die Identifikation mit dem Aggressor vor allem bei Opfern, die den Täter gut kennen, z.B. bei Inzestvergewaltigungen, Vergewaltigungen in der Ehe oder ähnlichen Beziehungen.

9 Unbedeutenden oder keinen Einfluß auf die Reaktionsfähigkeit der Frauen in der Vergewaltigungssituation hat hingegen die seelische Verfassung der Betroffenen vor der Tat, wie Maren Licht (1989, 28) in ihrer Untersuchung nachweist.

10 Siehe Anhang 2.

11 Die verdrängte Wut kann sich später in Alpträumen und/oder emotionalen Zusammenbrüchen entladen.

12 Psychoanalytisch gesehen wird das Verhaltensmuster der »bösen Eltern«, die sich wieder in die »guten« verwandeln und somit das Überleben garantieren, auf den Vergewaltiger übertragen (Notman & Nadelson 1976, zit. nach: Licht 1989, 53 und Lorke & Ehlert, 1987, zit. nach: Wagner 1991, 155f). Dies schafft in erster Linie die Abhängigkeit und kann mitunter auch zur Identifikation mit dem Aggressor führen (siehe Anhang 2).

13 Vgl. dazu u.a. Burgard 1988; Licht 1989; Scheu 1991.

14 Dazu muß vermerkt und daran erinnert werden, daß Reden zwar eine als »typisch weibliche« Verteidigungstechnik innerhalb des geschlechtsspezifischen Erziehungskontextes zu sehen ist, keines-

wegs aber verharmlost oder abgeurteilt werden soll. Denn Reden ist Widerstand – und zwar ein sehr notwendiger! Nicht nur gegenüber dem Täter, sondern auch als psychische Schutzfunktion selbst, bleibt der Frau in der Situation keine andere Möglichkeit, als zu reden. Denn solange sie redet, liefert sie sich niemals ganz aus!

15 Teilgebiet der Kriminologie, das die Beziehungen zwischen Verbrecher und Verbrechensopfer untersucht (Duden 1974). Als »Lehre vom Verbrechensopfer« bezeichnet man in der Viktimologie Untersuchungen über die Geschädigten eines Verbrechens (Licht 1989, 12).

16 Dies in Hervorhebung ihrer diesbezüglich erfolgreichen Überlebensstrategie. (Vgl. Barry 1983; Thürmer-Rohr 1989; Caignon/-Groves 1990.)

17 Vgl. dazu Schlötterer 1982, 167; BMJFG 1983, 46; Hedlund 1986, 44; Brechmann 1987, 117; Brownmiller 1990, 272; Verein Notruf und Beratung für vergewaltigte Frauen und Mädchen 1992, 62.

18 Siehe Anhang 2.

19 Vgl. u.a. BMJFG 1983; Granö 1986; Licht 1989.

20 Vgl. Licht 1989, 60; Godenzi 1989, 69; Fiegl 1990, 14.

21 Siehe Anhang 2.

22 Unter Vaginismus ist ein spastisches Zusammenziehen der Vaginalmuskulatur zu verstehen, das einen Geschlechtsverkehr verunmöglicht (Butzmühlen 1978, 37f).

23 Vgl. dazu Schlötterer 1982, 69; BMJFG 1983, 46-49; Licht 1989, 60f; Brownmiller 1990, 271f).

24 Einschlafstörungen deuten auf Angst vor Kontrollverlust hin.

25 Psychoanalytisch werden Angstträume (sowie Symptombildungen) als mißlungene Abwehrstrategien gedeutet. Das Erwachen aus den Angstträumen ist ein Versuch, die Abwehrmechanismen nicht zu unterbinden (Schuster/Springer-Kremser 1991, 80).
Laplanche/Pontalis (1980, 521) interpretieren Angstträume als Versuch, das Trauma zu »binden« und abzureagieren.

26 Darüber hinaus nehme ich an, daß Schuldgefühle auch mit dem inneren Rechtsanspruch und der Partizipationswahrnehmung der Frauen in dieser Gesellschaft zusammenhängen; sozusagen mit ihrem eigenen Selbstverständnis als Frau, in dieser Welt als freie Bürgerin leben, sich frei bewegen und handeln zu dürfen. Damit stehen Schuldgefühle auch im Kontext mit der gesellschaftlichen – und persönlichen – Wertschätzung von Frauen und ihrer Verinnerlichung.

27 Entsprechend einem historisch gewachsenen Denkmuster wurde jungen Mädchen in dieser Gesellschaft eine Doppelmoral mitgegeben, die auf ihre frühere Vorbereitung auf die Ehe (als Jungfau) zurückführbar ist: Frauen sollen gleichzeitig verführerisch wie zurückhaltend sein – aber im Rahmen dessen, was die Frau als »Heilige« verbildlicht. Dabei ist es aber ihre Aufgabe, der Sexua-

lität des Mannes (als aktiven Part) im richtigen Moment Einhalt zu gebieten. (z.B., wenn er es *nicht ernst* mit ihr meint, sie nicht *wirklich liebt*, einen schlechten Ruf hat ...) Ist sie nicht verführerisch, gilt ihr keine Aufmerksamkeit, läuft sie Gefahr, als »Mauerblümchen« dazustehen. Ist sie aktiv, läuft sie Gefahr, als »leichtes Mädchen« zu gelten. Ein Dilemma.

28 Würden nun Frauen auf die Einladung mit der Bemerkung: »Ich lasse mich gerne von ihnen zum Kaffee einladen, aber ich will nicht mit ihnen schlafen« antworten, so würden sie wohl als verrückt gelten (vgl. Brogger 1985, 85-87).

29 Vgl. u.a. Schlötterer 1982; Weis 1982; BMJFG 1983; Licht 1989; Godenzi 1989.

30 Vgl. dazu auch Hedlund/Granö 1986, 56f.

31 Von innen kommende, von Fachleuten oft als erblich bedingte Depression diagnostiziert, im Vergleich zur *exogenen*, also durch ein traumatisches Erlebnis ausgelösten Depression.

32 Im Gegensatz zu dieser Auffassung stehen statistische Daten zu Falschanzeigen: Baurmann (1986, 170) recherchierte für Deutschland und kommt auf einen Prozentsatz von etwa 2 bis 8% an Falschanzeigen. Zu ähnlichen Ergebnissen kommt auch Henriette Abel (1988, 230) in ihrer empirischen Untersuchung.

33 Vgl. dazu auch BMJFG 1983, 55f; Verein Notruf und Beratung für vergewaltigte Frauen und Mädchen 1992, 131-133.

34 Nachzulesen bei Henriette Abel, 1988: Vergewaltigung. Stereotype in der Rechtssprechung und empirische Befunde. Über Erfahrungen mit der Rechtspraxis sowie über gesetzliche Möglichkeiten informiert auch die Broschüre des Vereins Notruf für vergewaltigte Frauen und Mädchen, 1992.
Ich werde mich im Kapitel über Vergewaltigungsprozesse aufs Theoretische beschränken, weil es bei den Frauen in meiner Befragung gar nicht mehr zu einem Gerichtsprozeß kam.

35 Vgl. Brechmann 1987.

36 Zwei-Phasenmodell von Burgess & Holmstrom,1974; Drei-Phasenmodell von Sutherland & Scherl, 1970; Vier-Phasenmodell von Lorke & Ehlert, 1985: Der anfänglichen »Schockphase« (einige Tage bis Wochen) folgt meist die Phase der Pseudoanpassung (einige Wochen bis ein Leben lang). Erst nach dieser Zeit kann das Erlebnis – oft in jahrelanger Arbeit – eigentlich verarbeitet werden, was manchmal erst Jahre später erfolgt (zit. nach: Wagner 1991, 141-164).

37 Gemeint ist der Kinofilm »Angeklagt«, in dem Jodie Foster eine Frau spielt, die in einem Lokal vergewaltigt wird.

38 Von Stanley Kubrick.

SCHLUSSFOLGERUNGEN UND AUSBLICK

1 Vgl. die Schockreaktionen nach einem schweren Autounfall, nur um die Dimensionen der Demütigung, Entwürdigung, Scham und Verobjektivierung verringert. Kein Polizist würde den Unfall oder die Person anzweifeln.

2 Gisela Braun (1990) stellt Spiele vor, die primär gegen sexuellen Kindesmißbrauch entwickelt wurden und durchaus geeignet sind für eine Präventionsarbeit gegen Gewalt gegen Frauen, insbesondere Vergewaltigung. Weitere Spiele, Literaturvorschläge, Theaterstücke für Kindergärten, Schule und für Jugendliche finden sich in: Enders (1990, 252-292).

3 Das sogenannte Gleichbehandlungsgesetz dient zur Aufhebung der Diskriminierung aufgrund des Geschlechts am Arbeitsplatz.
BRD (1980):
· BGB § 611a ff: Geschlechtsbezogenes Benachteiligungsverbot
· BGB § 823: Deliktische Handlungen incl. Verletzung des Persönlichkeitsrechts (Beleidigung). (Auf dieser Basis kann das Bundesarbeitsgericht Schadenersatz in unbegrenzter Höhe stellen.)
Österreich:
· BGBL, Nr. 108/1979 in der Fassung BGBL Nr. 833/1992: Bundesgesetz über die Gleichbehandlung von Frau und Mann im Arbeitsleben (regelt Gleichbehandlungsfragen in der Privatwirtschaft).
· BGBL, Nr. 100/1993: Bundesgleichbehandlungsgesetz (regelt Gleichbehandlungsfragen für Bundesbedienstete).
· Für Landes- und Gemeindebedienstete gibt es kein Gleichbehandlungsgesetz.
Schweiz:
Hat bislang kein Gleichbehandlungsgesetz; ein Entwurf liegt derzeit in vorberatenden Kommissionen. Gleichbehandlungsfragen werden bisher bestenfalls nach dem Zivilgesetz, ZGB, Art. 328: Obligationenrecht, behandelt.

ANHANG

1 Nach Freud (1926), Nusko (1986, 62-74) und Schuster/Springer-Kremser (1991, 42-51).

2 Der psychische Triebbegriff ist vom biologischen zu unterscheiden! Unter Trieb im hier gemeinten Sinn ist ein »Begriff der Abgrenzung des Seelischen vom Körperlichen« zu verstehen, ein bewußtes oder unbewußtes Bedürfnis – ein Wunsch (Nagera 1974, 19f; Laplanche/Pontalis 1980, 525-528).

LITERATUR

Abel, Henriette: Vergewaltigung: Stereotypen in der Rechtssprechung und empirische Befunde. Weinheim; Basel: Beltz Verlag 1988 (zugl.: Berlin, Freie Univ., Diss., 1986)

Alpheis, Hannes: Kontextanalyse. Wiesbaden: Deutscher Universitäts-Verlag GmbH 1988 (Zugl.: Hamburg, Univ., Diss., 1987)

Amir, Menachim: Patterns in Forcible Rape. Chicago: University of Chicago Press 1971

Amnesty International: Vergewaltigung und sexueller Mißbrauch: Folter und Mißhandlung von Frauen in Haft. Bonn: Unveröff. Bericht, Februar 1992

Amnesty International: Vergewaltigung von Gefangenen muß verhindert werden. Wien: Internationale Presseaussendung vom 5. Februar 1992

Atteslander, Peter: Methoden der empirischen Sozialforschung. Berlin/New York: de Groyter [5]1985

Bahrdt, Hans Paul: Schlüsselbegriffe der Soziologie. Eine Einführung mit Lehrbeispielen. München: Beck [3]1987

Barry, Kathleen: Sexuelle Versklavung von Frauen. Berlin: sub rosa Frauenverlag 1983 (Amerikanische Originalausgabe unter dem Titel »Female Sexual Slavery« Avon Books, New York, New York)

Barwinski, Rosmarie: Die Sexualisierung von Gefühlen. – In: Camenzind & Steinen 1989, S. 75-84

Bass, Ellen & *Davis*, Laura: Trotz allem: Wege zur Selbstheilung für sexuell mißbrauchte Frauen. Berlin: Orlanda-Frauenverlag [3]1991. (Originalausgabe unter dem Titel »The courage to heal. A guide for women survivors of child sexual abuse«, Harper & Row, Publishers, New York 1988)

Bauriedl, Thea: Gewalt und Gewaltlosigkeit. – In: Die Wiederkehr des Verdrängten. Psychoanalyse, Politik und der Einzelne. München: Piper 1986, S. 161-181

Baurmann, Michael C.: Bundesrepublik Deutschland: Neue Initiativen gegen sexuelle Gewalt. – In: Heinrichs 1986, S. 162-196

Benard, Cheryl & *Schlaffer*, Edit: Der Mann auf der Straße. Über das merkwürdige Verhalten von Männern in ganz alltäglichen Situationen. Reinbek bei Hamburg: Rowohlt 1980

Benard, Cheryl & *Schlaffer*, Edit: Im Dschungel der Gefühle. Expeditionen in den Niederungen der Leidenschaft. Reinbek bei Hamburg: Rowohlt 1987

Benjamin, Jessica: Herrschaft – Knechtschaft: Die Phantasie von der erotischen Unterwerfung. – In: List & Studer 1989, S. 511-538

Berger, Peter L. & *Luckmann*, Thomas: Die gesellschaftliche Konstruktion der Wirklichkeit. Eine Theorie der Wissenssoziologie. Frankfurt/Main: Fischer 1984

Bibel: Die Bibel oder die ganze Heilige Schrift des Alten und Neuen

Testaments nach der Übersetzung Martin Luthers. Stuttgart: Württembergische Bibelanstalt 1970

BMJFG: Schriftenreihe des Bundesministers für Jugend, Familie und Gesundheit. Untersuchung »Vergewaltigung als soziales Problem – Notruf und Beratung für vergewaltigte Frauen«, Bd. 141. Stuttgart: Kohlhammer 1983

Braun, Gisela & *Enders*, Ursula: Geh nie mit einem Fremden! – Wie Kindern Angst gemacht wird. – In: Enders 1990, S. 252-255

Braun, Gisela: Mein Körper gehört mir! – Präventionsarbeit in Kindergärten und Grundschulen. – In: Enders 1990, S. 256-264

Braun, Karl-Heinz; *Gekeler*, Gert & *Wetzel*, Konstanze (Hrsg.): Die Frauenfrage und die Sozialarbeit/Sozialpädagogik: Zur Klärung einiger Voraussetzungen. – In: Subjekttheoretische Begründungen sozialarbeiterischen Handelns. Didaktische Bausteine und Dialogische Interviews zur Praxisreflexion und Innovation. Marburg: Verlag Arbeiterbewegung und Gesellschaftswissenschaft 1989, S. 111-164

Brechmann, Theresia: Jede dritte Frau. Protokoll einer Vergewaltigung. Reinbek bei Hamburg: Rowohlt 1987

Brogger, Susanne: ... sondern erlöse uns von der Liebe. Reinbek bei Hamburg: Rowohlt 1985

Brownmiller, Susan: Gegen unseren Willen. Vergewaltigung und Männerherrschaft. Frankfurt/Main: Fischer 1990 (Amerikanische Originalausgabe unter dem Titel »Against Our Will: Men, Woman and Rape« im Verlag Simon and Schuster, New York 1975)

Brückner, Margit: Die Liebe der Frauen. Über Weiblichkeit und Mißhandlung. Frankfurt/Main: Fischer 1990

Brüggebors-Weigelt, Gela: Psychologie der vergewaltigten Frau. Bd. 1: Identität und Vergewaltigung. Identitätstheorien und psychische Vergewaltigungsreaktionen. Berlin: Marhold 1986

Buchegger, Barbara & *Vollmeier*, Brigitta: Angsträume in Wien oder »Wer fürchtet sich vorm schwarzen Mann?«. – In: Wem gehört der öffentliche Raum. Frauenalltag in der Stadt. Eva Kail & Jutta Kleedorfer (Hrsg.). Wien 1991, S. 95-105.

Bundesministerium für Arbeit und Soziales – Frauenreferat (Hrsg.): Forschungsberichte aus Sozial- und Arbeitsmarktpolitik. Nr. 20: Sexuelle Belästigung am Arbeitsplatz. Wien: Eigenverlag 1988

Bundesministerium für Inneres (Hrsg.): Polizeiliche Kriminalstatistik für das jeweilige Jahr 1985-1992. Wien: o.J.

Bundesministerium für Inneres, Abteilung II/12: Sicherheitstips für Frauen. Wien: Eigenverlag, Broschüre o.J.

Bundesministerium für Umwelt, Jugend und Familie (Hrsg.): Sexueller Mißbrauch von Kindern in Österreich. Wien: Eigenverlag, o.J.

Burgard, Roswitha: Mut zur Wut. Befreiung aus Gewaltbeziehungen. Berlin: Orlanda-Frauenverlag 1988

Burgard, Roswitha: Weiblicher Masochismus legitimiert Männergewalt. – In: Leideunlust. Der Mythos vom weiblichen Masochismus.

Roswitha Burgard & Birgit Rommelspacher (Hrsg.). Berlin: Orlanda Frauenverlag 1989, S. 41-62

Butzmühlen, Rolf: Vergewaltigung. Die Unterdrückung des Opfers durch Vergewaltiger und Gesellschaft. Ideologien, Fakten und Erklärungen. Gießen: Focus Verlag 1978 (Argumentationen; Bd. 40)

Caignon, Denise & *Groves*, Gail (Hrsg.): Schlagfertige Frauen. Erfolgreich wider die alltägliche Gewalt. Berlin: Orlanda-Frauenverlag 1990 (Amerikanische Originalausgabe unter dem Titel »Her Wits About Her. Self-Defense Success by Women«, Harper & Row, New York 1987)

Camenzind, Elisabeth & *Steinen*, Ulla von den (Hrsg.): Frauen verlassen die Couch: feministische Psychotherapie. Zürich: Kreuz Verlag 1989

Diem-Wille, Gertraud: Selbstreflexion als konstitutives Merkmal einer psychoanalytisch orientierten empirischen Forschung. Ein Werkstattbericht. – In: Sehen, Einfühlen, Verstehen: psychoanalytisch orientierte Zugänge zu pädagogischen Handlungsfeldern. Volker Fröhlich & Rolf Göppel (Hrsg.). Würzburg: Königshausen und Neumann 1992

Dorpat, Christel: Welche Frau wird so geliebt wie du. Eine Ehegeschichte. Berlin: Rotbuch 1990

Dreher, Dr. Eduard & *Tröndle*, Dr. Herbert: Strafgesetzbuch und Nebengesetze. Beck'sche Kurz-Kommentare. München: C.H. Beck 44 1988

d'Eaubonne, Françoise: Feminismus oder Tod. München: Frauenoffensive 1977 (Französischer Originaltitel »Le Féminisme ou la mort«)

Egan, Barbara & *O'Donnell*, Anne: Das Zentrum für vergewaltigte Frauen in Dublin (Irland). (Dublin Rape Crisis Centre) – In: Heinrichs 1986, S. 120-134

Eicke, Martha: Über Schuld- und Schamgefühle bei Frauen. – In: Die Entwicklung der weiblichen Identität. Psychoanalytische und ethnologische Aspekte. Schweizerische Gesellschaft für Psychoanalyse (Hrsg.). Zürich: Freud-Institut, Zyklus 1987/88

Enders, Ursula (Hrsg.): Zart war ich, bitter war's: sexueller Mißbrauch an Mädchen und Jungen; Erkennen – Schützen – Beraten. Köln: Kölner Volksblatt Verlag 1990

Enders, Ursula & *Stumpf*, Johanna: Mögliche Folgen sexueller Gewalterfahrungen. – In: Enders 1990, S. 76-80

Feder-Kittay, Eva: Pornographie und die Erotik der Herrschaft. – In: List & Studer 1989, S. 202-243

Feigl, Susanne: Keine falsche Bescheidenheit! Wegweiser zur Gleichbehandlung im Beruf. Herausgegeben von der Anwältin für Gleichbehandlungsfragen bei der Bundesministerin für Frauenangelegenheiten – Bundeskanzleramt. Wien: 1991

Festinger, Leon: Die Lehre von der »Kognitiven Dissonanz«. – In: Wirkungen der Massenkommunikation. Theoretische Ansätze und empirische Ergebnisse. Roland Burkart (Hrsg.). Wien: Braumüller 1987, S. 16-22

Fiegl, Verena: Der Krieg gegen die Frauen. Zum Zusammenhang von

Sexismus und Militarismus. Bielefeld: Tarantel Frauenverlag 1990

Finkelhor, David & *Yllo*, Kerstin: Vergewaltigung in der Ehe: Eine soziologische Perspektive. – In: Heinrichs 1986, S. 65-75

Finkelhor, David: Soziale Reaktion auf Vergewaltigung. – In: Heinrichs 1986, S. 28-36

Flick, Uwe & *Kardorff*, Ernst von (Hrsg. u.a.): Handbuch Qualitative Sozialforschung. Grundlagen, Konzepte, Methoden und Anwendungen. München: Psychologie Verlags Union 1991

Flothmann, Karin & *Dilling*, Jochen: Vergewaltigung: Erfahrungen danach. Frankfurt/Main: Fischer 1990

Foregger, Egmont & *Serini*, Eugen (Hrsg.): Strafgesetzbuch StGB. Wien: Manzsche Verlags- und Universitätsbuchhandlung [8]1988

Foregger, Egmont & *Serini*, Eugen (Hrsg.): Strafgesetzbuch StGB. Wien: Manzsche Verlags- und Universitätsbuchhandlung [10]1990

Freud, Anna: Das Ich und die Abwehrmechanismen. Frankfurt/Main: Fischer 1984

Freud, Sigmund: Hemmung, Symptom und Angst. München: Kindler 1978 (ungekürzte Lizenzausgabe aus: Sigmund Freud Gesammelte Werke, Bd. 14, Fischer Verlag, Frankfurt/Main 1926)

Friday, Nancy: Die sexuellen Phantasien der Frauen. Bern - München: Scherz 1978

Garcia, Ada: Sexual Violence Against Women: Contribution to a strategy for countering the various forms of such violence in the Council of Europe member states. – In: Council of Europe. Equality between women and men. Straßburg: Unpublished Material 1991

Godenzi, Alberto: Bieder, brutal. Frauen und Männer sprechen über sexuelle Gewalt. Zürich: Universitätsverlag 1989

Graham, Veronique Marciquet: SOS für geschlagene Frauen (SOS Femmes Battues) in Marseille, Frankreich. Einrichtung und Zufluchtsstätte für geschlagene und vergewaltigte Frauen. – In: Heinrichs 1986, S. 152-159

Granö, Marianne & *Hedlund*, Eva: Das Zentrum für die Opfer von Vergewaltigungen der RFSU-Beratungsstelle (Schweden). – In: Heinrichs 1986, S. 135-151

Granö, Marianne: Bewältigungsstrategien der Opfer bei verschiedenen Vergewaltigungssituationen. – In: Heinrichs 1986, S. 38-42

Groth, Nicholas & *Hobsen*, William F.: Die Dynamik sexueller Gewalt. – In: Heinrichs 1986, S. 87-98

Groth, Nicholas: Leitfaden zur Behandlung von Sexualtätern. – In: Heinrichs 1986, S. 99-113

Haug, Frigga (Hrsg.): Frauenformen 2. Sexualisierung der Körper. Berlin/Hamburg: Argument-Sonderband AS 90, 1988

Haug, Frigga & *Hauser*, Kornelia (Hrsg.): Subjekt Frau. Kritische Psychologie der Frauen. Bd. 1. Berlin/Hamburg: Argument-Sonderband AS 117, [2]1988

Haug, Frigga: Erinnerungsarbeit. Hamburg: Argument 1990

Hauser, Dr. Robert & *Rehberg*, Dr. Jörg (Hrsg.): StGB Schweizerisches Strafgesetzbuch. Orell Füssli Verlag 1993

Hedlund, Eva & *Eklund*, Inga-Britta: Emotionale Probleme der Beraterinnen bei der Konfrontation mit sexueller Gewalt. – In: Heinrichs 1986, S. 62-64

Hedlund, Eva & *Granö*, Marianne: Die Partner des Vergewaltigungsopfers – eine Perspektive in der Beratung. – In: Heinrichs 1986, S. 58-61

Hedlund, Eva & *Granö*, Marianne: Jugendliche als Vergewaltigungsopfer. – In: Heinrichs 1986, S. 52-57

Hedlund, Eva: Daten über Sexualdelikte in Schweden. – In: Heinrichs 1986, S. 24-27

Hedlund, Eva: Ergebnisse einer Umfrage unter verurteilten Vergewaltigern. – In: Heinrichs 1986, S. 78-86

Hedlund, Eva: Krisen-Beratung von Vergewaltigungsopfern. – In: Heinrichs 1986, S. 43-51

Hedlund, Eva: Vergewaltigung: Opfer und Täter. – In: Heinrichs 1986, S. 16-23

Heinrichs, Jürgen (Hrsg.): Vergewaltigung. Die Opfer und die Täter. Braunschweig: Holtzmayer Verlag 1986

Hoerning, Erika M.: Lebensereignisse: Übergänge im Lebenslauf. – In: Voges 1987, S. 231-259

Hülsemann, Irmgard: Ihm zuliebe? Abschied vom weiblichen Gehorsam. Zürich: Kreuz Verlag 1988

Kessler, Sabine: Frauenhandel. Geschäfte mit Frauen im Trikont. Unter besonderer Berücksichtigung der Situation in Österreich. Universität Innsbruck: Diplomarbeit 1992

Laplanche, J. & *Pontalis*, J.B.: Das Vokabular der Psychoanalyse. Bd. 1. Frankfurt/Main: Suhrkamp [4]1980

Laplanche, J. & *Pontalis*, J.B.: Das Vokabular der Psychoanalyse. Bd. 2. Frankfurt/Main: Suhrkamp [4]1980

Lerner, Harriet Goldhor: Das mißdeutete Geschlecht. Falsche Bilder der Weiblichkeit in Psychoanalyse und Therapie. Zürich: Kreuz Verlag 1991 (Originalausgabe unter dem Titel »Women in Therapy« Jason Aronson Inc., Publishers, Northvale, New Jersey, London 1988)

Licht, Maren: Vergewaltigungsopfer. Psychosoziale Folgen und Verarbeitungsprozesse. Hamburger Studien zur Kriminologie, Bd. 3. Pfaffenweiler: Centaurus-Verlagsgesellschaft 1989

List, Elisabeth & *Studer* Herlinde (Hrsg.): Denkverhältnisse. Feminismus und Kritik. Frankfurt/Main: Suhrkamp 1989

Mayring, Philipp: Einführung in die qualitative Sozialforschung. Eine Anleitung zu qualitativem Denken. München: Psychologie Verlags Union 1990

Mies, Maria: Frauenforschung oder feministische Forschung? – In: Beiträge zur feministischen Theorie und Praxis. Köln: Eigenverlag des Vereins Sozialwissenschaftliche Forschung und Praxis für Frauen [3]1987, S. 40-60

Mies, Maria: Methodische Postulate zur Frauenforschung - dargestellt am Beispiel der Gewalt gegen Frauen. – In: Beiträge zur feministischen Theorie und Praxis. Köln: Eigenverlag des Vereins Sozialwissenschaftliche Forschung und Praxis für Frauen [3]1987, S. 7-25

Miller, Alice: Am Anfang war Erziehung. Frankfurt/Main: Suhrkamp 1983

Millet, Kate: Sexus und Herrschaft. Die Tyrannei des Mannes in unserer Gesellschaft. Reinbek bei Hamburg: Rowohlt 1985 (Amerikanische Originalausgabe unter dem Titel »Sexual Politics« 1969)

Mitterhuber, Brigitte & *Zöchling*, Margarethe: Was ist sexueller Mißbrauch von Kindern? – In: Bundesministerium für Umwelt, Jugend und Familie (Hrsg.) o.J., S. 22-30

Moser, Edith: Der Mißbrauch aus der Sicht des Kindes. – In: Information. Zur Bildung und Fortbildung für Erzieher und Sozialarbeiter. Amt für Jugend und Familie MA 11 (Hrsg.). Wien: 2/91, S. 11-18

Mörth, Gabriele & *Vanis-Ossege*, Barbara: Ver-GEWALT-igung. Die Wunde der Frau. - In: Leiblichkeit und Erkenntnis. Beiträge zur feministischen Kritik. Lisbeth N. Trallori (Hrsg.). Wien: Zentrum für Frauenforschung/Feministische Forschung 1992, S. 46-63

Nagera, Humberto (Hrsg.): Psychoanalytische Grundbegriffe. Eine Einführung in Sigmund Freuds Terminologie und Theoriebildung. Frankfurt/Main: Fischer 1974

Nusko, Gerhard: Coping. Bewältigungsstrategien des Ich im Zusammenhangsgefüge von Kontext-, Person- und Situationsmerkmalen. Frankfurt/Main: Verlag Peter Lang GmbH 1986 (Europäische Hochschulschriften: Reihe 6, Psychologie; Bd. 165)

Olivier, Christiane: Jokastes Kinder. Die Psyche der Frau im Schatten der Mutter. München: Deutscher Taschenbuch Verlag 1989 (Französische Originalausgabe unter dem Titel »Les enfants de Jocaste« Editions Denoel/Gonthier, Paris 1980)

Österreichisches Statistisches Zentralamt (Hrsg.): Gerichtliche Kriminalstatistik für das Jahr 1985. Beiträge zur österreichischen Statistik, 874. Heft. Wien: 1987

Österreichisches Statistisches Zentralamt (Hrsg.): Gerichtliche Kriminalstatistik für das Jahr 1986. Beiträge zur österreichischen Statistik, 877. Heft. Wien: 1988

Österreichisches Statistisches Zentralamt (Hrsg.): Gerichtliche Kriminalstatistik für das Jahr 1987. Beiträge zur österreichischen Statistik, 919. Heft. Wien: 1988

Österreichisches Statistisches Zentralamt (Hrsg.): Gerichtliche Kriminalstatistik für das Jahr 1988. Beiträge zur österreichischen Statistik, 962. Heft. Wien: 1990

Österreichisches Statistisches Zentralamt (Hrsg.): Gerichtliche Kriminalstatistik für das Jahr 1989. Beiträge zur österreichischen Statistik, 979. Heft. Wien: 1990

Österreichisches Statistisches Zentralamt (Hrsg.): Gerichtliche Kriminalstatistik für das Jahr 1990. Beiträge zur österreichischen Statistik, 1.033. Heft. Wien: 1991

Österreichisches Statistisches Zentralamt (Hrsg.): Gerichtliche Kriminalstatistik für das Jahr 1991. Beiträge zur österreichischen Statistik, 1.057. Heft. Wien: 1992

Ostner, Ilona: Scheu vor der Zahl? Die qualitative Erforschung von Lebenslauf und Biographie als Element einer feministischen Wissenschaft. – In: Voges 1987, S. 103-124

Perner, Rotraud A.: Menschenjagd. Vom Recht auf Strafverfolgung. Wien: Donauverlag 1992

Prokop, Ulrike: Weiblicher Lebenszusammenhang. Von der Beschränktheit der Strategien und der Unangemessenheit der Wünsche. Frankfurt: Suhrkamp 1976

Psychologische Beratungsstelle für Frauen, Zürich: Sexualität und Gewalt: Der Schreck in der Vergewaltigung. – In: Camenzind & Steinen 1989, S. 151-164

Reich, Wilhelm: Der Einbruch der sexuellen Zwangsmoral. Zur Geschichte der sexuellen Ökonomie. Frankfurt/Main: Fischer 1975

Reichling, Ursula: Erziehung zur sexuellen Selbstbestimmung – ein Thema im Unterricht?! Präventionsarbeit in der Grundschule. – In: Enders 1990, S. 271-273

Rutz, Charlotte: Einige Reflexionen zum Umgang mit Gewalt und Aggression in einer feministischen Therapie. – In: Camenzind & Steinen 1989, S. 181-188

Schaffrin, Irmgard: Eine ungewöhnliche Arbeit an einer ganz gewöhnlichen Gesamtschule – Präventionsarbeit mit jugendlichen Mädchen. – In: Enders 1990, S. 274-280

Scheu, Ursula: Wir werden nicht als Mädchen geboren – wir werden dazu gemacht. Frankfurt/Main: Fischer 1991 (Originalausgabe 1977)

Schlötterer, Ruth: Vergewaltigung: Weibliche Schuld – männliches Vorrecht? Berlin: Selbstverlag 1982

Schnack, Dieter & *Neutzling*, Rainer: Kleine Helden in Not. Jungen auf der Suche nach Männlichkeit. Reinbek bei Hamburg: Rowohlt 1990

Schuster, Peter & *Springer-Kremser*, Marianne: Bausteine der Psychoanalyse. Eine Einführung in die Tiefenpsychologie. Wien: WUV-Universitätsverlag 1991

Sichtermann, Barbara: Vergewaltigung und Sexualität. Versuch über eine Grenzlinie. – In: Weiblichkeit. Zur Politik des Privaten. Berlin: Verlag Klaus Wagenbach 1983, S. 35-43

Stefan, Verena: Häutungen. München: Frauenoffensive 1975

Theweleit, Klaus: Männerphantasien. Bd.I. Basel; Frankfurt/Main: Stroemfeld/Roter Stern 1986

Thürmer-Rohr, Christina: Frauen in Gewaltverhältnissen. Zur Generalisierung des Opferbegriffs. – In: Mittäterschaft und Entdeckungslust. Studienschwerpunkt »Frauenforschung« am Institut für Sozialpädagogik der TU Berlin (Hrsg.). Berlin: Orlanda Frauenverlag 1989, S. 22-36

Verein »Aktionsgemeinschaft der autonomen österreichischen Frauenhäuser«: Gewalt gegen Frauen. 10 Jahre autonome Frauenhäuser in Österreich. Ausstellung. Wien: o. J.

Verein »Notruf und Beratung für vergewaltigte Frauen und Mädchen«: Vergewaltigung. Wien: unveröff. erw. Auflage 1986

Verein »Notruf und Beratung für vergewaltigte Frauen und Mädchen«: VerGEWALTigung. Eine Ratschlägerin. Wien: Broschüre 1992

Voges, Wolfgang (Hrsg.): Methoden der Biographie- und Lebenslaufforschung. Opladen: Leske & Budrich 1987

Wagner, Gabriele: Vergewaltigung. Zu Psychologie, Soziologie und Recht sexueller Machtverhältnisse. Unter besonderer Berücksichtigung der Auswirkungen für die Opfer. Universität Salzburg: Diplomarbeit 1991

Walker, Alice: Die Farbe Lila. Roman. Reinbek bei Hamburg: Rowohlt 1990 (Amerikanische Originalausgabe unter dem Titel »The Color Purple« Washington Square Press, New York 1983)

Weis, Kurt: Die Vergewaltigung und ihre Opfer: eine viktimologische Untersuchung zur gesellschaftlichen Bewertung und individuellen Betroffenheit. Stuttgart: Enke-Sozialwissenschaften 1982

Wild-Missong, Agnes: Feministische Psychotherapie mit sexuell traumatisierten Frauen. – In: Camenzind & Steinen 1989, S. 137-150

Witzel, Andreas: Das problemzentrierte Interview. – In: Qualitative Forschung in der Psychologie. Gerd Jüttemann (Hrsg.). Weinheim/Basel: Beltz 1985, S. 227-252

Wyre, Ray & *Swift*, Anthony: Und bist du nicht willig... Die Täter. Köln: Volksblatt Verlag 1991 (Englische Originalausgabe unter dem Titel »Women, Men and Rape« im Verlag Hodder & Stoughton, Sevenoaks 1990)

Zimmermann, Gabriele: Bericht über die Fragebogenaktion »Frauen planen ihre Stadt«. Zusammenfassung Wien: unveröff., persönliche Mitteilung 1992/3

Verwendete Tageszeitungen und Zeitschriften:

Neue Kronenzeitung
Kurier
Der Standard
profil
Die Stimme der Frau
Anschläge
Der Spiegel

*Die Aufkündigung der Opferrolle beginnt
mit dem Brechen des Schweigens*

Ich danke

den Interviewpartnerinnen für ihre engagierte Mitarbeit am Forschungsprozeß;

Univ.-Doz. Dr. Karl Garnitschnig für sein Interesse am Thema und seine aufmerksame Betreuung der Diplomarbeit »Vergewaltigung. Über die Bedeutung des Gewalterlebnisses für Frauen unter besonderer Berücksichtigung des persönlichen Lebenszusammenhanges und der geschlechtsspezifischen Vergesellschaftung«, auf deren Grundlage dieses Buch basiert;

Univ.-Doz. Dr. Gertraud Diem-Wille für ihre hilfreichen Supervisionsgespräche während der Forschung und die reichhaltige Literatur, die sie mir zur Verfügung gestellt hat,

und Dr. Rotraud A. Perner für ihre Idee zur Veröffentlichung der wissenschaftlichen Arbeit, ihre wertvollen Anregungen sowie ihre Unterstützung dabei.

G. M.

FRAUENGESCHICHTE

SONJA DISTLER

Mütter, Amazonen
& dreifältige Göttinnen

Eine psychologische Analyse
des feministischen Matriarchatsmythos

Ende der siebziger Jahre trat in die Neue Frauenbewegung – die bis
dahin die »Ungleichheit der Entfaltungschancen« angeprangert hatte –
eine neue, vorwiegend an Mythen orientierte Fixierung auf
matriarchale Strukturen.
In einer Analyse der einzelnen Entwicklungsschritte der
feministischen Matriarchatsdebatte zeigt Sonja Distler jene
psychologisch wirksamen Mechanismen auf, die von einer zunächst
alle »Töchter« vereinend geführten »Auflehnung gegen die Väter« zu
deren Abwertung und Aussparung, schließlich zu einer regressiven
Überidealisierung des Mütterlichen führten.

»Bemüht um eine wissenschaftlich exakte Analyse von teilweise recht
diffusem und spekulativem Material, verbirgt die Autorin aber
keineswegs ihren eigenen Standpunkt und macht deutlich, daß sie in
der Beschäftigung mit vorgeschichtlichen Gesellschaften, mit
Göttinnen- und Heroinnen-Bildern aus frühen Zeiten eine Regression
sieht, eine Flucht vor den aktuellen Tagesproblemen.«
AKF-LITERATURDIENST

232 Seiten, Leinen mit Schutzumschlag
ISBN 3-85452-209-6

PICUS VERLAG

FRAUENGESCHICHTE

KARIN LEHNER

Verpönte Eingriffe

Sozialdemokratische Reformbestrebungen
zu den Abtreibungsbestimmungen
in der Zwischenkriegszeit

Die Reformbestrebungen der österreichischen Sozialdemokratie
zum Abtreibungsparagraphen in der Zwischenkriegszeit waren, wie
Karin Lehner erstmals aufzeigt, weniger von der Einsicht in das
Recht der Frau auf ihren Unterleib getragen, als von
bevölkerungspolitischen Überlegungen.
Sie stellten dem rigiden Pronatalismus der Christlichsozialen
ein Konzept der »Menschenökonomie« gegenüber, das auf die
»Qualität der Arbeiterklasse« zielte. Mit der
Verabschiedung des »Linzer Programms« (1926) konnten sich jene
Kräfte innerhalb der Partei durchsetzen, die eine Indikationslösung
anhand genau festgelegter medizinischer, sozialer und eugenischer
Kriterien der »schrankenlosen Abtreibung« vorzogen.
Diese eugenischen Motive – die eine Wertung menschlichen
Lebens in »bessere« und »schlechtere«, »gewinn-« und
»verlustbringende«, »höher-« und »minderwertige« Menschen
voraussetzen – gewinnen im Zeitalter der Gen-Manipulationen
neue Brisanz.

261 Seiten, 35 Abbildungen, broschiert
ISBN 3-85452-207-X

PICUS VERLAG

FRAUENGESCHICHTE

MONIKA BERNOLD · ANDREA ELLMEIER
JOHANNA GEHMACHER · ELA HORNUNG·
GERTRAUD RATZENBÖCK · BEATE WIRTHENSOHN

Familie: Arbeitsplatz oder Ort des Glücks?

Historische Schnitte ins Private

Die Autorinnen dieses Bandes untersuchen aus verschiedenen
Blickwinkeln die Durchsetzung der modernen »Familie« als
gesamtgesellschaftliche Norm entlang einzelner historischer
Schnittlinien. Ausgangspunkt ist dabei ihr gemeinsames Interesse,
dem Konstrukt »Familie« die oft unterschlagene historische
Dimension einzuschreiben.

*»Das Buch bietet nicht nur für geschichtlich Interessierte
bemerkenswerte Details in den Einzelbeiträgen und das Aufweisen
historischer ›Leitlinien‹, die bis in die Gegenwart Gültigkeit
beanspruchen, sondern auch eine Zusammenschau der bisherigen
Hauptproponentinnen der feministischen Positionen zu den Themen
Emanzipation mit/gegen/für Erwerbsarbeit...«*
ALTERNATIVE MONATSZEITUNG

*263 Seiten, 68 Abbildungen, broschiert
ISBN 3-85452-216-6*

PICUS VERLAG

FRAUENGESCHICHTE

SABINE PLAKOLM-FORSTHUBER

Künstlerinnen in Österreich 1897–1938

Malerei · Plastik · Architektur

Sabine Plakolm-Forsthuber rekonstruiert die
geschlechtsspezifischen Bedingungen, unter denen eine »Tochter
aus gutem Hause« Malerin, Bildhauerin oder Architektin werden
konnte. Ausgehend vom Dilettantismus und der schulischen Situation
im 19. Jahrhundert, den ersten Versuchen, sich eigenständig
in Vereinen zu organisieren und am Kunstmarkt zu reüssieren,
zeichnet sie die Voraussetzungen und Erfahrungen der autonomen
Künstlerinnen nach.
Die jähe Entwicklung führt von der Blumen-, Stil- und
Genremalerei, also der typischen »Frauenkunst«, hin zu einer am
Jugendstil, dem Expressionismus und an der heimischen Tradition
orientierten Kunst von Frauen. Nicht zuletzt aus Gründen der
Konkurrenz wurde sie einmal als »verweiblicht«, dann wieder
als »Männerkunst« kritisiert. Sabine Plakolm-Forsthuber zeigt, wie
diese geschlechtscharakteristischen Urteile gegenüber den
Kunsthandwerkerinnen oder den expressiven Malerinnen entstanden,
und daß es Vorurteile sind, die sie treffen mußten.
Sie dokumentiert das kaum mehr bekannte vielfältige Schaffen
der Frauen mit Beziehung auf die relevanten Zeitstile und die
aktuellen feministischen Paradigmen. Exkurse zu den
Bildhauerinnen und Architektinnen runden den Band ab.
Durch seinen ausführlichen Katalogteil ist er auch
als Nachschlagwerk für die mehr als 100 Künstlerinnen
verwendbar.

304 Seiten, 306 Farb- und SW-Abb., Leinen mit Schutzumschlag
ISBN 3-85452-122-7

PICUS VERLAG